# ~~GEMATCHT~~

Martin Jonas

Martin Jonas

# ~~GEMATCHT~~

Thriller

DeBehr

Herausgeber: Verlag DeBehr, Radeberg
Erstauflage: 2023
ISBN: 9783987270512

Bisherige Veröffentlichungen im Verlag DeBehr Humor:
Glücksbärchis am Arsch – Ab heute wird zurückgef****
(2019)
Thriller:
HAB` DICH, KLEINES! DU BIST! (Luke Steiner Reihe – Band 1) (2020)
Die Bewerbung – Gefährlicher Weg (Luke Steiner Reihe – Band 2) (2021)
IN IHREN GEDANKEN (2022)

Für die Polizisten und Polizistinnen.

**Nur ein Klick!**
**Und du bist tot.**

Der Tod trennt nicht,
der Tod vereinigt.
Das Leben ist's
das uns gewaltsam trennt.

Heinrich Heine

## WICHTIG

Bevor Sie meinen neuen Thriller GEMATCHT lesen, möchte ich Sie anhalten, sich beim oder nach dem Lesen, danach ist es wahrscheinlich angebrachter, etwas zu sammeln und jeden Satz, den Sie verschlungen haben, Revue passieren zu lassen.
Mir ist wichtig, dass die Botschaften, die in meinen Büchern geschrieben stehen, selbstverständlich auch in diesem, bei Ihnen ankommen und Sie vielleicht, ich maße mir nicht an, Ihnen etwas vorzuschreiben, jedoch mit ein bisschen Glück zum Nachdenken angeregt haben. Bewusst habe ich mich mit diesem Thema, ich spoilere nicht, in diesem Thriller *hier* beschäftigt und auseinandergesetzt.
Andreas, ein guter Freund und ehemaliger Polizist, hatte mir bei einigen Fragen geholfen. Er zeigte mir den einen oder anderen Fehler der Justiz auf und erklärte mir im Schnelldurchlauf, wie sich die kriminalistische Arbeit in den letzten Jahrzehnten verändert, ich möchte sagen, verbessert hat.
Die Recherchearbeit als solche war für mich nervenaufreibend und kopfzermürbend, da mir bewusst geworden ist, dass ein jeder, mich natürlich mit eingeschlossen, sehr unachtsam mit dem persönlichen Leben in der sozialen Welt umgeht.
Wir alle dürfen, nein, wir müssen uns an die eigene Nase fassen und aufpassen, wem wir etwas sagen,

zeigen und anvertrauen. Wie haben meine Großeltern früher stets gesagt: “Halte dich vom Süßigkeitenmann fern.“

# 0.

Polizeimeldung, 24. August 2021

**Grausiger Fund in Halle-Neustadt**

In einer Wohnung im Neustadtviertel, Nähe Frauenbrunnen, beschlagnahmten Polizisten der Kriminalpolizei Halle zwei Sägen, mehrere Hämmer, eine Machete und drei Schlachtermesser sowie eine Nagelpistole. Zudem vier Laptops, zwei Tablets und unzählige Handys der verschiedensten Marken.
Zuvor ist eine Streife zum genannten Ort gerufen worden, wegen angezeigter Lärm- sowie Geruchsbelästigung.
Eine besorgte Nachbarin hatte die Polizei alarmiert, nachdem sie sich von einem unangenehmen Gestank belästigt gefühlt hatte. Die laute Musik sei von der Anzeigenerstatterin nur ein Vorwand gewesen, die Polizei zu rufen, da diese schon einmal wegen der selbigen Delikte vor Ort gewesen war, aber nichts passiert sei.
Wie der Polizeisprecher heute bestätigt hatte, fanden die Beamten neben den Waffen, Mobiltelefonen, Laptops und Speichermedien einen menschlichen Kopf im Badezimmer, in einer Kühlbox unter dem Waschbecken verstaut.
In einer weiteren Aufbewahrungsbox im Schlafzimmer der 3-Raum-Wohnung aufgehoben, entdeckten

die Beamten ein in einem Cellophan-Beutel eingepacktes Herz und sechs abgeschnittene Frauenbrüste, unzählige Brustwarzen, Fußnägel, Haare sowie vier Schamlippenpaare.
Die Polizisten sprachen von einem unausstehlichen Gestank und einer Horror-Wohnung, die dem Leibhaftigen zu gehören schien.

# 1.

Nachts verändert sich die Stadt. Jeder kehrt in sein wohliges Zuhause zurück, geht der abendlichen Routine nach, ohne es zu bemerken, ohne zu wissen, dass ein jeder selbst nur eine Marionettenpuppe in einem abstrusen Bühnenstück ist. Wohlwollend legen sich Halles Bewohner ins Bett, doch nicht er. Er blüht in der Düsternis auf und begibt sich auf Beutefang.

Die vergoldeten Zeiger der eindrucksvollen Uhr am Roten Turm standen auf Zwölf, der Glockenschlag ertönte schwer und scheuchte einen Schwarm Tauben auf. Schwarze, vom Mondschein angestrahlte Regenwolken zogen über die Dächer der Stadt und verjagten die Tageseindrücke.

Es wurde finster, nächtliche Ruhe breitete sich aus und ein kühler Windzug fegte schaurig heulend durch die Straßen und Gassen. In einer Wohnung jedoch tobte zu dieser späten Stunde wilde Verzweiflung.

Das Telefon klingelte einmal kurz und laut.

»Mathias?«

»Ja, Mama. Ich bin es.«

»Mein Junge, leg nicht auf. Mama vermisst dich so sehr.«

»Ich weiß, Mama. Ich weiß …«

Plötzlich war es still, und eine diabolische Ruhe liebkoste erneut die auf dem Bett sitzende Frau. Das

Handydisplay leuchtete hell in den dunklen Raum.
»Mathias. Mathias, bitte. Ich flehe dich an, mein Schatz. Bist du … Hallo?«
Das Telefonat brach ab, wie auch schon die anderen unzähligen Nächte zuvor. Ihr Handy klingelte seit Wochen immer zur selben Zeit. Ebenso folgte auch stets das abrupte Beenden. Zum Ärger der Verzweifelten.
Tränenunterlaufen saß Silke auf ihrem Bett und fluchte laut. Die Fäuste geballt, schrie sie wütend in das Kissen und bemerkte dabei nicht einmal, dass sich ihre Fingernägel in die Handinnenflächen gebohrt hatten.
Fünfzehn Jahre war es jetzt schon her, als zwei Polizisten der damaligen Kindergärtnerin die traurige Nachricht über das spurlose Verschwinden ihres zu dieser Zeit vierzehnjährigen Sohnes Mathias überbracht hatten. Er fehlte in der fünften Unterrichtsstunde und war seitdem nicht mehr gesehen worden. Einhundertachtzig Monate ohne ein Lebenszeichen ihres Kindes. Jahre des Schmerzes und der aussichtslosen Verzweiflung strichen ins Land. Dem Abgrund nahe und der Hoffnungslosigkeit hilflos ausgeliefert.
Bis vor einem Monat.
Exakt vor vier Wochen, um genau vierundzwanzig Uhr, pünktlich mit dem Schlag der Glocken des stolz auf dem halleschen Marktplatz stehenden Roten Turms, war Silke zum ersten Mal von diesem unbekannten Anrufer kontaktiert worden.
*Mama? Mama? Bist du da?*
Das Freizeichen ertönte.

In einer anderen Nacht vernahm Silke nur ein unangenehmes Hecheln. Und dann hörte sie klar und deutlich eine junge Herrenstimme am Telefon, die nach ihr rief, sie mit ihrem Vornamen und dann wieder mit Mama ansprach. Nacht um Nacht.
Nach Jahren der Trauer und des tiefen Kummers holte sie die Vergangenheit ein. Silke hatte nie abgeschlossen oder sich mit dem Gedanken abgefunden, dass ihr Mathias längst tot sein könnte. Noch immer war sein Zimmer eingerichtet wie damals. Seit Ewigkeiten unberührt. Silke selbst war nur drei Mal in all den Jahren in dem Zimmer ihres Sohnes gewesen. Ansonsten blieb diese Tür verschlossen.
Auf dem Boden lagen seine grüne Sporthose und der Adidas Turnbeutel noch genauso da wie damals. Nichts bewegt oder verrückt. Die Mutter hatte nichts angefasst. Sie wollte *auch* nicht aufräumen oder das Zimmer leeren. Mathias würde nachhause kommen. Davon war sie überzeugt. Allerdings hatte die lange Zeit des Wartens Spuren bei der Mutter hinterlassen.
Angststörungen übernahmen die Kontrolle. Ihren Alltag konnte sie nur schwer bewältigen. *Lebt mein Mathias noch?* Ihren Beruf legte sie schon vor einer gefühlten Ewigkeit auf Eis. Soziale Kontakte nahm sie nicht mehr in Anspruch. Und die, die sie vor dem Verschwinden ihres Kindes gepflegt hatte, brachen mit der Zeit ab.
Silke widmete sich ganz der Suche nach ihrem Kind. Sie war ausgebrannt und kroch auf dem Zahnfleisch. Doch nicht aufgebend. Nicht Silke.
Voller Hoffnung und gleichzeitig erdrückender Angst, einem schlechten Scherz aufzusitzen, krallte

sie sich bei jedem Anruf dennoch an den Glauben auf einen guten Ausgang fest. Die Jahre des Wartens durften in ihren Augen nicht umsonst gewesen sein.
Mit Unwissenheit gestraft, saß Silke Nacht für Nacht in ihrem Bett, schweißgebadet, und glaubte von Sekunde zu Sekunde mehr daran, dass ihr einst verschwundenes Kind sich erneut bei ihr melden würde. Sie wartete auf den nächtlichen Anruf. Vorher war nicht an Schlaf zu denken. Danach fand sie jedoch auch nur selten Ruhe. Sie selbst würde sich, sollte sie ihren Sohn nie wieder sehen, mit den Anrufen zufrieden geben. Hauptsache, er würde sich bei ihr melden.
*War das der Klang seiner Stimme? Mein Sohn? Frederikes Cousin?*
Er wäre jetzt ein Mann, und so hörte sich die fremde Stimme zumindest in ihren Ohren ein bisschen glaubwürdig an.
*Es war doch nicht ausgeschlossen, dass Mathias vielleicht wirklich ... oder doch nicht?*
Silke mochte so gerne an seine Heimkehr glauben. Andere Gedanken schob sie schnell beiseite. Diesen schenkte die Mutter nur ungern Aufmerksamkeit. Sie hatte in den letzten Jahren die schlimmsten Zwangsgedanken durchlebt.
Es fiel ihr schwer, das Negative zu verdrängen. Ihr privates Umfeld verstand die Trauer, doch legte man Silke nahe, die Vergangenheit ruhen zu lassen. Wieder nach vorne zu schauen, so schwer es auch fiel.
Erneut klingelte das Telefon. Ein weiterer nächtlicher Hoffnungsschimmer. Punkt vierundzwanzig

Uhr.
Leider wusste Silke nicht, dass es sich bei dem geheimnisvollen Fremden nicht um ihren zurückgekehrten Sohn handelte, der Anrufer sich bei jedem seiner nächtlichen Telefonate nicht weit von ihr entfernt unter Mathias Bett versteckt hielt und auf die eine Chance lauerte.

# 2.

Die Zeit vollkommen vergessend, saß Michael auf einem graulackierten Holzstuhl im Wartezimmer des Zahnarztes und schaute verträumt aus dem knapp ein Meter fünfzig hohen und sechzig Zentimeter breiten Fenster heraus. Dabei knabberte er nervös an den Fingernägeln und zappelte mit den Füßen.

Die hübsche Zahnarzthelferin, die ihm stets mit frechen Witzen die Nervosität nahm, war an diesem Nachmittag nicht zugegen. Stattdessen baute sich eine völlig fremde ZFA vor ihm auf, die mit einem harschen Ton sprach, was Michael missfiel.

»Sie sind gleich der Nächste, verstanden!«

»O. k., aber warten Sie … wo ist Melanie?«

»Wer?«

»Die kleine Braunhaarige. Witzig und charmant.«

»Woher soll ich das wissen. Ich bin jetzt hier.«

Der schlauchförmige Raum war hell gestrichen und der Boden in einem freundlichen Grauton gefliest. Wenig Platz, doch gefällig eingerichtet. Nur der Geruch, der durch die Räumlichkeiten schwebte, erinnerte an eine Zahnarztpraxis. Es duftete nach süßlichem Desinfektionsmittel und Parfüm der Zahnarzthelferinnen.

In den Erinnerungen verloren und wütend über den frechen Ton der Zahnarzthelferin rutschte der Altenpfleger mit seinem Hintern auf der glänzenden

Sitzfläche hin und her. Aufgeregtheit machte sich breit. Die Gedanken fuhren mit dem jungen Mann Achterbahn und ließen ihn nicht mehr los. Gerne hätte er mit Melanie wie sonst auch gelacht und sich etwas angenähert.
Draußen auf den Straßen sah es auch nicht mehr heimelig aus. Das Wetter hatte sich schlagartig von der einen zur nächsten Sekunde verändert. Es trug zu der Ruhelosigkeit, die in Michael schlummerte, bei. Fette graue Wolken zogen auf. Es war verregnet und trüb. Es goss aus Eimern und der kalte Wind fegte durch die Straßen der Stadt.
Ein typisches Oktoberwetter. Doch wenige Tage zuvor zeigte das Thermometer noch unübliche siebenundzwanzig Grad an. Eine Temperatur, die dem Altenpfleger schmeichelte. Doch vorbei war das tolle Wetterchen.
Kleine und große Regentropfen klopften leise auf die Fensterscheiben. Der fauchende Wind verwischte die Wasserperlen auf dem Glas. Der Regenguss hatte die Bewohner der Stadt überrascht, wie auch die Patienten im Wartezimmer der Zahnarztpraxis.
Jeder Zweite hatte geflucht und sich einen Regenschirm herbeigesehnt. Das Wetter hielt sich nicht an Wetterberichte.
Mit leerem Blick starrte Michael hinaus. Vor ihm zeigte sich eine weiß verputzte Hauswand, an der teils vergammeltes Grün sich bis auf vier Meter Höhe die letzten Monate hochgekämpft hatte. An sonnigen Tagen.
Mittlerweile war das Gestrüpp karg und braun.

Sparsam dünne Äste, blätterlos, kaum mit dem bloßen Auge zu sehen, hafteten an der rauen Wand, als gehörten sie dazu.
Die schmächtige Birke, die vor dem Fenster stand, hinterließ wie das verkommene Dickicht an der Fassade einen wenig stolz wirkenden Eindruck bei dem jungen Mann. Allerdings hatte sich Michael über den frohen Farbwechsel der Birkenblätter gefreut. Nur noch wenig Grün blinzelte hervor. Der gelborangefarbene Ton übernahm die Herrschaft.
Zuvor hatte er sich noch keine Gedanken darüber gemacht, weshalb sich die Blätter in den kälteren Monaten verfärben und zum Schluss sterben. Für ihn stand fest, dass das so sein musste. Der ewige Kreislauf. Ein Kreislauf, den er nur zu gut kannte.
Michael war eine besonnene und stilllebende Person, welche die Ruhe in den eigenen vier Wänden genoss. Auch im Alltag sprach er sehr wenig mit seinen Mitmenschen, suchte selten den Kontakt. In seiner kleinen Wohnung hielt er erst recht an der Ruhe fest. Nur er lebte dort, und seine fünf Katzen. Sonst war niemand weiter in der Wohnung. Bis auf ein paar Ausnahmen.
So wünschte er sich das auch. Für diesen räumlichen Zustand hatte er sich selbst entschieden. Auf Arbeit jedoch konnte er den stressigen Lärm nicht abschalten, weshalb er in diesen Momenten sehr gerne in seine eigene Welt abdriftete.
Dort fühlte er sich gut aufgehoben und wohl. Michael kümmerte sich um seine zugeteilten Bewohner. Mehr brauchte der junge Mann nicht, um glücklich zu sein. Manchmal jedoch musste er aufpassen,

dass er nicht zu tief in die eigene Wunschwelt eintauchte, da die Alten sich sonst wieder über ihn beschweren würden.
Zwei Mal war es bisher passiert, dass der junge Mann teilnahmslos vor einem Bewohner stand, dem alten Menschen in die Augen blickte, aber nicht ansprechbar war.
Seine Arbeitskollegen wussten um ihn und seine Marotten. Sie akzeptierten Michael, auch wenn sie sich manchmal hinter seinem Rücken über ihn lustig gemacht hatten. Herzloses Geläster war an der Tagesordnung.
Es war nie böse gemeint von seinen Kollegen. Einigen seiner Arbeitskameraden war das Verhalten ihres stillen Kollegen nur fremd. Sie irritierte es einerseits, wenn der hübsche Mann mit der Auffälligkeit in seinem Gesicht im gemeinsamen Pausenraum seine Käseschnitte aß, auf Fragen selten bis gar nicht antwortete und einfach nur so dasaß und jeden beobachtete – auf der anderen Seite genossen sie *aber* seine ruhige Art.
Man hätte Michael einen Tagesablauf schreiben können, der von ihm zu einhundert Prozent eingehalten werden würde. Seine Arbeit nahm er ernst.
Er betrat jeden Tag pünktlich zur selben Zeit den Pausenraum, setzte sich tagein und tagaus auf denselben Stuhl, stellte seine blaue Brotbüchse auf den Tisch, daneben stand eine Wasserflasche; dann holte er erst die Mandarine aus der Box heraus, legte sie zu seiner Linken auf den Tisch und dann erst wickelte er die Frischhaltefolie von seiner Käseschnitte ab und verschlang das Brot im Nu.
Anfangs hatten Michaels Kollegen sein Essensritual

belächelt, doch irgendwann stellten sich den Arbeitskameraden keine Frage mehr. Sie waren davon überzeugt, dass Michael halt so war, wie er eben war. Alice, die Auszubildende, trank schließlich auch jeden Morgen hörbar schlürfend ihren Pott Kaffee und verputzte immer genau drei Kekse. Jedem Tierchen sein Pläsierchen.
Michael machte seine Arbeit. Er ging niemandem auf die Nerven oder schüttete Benzin ins Feuer. Im Gegenteil, es störte ihn, wenn unter den Arbeitskollegen Clinch geherrscht hatte. Doch nicht im Pausenraum. Da wollte er die Ruhe genießen, was seine Arbeitskollegen respektiert hatten. Das mussten sie auch. Michael konnte nämlich ein Ekel sein, wenn es nicht nach seiner Nase ging.
Beim Zahnarzt auf dem Stuhl sitzend, blickte Michael starr an die weiße stuckverzierte Decke und spielte nervös mit den Fingern. Er war froh, dass er endlich drangekommen war, doch war ihm nicht ganz wohl dabei – ohne die Anwesenheit der lustigen Zahnarzthelferin.
Zum Zahnarzt zu gehen, gehörte nicht gerade zu seinen Lieblingsbeschäftigungen. Die Pflege seiner Beißer war für ihn selbstverständlich.
Michael hätte weiß Gott besseres mit seiner Zeit anfangen können. Innerlich von Angst zerfressen, gab er äußerlich den coolen und genervten Typen.
Die Arme lagen unruhig auf seinem Schoß. Die Kopfbilder drehten sich. Eine schwere Unrast hatte ihn erdrückt. Michael versuchte, sich zu beruhigen. Der Zahnarzt selbst ging seiner Arbeit ungestört nach.

# 3.

Während auf dem Hof des Mehrfamilienhauses die Partymusik immer lauter wurde und der Spaßpegel bis zum Anschlag nach oben gedreht worden war, tapste Marius Schmidt die Treppe zu seiner schönen Dachgeschoß-Maisonetten-Wohnung rauf, um eine neue Flasche Jägermeister für sich und seine befreundeten Nachbarn zu holen.
Die alljährliche Sommerfete war feuchtfröhlich und für eine Party, die auf den letzten Drücker vorbereitet worden war, ein voller Erfolg. Es wurde gelacht und gesungen. Falsche Töne trafen auf lautes Gelächter.
Marius und seine Nachbarin Conny hatten dafür gesorgt, dass ausreichend zu trinken vorhanden war. Kevin und sein Lebensgefährte Mitchell bedienten die Musikanlage; und Familie Blume teilte sich mit Familie Wilhelm die Aufgabe der Verköstigung. Jeder trug etwas zur Feier bei.
Im gesamten Haus sprach man sich mit Du an und unterstützte sich, wo es nur ging. Familie Wilhelm war neu in dem Haus und mit offenen Armen von jeden einzelnen Bewohner herzlich willkommen geheißen worden. Niemand war auf sich allein gestellt. Stattdessen schenkten sich die Nachbarn untereinander ein gut zuhörendes Ohr.
Im Treppenhaus war es gespenstisch ruhig. Bis auf

das Gedröhne der Feier-Mucke, die durch den leblos wirkenden Treppenaufgang fegte, war nichts zu hören.
Die alten, aufgearbeiteten Wohnungstüren mit den undurchsichtigen Milchglasscheiben blickten dunkel in Marius' Gesicht. Wohnungstüren aus Eichenholz mit Originalbeschlägen aus den fünfziger Jahren. Eindrucksvolle, teils gespenstisch wirkende Türen.
An den gelb gestrichenen Wänden zeigten sich grüne Bordüre, einen halben Meter oberhalb der Stufen. Die Treppenstufen waren aus rotgesprenkeltem, altbacken wirkendem Granit. Nicht wirklich passend zu dem neu eingebauten modernen Fahrstuhl.
Oben angekommen, steckte der schwankende Mann den Schlüssel in das Schloss der Wohnungstür, als diese sich plötzlich quietschend von allein öffnete. Verdutzt stieß der leicht Angetrunkene ein leises *Hää* aus. War er sich doch zu einhundert Prozent sicher gewesen, dass er wie gewohnt beim Verlassen der Wohnung abgeschlossen hatte. Jedoch verflog die Verwunderung schnell, und die Freude auf den leckeren Schluck überwog den aufkommenden Instinkt.
Beschwingt singend, stolperte der Mann über die Türschwelle in die Wohnung hinein und stammelte undeutlich daher.
Es war dunkel. Das wenige Licht der Partygirlanden und der leuchtenden Luftballons, welches sich nach oben schlug, warf eine seichte Lichtdecke durch die Räumlichkeiten der siebenundneunzig Quadratme-

terwohnung. Sonst war es schwarz vor seinen glasigen Augen.
Im dürftigen Schein des Lichtes vom Hof ging er geradewegs auf die Hausbar zu. Diese stand gleich neben der Balkontür, dekorativ platziert. Ein rollbarer Hausbar-Schrank in italienischem Design.
Er öffnete die Klapptüre der Hausbar, die gleichzeitig als Anrichtetisch diente, schnappte sich den Kräuterlikör und lauschte gezwungenermaßen einem seltsamen Geräusch, welches aus dem Schlafzimmer zu kommen schien. Doch sein Interesse beschränkte sich schnell wieder auf die Party und er wollte zu seinen Freunden zurück. Das leise Poltern von oben, schulterzuckend bei Seite geschoben.
Gierig auf den Tropfen, schloss er die Bar wieder zu, spazierte zur Wohnungstür rüber, das Geräusch längst vergessen, als plötzlich eine schwarzgekleidete Gestalt im flachen Schein des Treppenhauslichtes vor ihm stand.
Erschrocken trat er zwei Schritte zurück, verzog konsterniert die Augenbrauen und hielt sich reflexartig beide Arme vor das Gesicht. Doch spornt das den Eindringling nur noch mehr an, sein Wollen in die Tat umzusetzen. Ein Häschen, gefangen in der Falle, war die schwankende Person vor ihm.
Gefasst und sicher der Stimme in seinem Kopf folgend, schlug der Eindringling dem Nichtsahnenden mit einem Hammer den Schädel ein. Der Betrunkene zuckte am ganzen Körper auf, als die Schlagseite des Hammers mit voller Wucht seine Stirn zertrümmerte. Kraftlos sackte der Körper zu Boden.
Ungesehen und achtsam vor den anderen Bewohnern des Hauses, die es auf dem Hof krachen ließen,

breitete er den Leichnam des Mannes in dessen Wohnzimmer der Maisonett-Wohnung vor der kleinen Wendeltreppe aus und trennte Arme und Beine mit der Finne des Hammers ab.
Die schmatzenden, knackenden Geräusche vermischten sich mit der Musik. Leise pfiff er den Song mit, der den Hof beschallte, und wiegte fröhlich zum Takt, während er den Hals mit dem Hammer zermatschte.
Den Kopf versteckte er im Bettkasten der Couch, und die einzelnen Extremitäten wickelte der Fremde in Frischhaltefolie ein, da er diese mitnehmen wollte. Mit Feuchttüchern wischte er sich das Blut von den Jackenärmeln ab. Danach streckte und reckte er sich.
Dem Blutbad selbst schenkte er kaum Aufmerksamkeit. *Dieser süßliche Geruch nach Blut stieg ihm allerdings in die Nase.*
An seinen Schuhen trug er blaue Schuhüberzieher und an den Händen gelbe Gummihandschuhe. So war er recht gut geschützt vor der Sauerei.
Nachdem er den Torso und die eingepackten Gliedmaßen in einen Koffer geworfen hatte, rumpelte er mit der rollbaren Reisetasche in den Keller hinunter, wo er diese unter der Treppe in einer dunklen Nische abstellte. Für später versteckt und abholbereit.
Danach, als wäre nichts gewesen, spazierte der Fremde ungesehen vor sich hin pfeifend und seelenruhig aus dem Haus heraus.
Die Polizei sprach von einer geplanten Tat. Die Beamten mussten seiner siebenundzwanzigjährigen Tochter die schlimme Nachricht über den traurigen Verlust ihres Vaters überbringen. Was kein Leichtes

war, da es in den letzten Monaten immer wieder zu ähnlichen Taten gekommen war. Noch tappten die Beamten allerdings im Dunkeln.
Katja Schmidt, von Natur aus ängstlich, verstand nicht, was ihr die Polizisten sagen wollten, doch allmählich dämmerte es ihr, dass es sich hierbei nicht um einen schlechten Scherz handelte. Für die gelernte Floristin zerbrach eine ganze Welt. Sie weinte dicke Tränen und brach schreiend zusammen.
Drei Jahre zuvor war ihre Mutter plötzlich und unerwartet an Lungenkrebs verstorben, und nun war der schüchternen Floristin auch noch ihr Vater genommen worden. Ihr bester Freund. Der einzige nahestehende Mensch, der der jungen Frau geblieben war.
Vater und Tochter waren ein sonniges Gespann. Beide blödelten viel herum. Sie hielten täglichen Telefonkontakt und trafen sich jeden Sonntag zum gemeinsamen Mittagessen. Mal bei ihm und gerne auch bei ihr.
Die Tage und die folgenden schlaflosen Nächte waren zugegen, nach der tragischen Benachrichtigung. Ihr Vater war nun schon seit über einer Woche tot. Allein stand sie mit allem da.
Katja lag wach in ihrem Bett und musste an den nächsten Tag denken. An einen weiteren Tag, den ihr Vater nicht mehr erleben konnte. Die Ermittlungen waren vorerst abgeschlossen und die junge Frau durfte die Wohnung ihres Papas wieder betreten.
Auf die Floristin wartete eine Mammutaufgabe. Der Täter war noch nicht gefasst. Die Ermittlungen hingen in den Wolken. Ungern malte sie sich aus, wie es wohl sein würde, in die Wohnung ihres Papas zu

gehen. Vielleicht hatte sich der Täter einen Ersatzschlüssel besorgt, wer wusste das schon?
In der Wohnung herrschte erdrückende Stille. Alles erinnerte sie an ihren Papa. Es roch immer noch nach seinem Parfüm. Er liebte den Duft von Chanel. Übertrieb es gerne mit dem Einsprühen. Auf dem Sofa stand noch der Teller mit den Pizzaresten, eine vor der Wendeltreppe achtlos hingeworfenen Socke wäre nie wieder an seinem Fuß. Unsicher schaute sie sich um und verschwand dann wieder.
Die Augen waren schwer, doch konnte die Floristin nicht schlafen. Sie wollte unbedingt wissen, wer für die grausame Tat verantwortlich war. Doch noch schwieriger als diese Frage, war die Frage nach dem WARUM.
Katja konnte sich das nicht erklären. Ihr Vater hatte keine Feinde. Er war ein lustiger Gesell, der mit seiner IT-Firma gut unterwegs war. Er spielte gerne Golf und lernte ab und an die ein oder andere Frau im Internet kennen.
Für Katja ein Dorn im Auge. Sie vertraute den Gestalten im Internet nicht. Zu viele Fake-Profile und schlechte Menschen. Doch da konnte sie reden, wie sie wollte. Ihr Dad war ein Sturkopf.
Der kleine Zeiger der Uhr sprang auf die Eins und der große auf die Zwölf. Der helle Mond am Himmelszelt leuchtete stark in einem grellen Blauton. Katja war endlich eingeschlafen, als plötzlich ihr Telefon laut vibrierte. Eine WhatsApp-Nachricht von ihrem Vater blinkte auf.
*Hä, das ist doch jetzt ein schlechter Scherz.* Entgeistert saß sie in ihrem Bett, die Decke fest in den Händen haltend. Das Telefon lag auf der Matratze.

Katja wollte es nicht wahrhaben und glaubte auch nicht an Gespenstergeschichten, doch lief ihr ein kalter Schauer über den Rücken, als sie die Zeilen las.

Hallo, mein Schatz, mir geht es gut. Ich wollte dir nur einmal ein Lebenszeichen von mir schicken.
In Liebe, dein Papsche.
PS.: Stell deine Schuhe bitte nicht immer unter die Heizung im Flur.
Wie oft noch, mein Kind.

Zuvor hatte jemand mit der Nummer ihres Vaters mehrfach bei Katja angerufen. Ständig klingelte und vibrierte das Handy. Und ging Katja ran, dann ist das Telefonat immer unterbrochen worden. Dies war schon mehr als eine ekelhafte Gaukelei für die junge Frau. Ein alter Schulfreund, bei dem sie sich Rat geholt hatte, wollte sie beruhigen.
*Manchmal hängen Nachrichten oder Anrufe in der Leitung, so kannst du dir das vorstellen. Haben die dann wieder gutes Netz, erscheinen sie auf dem Handy.*
Nachrichten, das hätte sie noch verstanden, aber ANRUFE?
Katja fiel vom Glauben ab, als sie den Text las und schmiss das Telefon an das Fußende ihres Hochbettes. *Was soll der Scheiß?* Sie war aufgewühlt und durcheinander. Die Gedanken kreisten und die Gefühle spielten mit der verzweifelten Frau. Erst die Anrufe und jetzt eine eindeutige Nachricht von der Nummer ihres Vaters.
Die Floristin raufte sich die Haare. Der Absender

der Nachricht hatte eindeutig die Nummer ihres Vaters *benutzt*. Die Schuhe und das ewige Thema mit der Heizung. Wenn nicht ihr Vater diese WhatsApp geschickt hatte, dann musste es jemand gewesen sein, der schon einmal in ihrer Wohnung gewesen war und genau wusste, was ihren Vater immer genervt hatte. Doch sie fand den Anfang nicht. Katja war wie vor den Kopf gestoßen.
Entschlossen, dem ganzen Spuk auf die Schliche zu kommen, warf sie sich eine Jacke über, schloss die Wohnungstür hinter sich ab und setzte sich in das Auto, um noch einmal zur Wohnung ihres Papas zu fahren.
Die junge Frau war drauf und dran, herauszufinden, was oder wer mit ihr dieses perfide Spielchen gespielt hatte.
Getrieben von Hass und Wut, fuhr sie durch die Nacht. Ihr Fokus lag auf der Wohnung, und alles um sie herum war verschwommen.
Vor dem Haus schaltete sie den Motor ab. Sie wollte die Nachbarn nicht wecken. Es sollte sie keiner sehen und auch nicht hören. Im Gebäude war es dunkel.
Katja beobachtete aus dem Auto heraus die Lage, bevor sie sich dazu entschloss, heimlich in die Wohnung ihres Vaters einzudringen. Dabei redete sie sich selbst gut zu.
Gefasst und gestärkt, den unheimlichen Dingen auf die Schliche zu kommen, nahm sie jede einzelne Stufe im Treppenhaus des Mehrfamilienhauses und hoffte inständig, auf einen schlechten Witz.
Plötzlich ploppte eine neue Nachricht auf. Wieder

von der Nummer ihres Vaters. Nur dieses Mal enthielt die Botschaft keinerlei Nettigkeit.

Was machst du eigentlich für komische Sachen in deinem Bett – und wozu hast du das Ding in der Nachttischschublade?
Ich bin hier, wenn du mich suchst.

Angefressen von der Nachricht, rannte Katja *nun* die Treppen hinauf zu der Wohnung ihres Vaters. *Irgendein dummer Arsch übertreibt es hier gerade gewaltig.*
Katja war außer sich vor Wut. Ihr platzte der Kragen. Tausende Fragen schossen ihr durch den Kopf. Noch nie war sie sich so sicher im Leben gewesen, wie an diesem Abend. Der Absender konnte was erleben!
In der Wohnung stehend, überkam sie ein seltsames Gefühl, als es plötzlich leise raschelte und polterte. Ein kleiner Massageball sprang die Wendeltreppe der Maisonette-Wohnung herunter und überraschte die junge Frau. Die Angst spielte mit ihr. Ein Windzug fauchte durch die Zimmer der Wohnung. Alle Fenster waren angekippt.
Katja sah das Telefon ihres Vaters auf der Theke in der Küche liegen, nahm das Handy in die Hand und schrie es wütend an. Den kleinen Massageball hatte sie ignoriert. *Du sollst dich melden!*
Auf einmal wurde es mucksmäuschenstill. In der Küche hatte sich die Floristin erst einmal gesetzt. Katja wollte tief Luft holen und durchatmen, als es hinter ihr zwei Mal laut klatschte.

Es war so laut, dass sie es sich nicht eingebildet haben konnte, sich aber auch nicht getraut hatte, sich umzudrehen.
Auf der Bar lagen noch ungeöffnete Briefe ihres Vaters. Der Kochtopf auf dem Herd lud zum Essen ein. Als würde ihr Vater jeden Moment um die Ecke kommen und weiter in der Küche arbeiten und ein Glas Wein mit seiner Tochter trinken wollen.
Katjas Telefon leuchtete erneut hell auf. Noch immer war sie wie versteinert. Eine Nachricht. Und dann ein Anruf. Nun rief eine unbekannte Nummer bei der jungen Frau an.
Wutentbrannt wischte sie den grünen Hörer von links nach rechts und schrie in das Telefon.
*WAS WILLST DU?*
Sie hörte sich doppelt. Es raschelte erneut leise hinter ihr und sie vernahm ein leichtes Stöhnen. Auf einmal sprach eine männliche Stimme hauchend: *DICH. ICH WILL DICH!*
Schockiert sprang die junge Floristin vom Barhocker auf und entfernte sich vorsichtig rückwärtslaufend von der Theke. Es hatte sie gegruselt, als sie die warme Atemluft auf ihrer Haut im Nacken gespürt hatte. Nach hinten tastend erfühlte sie plötzlich einen Körper. Einen nackten, männlichen Körper.
Ein Mann, nur mit einem Hammer bewaffnet, stand hinter der jungen Frau. Hinter der Floristin, auf die er schon sehnsüchtig gewartet hatte.

# 4.

Schnell noch das Glas der heißgeliebten Armani-Armbanduhr mit dem Ärmel seines Hemdes geputzt, geschaut, ob die weißen Versace Sneaker glänzen, und schon konnte die Show beginnen. Er legte großen Wert darauf, dass sein Gegenüber von ihm angetan war. Designerklamotten gehörten zu ihm, wie das Feuer im Kamin.
Das Wetter war nahezu perfekt. So perfekt wie sein Outfit. Bis auf ein paar Wolken, die sich vor den glühenden Ball am Himmel gedrängt hatten, war es ein wunderschöner Tag im Juli. Ein Tag den man genießen konnte, bei dem sonst so durchwachsenen Sommer.
Das Außenthermometer zeigte zweiunddreißig Grad an. Im Raum selbst quälten fünfundzwanzig Grad die beiden Männer und ließen sie schmelzen. Der Ventilator auf dem Schreibtisch drehte sich klappernd im Fünfundvierziggradwinkel. Reizbarkeit vermehrte sich. Die Anspannung hielt ihn aber nicht von seinem Vorhaben ab, zu reden, sich Luft zu verschaffen.
Ein feiner Windhauch, warm und nach Blüten duftend, schwebte durch den Raum. Er genoss diesen, anders als die aufgewirbelte alte Luft des Ventilators. Genauso erfreute er sich an dem Geruch nach warmer Stadt-Sommerluft. Dabei hielt er kurz inne und schloss die Augen.

Besondere Gedanken, die sich in seinem Kopf manifestiert hatten, übernahmen eifrig die Kontrolle. Das obere Fenster blieb angekippt. Darauf hatte er bestanden. Er mochte den süßen Wohlgeruch nach warmem Sommer. Das grelle Tageslicht, welches durch das Fensterglas brach, jedoch nicht.
Der geschniegelte Typ hatte sich die ganze Woche über auf diesen Tag gefreut. Mit Sehnsucht fieberte er diesen für ihn so wichtigen Termin herbei. Endlich konnte es losgehen. Eine neue Herausforderung.
Beim Hinsetzen streifte er mit beiden Handinnenflächen über die Hosenbeine. Falten gefielen ihm nicht. Ihm missfiel inakkurat wirkende Kleidung. Die Leinenhosen trug er gerne. Sie versteckten, was keiner sehen durfte, und zugleich genoss der Mann eine besondere Freiheit an seinem Körper.
Bequem in die Rückenlehne des Stuhls gedrückt, die Gedanken gesammelt, kam er seinem Ziel näher. Wenn da nicht diese für den Moment zähen Sonnenstrahlen gewesen wären, die sich kämpferisch durch die heruntergelassenen Jalousien gequetscht hatten. Er bestand auf Dunkelheit in dem Zimmer. Das war ein wichtiges Ingredienz der Zusammenarbeit. Er mochte das Tageslicht, doch störte es seine Konzentration. Besonders in genau diesem einen Moment. Das hatte er mehrfach im Vorfeld angesprochen, damit sich darauf vorbereitet werden konnte. Nie verließ er unüberlegt das Haus oder fing einfach so eine Unterhaltung an.
»Bis auf einen dumpfen Laut, der vom Dachstuhl herunterdrang, war alles still. Und da stand sie auf einmal wieder vor mir, mit dieser kauterisierten

Wunde am Mund. War echt ekelhaft. Ja, und was soll ich sagen, die blöde Kuh wollte einfach nicht verrecken.«

»Wieso sind Sie so kalt in ihrer Wortwahl? Sie reden über ein Menschenleben. Und wenn ich mir diese Äußerung erlauben darf, Sie haben sowas nicht nötig. Sie sind jetzt nicht gerade dieser Typ Mann, der das Klischee eines Raubtiers bedient.«

»Wissen Sie, in meinem Kopf brummt es manchmal. Wie eine schleudernde Waschmaschine oder so ähnlich. Und dann wird es echt hässlich. Dann fühlt es sich so an, als würde ich ein Spiel gegen mich selbst spielen müssen. Und mein Aussehen hat ja nichts mit dem zu tun, was ich mache.«

Mit gebügeltem Designerhemd und diesem intensiven Parfüm auf seiner Haut, saß er vor dem Therapeuten in diesem stickigem Zimmer und überschlug die Beine. Seine Hände rochen noch immer nach Zigarette. Und doch wirkte der Mann, der schauderhafte Worte aussprach, sehr grazil.

Der Therapeut sollte noch lernen, was es heißt, jemandem nach seinem Äußeren zu beurteilen. Er spielte gerne den Lehrer.

»Und nun, Doc? Was kommt jetzt?«

»Ab wann war Ihnen klar, dass das falsch ist, was sie machen, Michael?«

»Nun, wie kann ich wissen, dass etwas nicht richtig ist, Doc, wenn ich doch diese eine Stimme immer wieder höre, die mir sagt:

**Mach!**«

»Weißt du, Doc, mein Leben ging für die Ärzte sehr frühzeitig bergab, auch dachte die Familie, für mich ein Haufen von Arschgeigen, dass es nicht mehr

sonnig werden würde. Doch ging es mir immer gut dabei. Mit der einen sprach ich über belangloses Zeug. Keine Ahnung, das Wetter und so. Und dann sprang ich auf einmal hoch und verprügelte zum Beispiel die Nachhilfelehrerin. Einfach so. Es gab *eigentlich* keinen Grund.«
»Was fühlten Sie in diesem Moment? Wie ging es Ihnen dabei?«
»Ich wusste, auch während ich auf die junge Studentin einschlug, dass das nicht richtig ist, doch die Stimme in meinem Kopf gab mir ein gutes Gefühl und ich empfand es nicht mehr als falsch. Zuvor hatte mich die Nachhilfetante gefragt, mit wem ich reden würde, doch da waren nur wir beide. Sie und ich. Ich sprach mit niemandem. Keine Ahnung, was die wollte. Ich konzentrierte mich auf diese dämliche Mathehausaufgabe.«
»Stecken Sie schon immer voller Zorn, und hören Sie viele Stimmen, die mit Ihnen reden? Immerhin sieht Ihr äußeres Erscheinungsbild recht adrett und sehr gefasst aus. Oder sind Sie nur ein guter Schauspieler?«
»Genau! Sie haben die Narben in meinem Gesicht gesehen, Doc? Nein und nein! Und … Klar, ich war noch ein Kind, also fast ein Jugendlicher, wo das passiert war. Wenn ich so zurückdenke … Sie war auch nicht mein erstes Opfer. Es gab nur einen Unterschied. Die Nachhilfetussi hatte mir nichts getan oder ähnliches. Ich hatte *auch* nichts gegen sie. Ich habe wirklich keine Ahnung, warum ich sie mit einem Radiokabel erdrosseln wollte. Vielleicht, weil sie stark war. Weißt du, Doc, ich hatte sie mit dem Kopf drei Mal gegen den Heizkörper geschlagen,

doch nichts. Mit einer Schere im Gesicht bearbeitet. Nichts. Ich betatschte sie und fingerte an ihr herum.«

»Warum duzen und siezen Sie mich ständig, Michael?«

»Echt jetzt? Das ist dein einziges Problem? Ich erzähle Ihnen von meinen frühen Morden und Vergewaltigungen und dich interessiert …«

»Alles gut, Michael. Nur kein Stress. Entschuldigen Sie bitte. Fahren Sie einfach fort.«

»Danke!«

»Ich handle impulsiv, ohne an die Konsequenzen zu denken. Das mache ich schon immer so. Ich gehe dem nach, was mir der Kopf sagt. Frauen müssen hübsch sein, aber eigentlich ist mir das auch egal. Wenn ich sie vergewaltige, schaue ich sie nie an. Leichter wird es da schon eher, wenn sie bereits tot sind. Aber dann muss ich mich beeilen, da die Leichenstarre unterschiedlich schnell einsetzt. Das ist dann nicht mehr so lustig. Sie merken, ich rede von frischen Leichen. Nicht dass du denkst, ich sei ein Perverser.«

Angewidert, aber es sich nicht anmerkend, saß der Therapeut vor dem Patienten. Er starrte ihn an und kaute nervös auf seinem zweihundert Euro teuren Kugelschreiber herum. *War es das wirklich wert?*

»Doch warum im Internet? Was treibt Sie ins Internet, Michael?«

»Meine scheiß Narbenfresse. Und die Schlampen. Haben Sie gesehen, wie viele Frauen jeden Alters sich halbnackt im Netz wie Frischfleisch den Geiern zum Fraß vorwerfen? Mal ehrlich, muss eine gebildete Frau, hübsch von Natur aus, die tausende Likes und Follower hat, sich trotzdem so nuttig geben? Im dümmsten Fall noch schön die Kinder oder Einzelheiten von ihrem Aufenthaltsort mit auf den Fotos abgelichtet ins Netz stellen. Selbst schuld, wenn sie gefickt oder getötet werden. Und wissen Sie was, ich bin nicht der Einzige, der diesen Frauen mal gehörig den Kopf waschen möchte. Und nicht vergessen, du siehst ja meine Narben.«

»Erklären Sie mir das mit den Fotos. Wie meinen Sie das mit dem Aufenthaltsort?«

»Nun, Sie sehen ein Foto auf Instagram oder Facebook, wo auch immer. Darauf zu sehen ist eine Frau, sie hält eine Kaffeetasse in der Hand, trägt *nur* ein viel zu kurzes T-Shirt und einen Tanga. Im Hintergrund ist die Uhr an der Wand zusehen, oder es spiegelt sich eine Straße oder ein Straßenschild oder ein Auto, eine komplette Wohnsiedlung in einem Fenster oder einem Spiegel wider. Bingo! Das Foto wird kopiert, bei Google eingefügt und keine drei Sekunden Später sagt mir das Internet, nur ein Beispiel: das unscharfe Straßenschild im Hintergrund, welches sich im offenstehenden Fenster spiegelt, heißt … und schon weiß man in etwa, wo diese Person lebt, leben muss. Fertig.«

Geschockt von der Erklärung seines etwas anderen Patienten, fing es in dem Kopf des Therapeuten an zu arbeiten. Ihm war klar, dass er nicht so vorsichtig war, wie bisher gedacht. Der Psychopath in seiner Praxis hatte ihm mit diesen Worten den eigenen Spiegel vor das entsetzte Gesicht gehalten.

Michael war ein Ausnahmepatient. Bis auf die Narben in seinem Gesicht, war er ein gutaussehender und gebildeter junger Mann. Wortgewandt und amüsant-frech. Er hatte keine Ängste oder Marotten, die er geklärt haben wollte. Er wollte sich nur die Last von der Seele reden. Hatten beide Männer doch eine Abmachung.

Der Therapeut hielt sich an die Vereinbarung und durfte im Gegenzug die gemeinsamen Gespräche für seinen Roman verwenden und auch noch so jedes kleine Detail aufschreiben. Auch wenn er mit sich und seinem Gewissen tagein und tagaus einen schweren Kampf zu bewältigen hatte, war die durstende Gier nach Ruhm und Anerkennung größer als die Vernunft. Einen Bestseller schreiben und ein anerkannter Krimiautor zu sein, das war der Traum des Therapeuten.

Michael hingegen ging es nicht um irgendein dummes Buch oder dergleichen. Er erfreute sich daran, gehört zu werden. Ihm war das gleich, ob ein Buch oder Film aus den Notizen des Therapeuten würde. Er wollte keinen Verkaufsschlager schreiben. Ohne die Sitzungen mit dem Quacksalber jedoch hätten ihn die bösen Geister in seinem Kopf längst getötet. Die Suche nach dem passenden Arzt war *auch* sehr anstrengend für Michael gewesen. Seine peinlich genaue Art, etwas zu erreichen, stand ihm des Öfteren im Weg.

»Bist du jetzt etwas durch den Wind, Doc? Sie kennen mich doch jetzt schon eine Weile. Eigentlich dürfte dich nichts mehr schocken, oder täusche ich mich etwa in Ihnen.«

# 5.

Sein einziges Ziel war es, Conny nahe zu sein. Wie, spielte dabei keine Rolle. Hauptsache, er war mit ihr allein und er konnte seinen Neigungen freien Lauf lassen. Auch wenn er nachdenken und gezielt überlegen musste, welche Mitbringsel er von ihr haben mochte.
Augen, herausgerissene Fingernägel, abgeschnittene Brustwarzen und vieles mehr gehörten in seine Sammlung. Auch Haare. Doch Conny war eine Klasse für sich. Sie spielte in einer anderen Liga. Daher sollte es etwas ganz Besonderes sein.
Nun arbeitete er an seinem Charakter. Er hatte große Probleme damit gehabt, die sozialen Normen anzunehmen. Er respektierte *auch* selten das Gesetz und sprach anderen das Recht auf Selbstbestimmung ab. Er war manipulativ und gewalttätig. Die perfekte Grundbasis für den Psychopathen, in dem *auch* ein Soziopath steckte.
Jeden Morgen wachte er um Punkt fünf Uhr in der Früh auf. Dann trank er ein Glas frisch gepressten Orangensaft, trainierte danach eine halbe Stunde seinen Körper und gab sich zum Schluss der täglichen Narbenpflege hin.
In dem Badezimmer standen dutzende Fläschchen und Kosmetika. Er hatte alles versucht, um das Narbengewebe weich zu halten. Nichts war schlimmer für den eitlen Mann als harte, schmerzende Narben.

Narben, die das gesamte Nervensystem seines Körpers kontrollierten.
Seit seiner Kindheit musste er sich mit dem faserreichen Ersatzgewebe in seinem Gesicht herumschlagen. Oft haben ihn die Mädchen der Schule gesagt, dass er eigentlich ganz hübsch sei, zumindest die linke Gesichtshälfte von ihm.
Angewidert von solchen zynischen Äußerungen, ihm war nicht gesagt worden, woher diese Narben stammen, schubste er die Mädchen, die ihm solche blöden Sprüche drückten, in den Dreck und trat nach ihnen. Er konnte nicht verstehen, wieso man nur eine Gesichtshälfte von ihm leiden konnte, war er doch ein ganzes und kein halbes Kind.
Die Wut über sein verunstaltetes Gesicht ließ ihn nicht los. Auch nicht später, im Erwachsenenalter. Die Ausbrüche bescherten ihm Kopfschmerzen. Er war gefangen in einer Art Zwischenwelt. Gehörte nicht dazu, ist aber wahrgenommen, auch akzeptiert worden, hauptsächlich vom weiblichen Geschlecht, was ihm doch aber gefiel, wenn auch nur sehr sporadisch.
Nicht alle Mädchen in der Schule waren gemein zu ihm. Doch dann gab es die Tage, wo man dem Jungen offensichtlich gezeigt hatte, was man von seinem Narbengesicht hielt. Er war ein Opfer.
Einige Jungs aus der Klasse zogen ihn damit auf. Auch die Mädchen. Sie beleidigten ihn und schlugen ihn sogar deswegen. Eine Lehrerin meinte zu ihm, dass die Mitschüler aus Angst vor einem starken Charakter, den der Junge mit dem halben Narbengesicht vielleicht gehabt hatte, auf ihm herumhacken würden.

Etwas eitel und doch eingeschüchtert von den Blicken der anderen, die seine Präsenz wahrnahmen, entschied er sich für einen bestimmten Weg. Worte waren das eine, Schläge das andere. Er verzieh niemandem. Hatte man es einmal bei ihm verschissen, war man für immer unten durch. Aber der bestimmte Weg war der rettende Anker für ihn.
Früh fing das an mit dem besonderen Weg. Er musste der Stimme in seinem Kopf folgen. Der Junge sah *auch* keinen anderen Ausweg, als auf diese zu hören. Dagegen ankämpfen, war keine gute Option. Immerhin gefiel dem damaligen Kind, was die Stimme erzählte. Er hörte ganz genau hin. Die anderen Stimmen kamen auch ab und an zu Wort, jedoch nur sehr selten.
Langsam hatte der ehrgeizige Mann sich der Familie Koch genähert. Stück für *Stück.* Ohne auf sich aufmerksam zu machen. Darin war er ein Meister. Er schlich leise und huschte unauffällig durch die Dunkelheit, wie kein Zweiter. Seit seiner Kindheit lebte er diese Passion. Er war geübt darin.
Anfangs dachte er von sich selbst, dass er ein Psychopath sei, die Stimme in seinem Kopf sprach diabolisch, doch er konnte Gefühle zeigen, auch empfangen. Ihm fehlte es nicht an Mitgefühl. Abschalten, dem ganzen Gefühlsgeplänkel entfliehen, konnte er jedoch schnell, was ihn ungewollt auf die Stufe der Seelenkranken gestellt hatte.
Früh hatte er sich eingeredet, dass Gefühle nutzloser Ballast seien. Seitdem er denken konnte, trug er schweres Gepäck mit sich herum. Doch Weinen oder Aufgeben waren keine Option für ihn.
Die vielen Zeitungsberichte über Serienmörder und

die zahlreichen Artikel in den Ärztezeitschriften über die menschlichen Abgründe imponierten ihm. Selbst sah er sich auf derselben Stufe eines Serienkillers.
In ihm wuchs eine unaufhaltsame Gier nach Macht. Er war süchtig nach dem Gefühl, über allem und jedem zu stehen. Schon immer hatte er eine starke Affinität zur Macht gehabt.
Gerne spielte er die Menschen in seinem Umfeld durch aufwändige Lügen gegeneinander aus. Das Wort „Machtdemonstration“ stand überall geschrieben. An seiner Tapete im Kinderzimmer, in den Schulheften und auch später, als er seine erste eigene Wohnung bezog, zierte dieses Wort seine wohnliche Umgebung.
Er war schon immer ein Narzisst, der den Selbstzweck liebte und nichts über sich hatte kommen lassen. Kontrollwahn war sein ständiger Freund, der ihm überallhin folgte.
Unauffällig hatte er die junge Familie aus einer Hecke heraus beobachtet, versteckt in dem grünen, lebenden Zaun - und mit seinem Handy gefilmt. Sie wussten nichts von ihrem heimlichen Beschatter, doch wusste er umso mehr über die Familie. Speziell über Conny.
Sein Vorhaben blieb weiterhin bestehen. Er wollte die junge Mutter dominieren und besitzen. Ihm war wichtig, dass sie wusste, dass da jemand ist, der sie heimlich beschattet. Ein Bewunderer. Ein Soziopath mit dem Hang zum Psychopathen. Eine gefährliche Mischung. Aber durfte sie ihren Verehrer nicht sehen. Sie sollte nur in Angst und Schrecken leben.
Er spielte gerne mit seinen Opfern. Empathie war

manchmal vorhanden, keine Mangelware; schließlich war er kein Arsch. Doch war es unterschiedlich. Lag es oft daran, wer vor ihm auf der Pritsche oder auf dem Stuhl angekettet war. Er mochte auch keinen lauten Lärm, außer Musik. War ein Opfer leise, erfüllte er diesem auch den einen oder anderen Wunsch.
Als die junge Familie mit dem gemeinsamen 4-jährigen Sohn übers Wochenende weggefahren war, nutzte er sofort die Gelegenheit und schlich sich an einem Freitagabend durch ein zuvor eingeschlagenes Kellerfenster in das Haus der Kochs. Schnell die Scherben mit einem Stock weitflächig verbreitet und Fußabdrücke verwischt.
Auf diesen Moment hatte er sehnsüchtig gewartet. In der Küche am Kalender hatte die Familie die Tage bis zur Abfahrt mit kleinen Kreuzen gezählt. Er musste nur abwarten; und im Warten war er gut. Allerdings gingen die Pferde mit ihm durch. Aufgeregt stand er im Keller auf dem staubigen Betonboden. Überlegte und tüftelte, bis alles gepasst hatte. Nun konnte es endlich losgehen.
Nachdem er alles im Haus wie ein Einbruch hatte aussehen lassen, brachte er noch ein paar Bildaufnahmegeräte in den Räumen an und versteckte sich in einem kleinen Nebenraum, hinter einem Regal im Keller. Es war kein Raum, eher ein Loch, etwa zwei Quadratmeter groß, doch das kam wie gerufen. Das Versteck in der Hecke hatte er bereinigt. Es sollte nichts auf ihn zurückzuführen sein.
Im Haus selbst sah es mittlerweile katastrophal aus. Wie auf einem Schlachtfeld. Er hatte dafür gesorgt, dass es für die Hausbesitzer so aussieht, als hätten

die *Einbrecher* nach Diebesgut gesucht. Gezielt hatte er sich durch die Schubladen gewühlt und in den Schränken gekramt.
Im Flur vor der Treppe stehend, die Gummihandschuhe erneut zurechtgerückt, hielt er drei Spritzen in der rechten Hand, steckte diese nach vorne aus und ließ die versifften Dinger zu Boden fallen. *Diese Junkies.* Im falsche Fährten legen war er super. Niemand machte ihm etwas vor.
Zurück in dem Schlupfloch, schaltete er ab, hielt ein Schläfchen und sorgte für Stressabbau. Er beobachtete über das Handy, welches mit den versteckten Kameras verbunden war, die Nachbarin, die zwei Mal täglich die Katzen der Kochs gefüttert hatte. Sie war schon etwas älter, aber ihr Äußeres beflügelte seine Fantasien. Die attraktive Dame bekam nichts von den Kameras mit.
Schwer atmend hielt er sich die Hände vor den Mund. Die neunundfünfzigjährige Frau, sie trug stets eine sportliche Leggings und ein lilafarbenes Sportshirt, raschelte mit der Packung Trockenfutter, um die Kätzchen aus ihren Katzenhäusern zu locken, merkte jedoch nicht, dass sie einen Ungebetenen mit den Geräuschen angeködert hatte.
*Wo seid ihr, ihr kleinen Kätzchen? Tuti-tuti-tuti …*
Mit einer gusseisernen Bratpfanne bewaffnet trat er ganz langsam aus der dunklen Speisekammer heraus, blickte der sich zu den Fressnäpfen der Katzen bückenden Nachbarin auf den Hintern und pfiff liebliche Melodien. Ihm gefiel, was er vor sich sah. Erschrocken von den leisen Lauten, drehte sich die Hilfsbereite um, schrak hoch und sah dem fremden Mann direkt in die kalten Augen.

In diesem Moment ahnte sie noch nicht, was der Kerl mit ihr vorhatte. Für den heimlichen Beschatter jedoch ging ein Wunsch in Erfüllung. Sein Herz pochte und der Puls raste. Er wartete keine Sekunde ab und schlug der Frau zwei Mal mit der Pfanne gegen die Stirn.

Es krachte und knackste.

Zuckend sackte die Nachbarin wie ein Sack zu Boden. Ein kurzer Knall und Ruhe zog wieder ein. Sie war weggetreten, nicht ansprechbar. Aber auch nicht tot. Eine immer größer werdende Blutlache verteilte sich kriechend auf den marmorierten Bodenfliesen. *Die Kammer ist groß genug!*

Ein prüfender Blick. Ihr Puls wurde immer schwächer. Schnell zog er sich seine Hose runter und vergewaltigte die sterbende Frau. *Noch ist die Alte warm.*

Nicht zum ersten Mal hatte er sich wie ein Parasit in einem fremden Haus oder einer ihm fremden Wohnung eingenistet. Er wusste genau, wie er vorzugehen hatte. Alarmanlagen waren kein Hindernis für den geübten Einbrecher.

Von seinem sicheren Versteck aus, scannte er das Alarmanlagen-Funksignal und der Klau war so sicher wie das Amen in der Kirche. Dazu benötigte er *nur* eine bestimmte Software.

Bis auf einhundert Meter Entfernung konnte er die Signale abfangen. Und schon war es passiert. Sesam öffne dich.

Ihm standen alle Türen offen und die Ahnungslosen fühlten sich zu jeder Tages- und Nachtzeit sicher, wussten sie doch nichts von der Manipulation.

Die Kochs, eigentlich frisch erholt vom Wochenende, waren geschockt, als sie das Ausmaß vorfanden, vertrauten aber auf das geschulte Auge der Polizei, die zugegen war und blieben in den eigenen vier Wänden, räumten das Chaos auf, was die vermeintlichen Einbrecher hinterließen, packten die Koffer vom Wochenendtrip aus und hatten versucht, durchzuatmen. Schließlich war es ihr Eigenheim. Ihre Wohlfühloase, die die beiden nicht aufgeben wollten.
Ihren Sohn hatten sie zu Freunden, die ein paar Häuser weiter wohnten, gebracht. Zu unsicher war die aktuelle Lage für die jungen Eltern. Zumindest in dieser einen Nacht. Auch wenn die Polizei akribisch jeden einzelnen Stein umgedreht hatten.
Sie wollten dem ganzen Herr werden und mussten erst einmal diesen erheblichen Eingriff in die Privatsphäre verdauen. Sie fühlten sich unsicher und verletzt.
Nun saßen die Eltern wie schockgefroren im Wohnzimmer auf der Couch und ließen das Geschehene sacken.
Die Polizisten waren längst wieder gegangen. Die beiden verstanden die Welt nicht mehr, sie fühlten sich missbraucht.

# 6.

Es war der Tag vor Heiligabend.
2020 war ein seltsames Jahr, und jeder war von Corona genervt. Draußen auf den Straßen herrschte winterliche Stille. Die alten Straßenlaternen, mit Aufklebern versehene Zeitzeugen der Stadt, warfen ihren warm-gelben Schein auf die von unzähligen Schuhen und Stiefeln festgetrampelte Schneedecke auf den Gehwegen. Die einzelnen Schneekristalle glitzerten und funkelten vom Licht angestrahlt.
Stunden zuvor, die Sonne schien groß am Himmel und ließ den Schnee auf den Straßen und Gassen der Stadt emporlodern, war noch wildes Treiben zu sehen. Hörbare Weihnachtsfreude überall. Nur wenige Bürger ließen sich von dem Virus die weihnachtliche Vorfreude nehmen.
Nun hatten es auch die Letzten geschafft, alle Weihnachtsgeschenke zu besorgen. In den Geschäften war es genauso laut wie davor. Nur das helle Bling der Kassen übertönte sämtliches Getue.
Überall leuchtete ein warmes Gelb zwischen den vielen bunten Lichtern empor. In den Schaufenstern hatte man schon vereinzelt die Neujahrs-Dekoration präsentiert. Viele Geschäfte stimmten sich auf Silvester ein. Weihnachten war nicht vorbei, doch kauften die ersten schon für Silvester ein. Man gab sich die Klinke in die Hand und shoppte wild.
Der Weihnachtsmarkt war *auch* um diese recht

frühe Zeit schon gut besucht. Schüler schlenderten über diesen und warteten kauffreudig in den Schlangen vor den Buden.
Musik und der liebliche Duft von Glühwein, süßem Gebäck und leckerer Hausmannskost schwebte durch die Luft. Ein wahrer Kindheitstraum, für Groß und Klein. Und mitten im Getümmel bummelte der Vater in beschwingter Stimmung durch die Gassen und Menschenmengen, die sich auf dem Boulevard und auf dem Marktplatz gegenseitig auf den Füßen herumstanden.
Auch er hatte nun endlich das letzte Geschenk bekommen und freute sich auf den morgigen Abend. Geschenke zu kaufen, gehörte nicht zu seinen Lieblingsaufgaben. Das Fest der Liebe und Familie jedoch schon.
Seine Tochter Jennifer war mit Freunden ausgeflogen und seine Frau hatte schon bald Feierabend. Die Uhr tickte.
Das Ehepaar hatte sich miteinander verabredet und freute sich auf die wenigen Momente, die es nur zu zweit hatte. Der Alltagsstress übernahm manchmal die Kontrolle, doch sorgten beide dafür, dass dies nicht zur Routine wurde.
Gemeinsam spazierten die Eltern wenig später nach Hause und erfreuten sich über die lachenden Kindergesichter, die wild in der Stadt umherrannten. Kinder hüpften, sich dabei drehend, durch den frischen Schnee, der vom Himmel fiel. Stampften auf den Gehwegen auf der festgetretenen und teils vereisten Schneedecke herum. Dabei wirbelten sie den neuen Schnee auf und warfen eine feine Decke aus abertausenden kleinen Flöckchen in die Luft.

Die Bordsteinkanten waren gefährlich glatt.
Jeder hatte sich auf den nächsten Tag gefreut. Mittwoch war es endlich so weit. Der 24. Dezember stand vor der Tür. Doch für Jennys Eltern sollte sich in den nächsten Stunden alles ändern. Glücklich und voller Vorfreude, liefen diese geradezu in ihr Unglück und ahnten nichts von den Blicken des Fremden, der die beiden nicht aus dem Fokus verlor.
Die Zeit verging wie im Flug. Wo einst die weihnachtliche Vorfreude und der familiäre Hauch eingezogen waren, herrschte mittlerweile düsteres Erwachen. Die Eltern lebten in Ungewissheit und keiner konnte einen klaren Gedanken fassen.
Die Zeiger der großen Uhr in der Küche schien nicht still zu stehen. Sie drehten sich in hoher Geschwindigkeit. Immer schneller werdend. Doch fühlte es sich für die Eltern so an, als würden sie alles in Zeitlupe erfahren und durchleben.
Das Ticken und das Tacken wurden beständig lauter, von Sekunde zu Sekunde. Von Jennifer und ihren Freunden fehlte bislang jede Spur. Ihre Tochter war nicht wie vereinbart nach Hause gekommen. Die Eltern standen zwischen zwei Stühlen.
Sie wussten, dass sich Jugendliche gerne auch einmal ungemeldet verspäteten. Sie waren auch mal jung. Doch saß beiden die Angst im Nacken, dass ihrer Tochter und deren Freunden etwas hätte passiert sein können.
Die Polizeimeldungen über verschwundene Frauen überfluteten die Stadt Halle. Es war kein Ende in Sicht. Und aufgrund der aktuellen Ereignisse willigten die Eltern einem Weihnachtsmarkt-Besuch un-

ter einer Bedingung ein; *nur mit Freunden, nicht allein.* Sie legten ihrer Tochter ebenso nahe, dass sie aufpassen solle, mit wem sie spräche. Schließlich konnten sie ihr Kind nicht einsperren, auch wenn sie das nur allzu gern gemacht hätten.
Mittlerweile war es zwanzig Uhr. Von Jennifer, die von ihrem Freundeskreis liebevoll nur JenJen genannt wurde, hatten sie noch immer kein Lebenszeichen gehört. Das Handy ihrer Tochter war aus, und ihre Freunde waren ebenso nicht erreichbar. Keines ihrer Telefone war eingeschaltet.
Auf dem Polizeirevier nahm man die Eltern ernst. Beide hatten sich schnell dazu entschlossen, diesen Schritt zu gehen und eine Vermissten-Anzeige aufzugeben. Zu unsicher waren beiden Eltern die aufleuchtenden Erklärungen.
Der Vater von JenJen hielt nicht hinter dem Berg.
»Sie wissen genau, dass hier Monster durch die Stadt streifen und sich junge Frauen schnappen.«
»Das wissen wir. Es tut mir leid, doch eine Streife ist schon unterwegs.«
»Dann muss aber etwas passieren!«
»Wir machen unseren Job.«
Jennys Vater war drauf und dran, das Zepter selbst in die Hand zu nehmen. Unruhe breitete sich in seiner Brust aus. Panik übernahm die Vernunft.
Die Beamten vor Ort hatten versucht, den Eltern die Ängste zu nehmen, auch wenn das eine Mammutaufgabe gewesen war.
»Herr Kaiser, versuchen Sie, sich zu beruhigen. Vielleicht ist nur durch die Kälte das Telefon Ihrer Tochter ausgegangen. Bestimmt treiben sich die Jugendlichen in der Stadt herum. Die Zeit vergessend,

bei all dem Weihnachtstrubel.«
»Bei allen sechs fielen die Telefone aus? Das glauben wir nicht. Meine Frau und ich gehen von einem Unglück aus. Unsere Tochter ist stets zuverlässig gewesen. Und hier läuft ein Spinner durch die Stadt, der es auf Frauen abgesehen hat. Und gleichzeitig kann man keine jungen Menschen einsperren.«
»Herr Kaiser, es sind Jugendliche. Wir haben es jetzt zwanzig Uhr einunddreißig. Um neunzehn Uhr sollte ihre Tochter zuhause sein. Sie ist siebzehn Jahre alt?«
»JA … RICHTIG!«
»Hören Sie, eine Streife ist unterwegs. Wir haben alle wichtigen Daten aufgenommen. Wir werden Jennifer und ihre Freunde finden. Fahren Sie heim. Vielleicht ist Jenny längst da. Und überlegen Sie noch einmal, ob Ihre Tochter die Tage etwas erwähnt hatte, wo sie eventuell hin wollte mit ihren Freunden, oder vielleicht ist sie an einem ihrer Lieblingsorte …«
Angsterfüllt verließen die Eltern die Polizeistation an der Fliederwegkaserne und traten betrübt den Heimweg an. JenJens Mutter klammerte sich fest an ihren Mann. Die düstersten Gedanken kreisten um die Mutter und krallten sich an ihr fest. Ihren Vater plagten ebenso komische Bauchgefühle, doch wollte er für seine Frau stark sein.
»Bestimmt ist unsere Süße schon daheim.«
»Meinst du?«
»Ja, ich denke schon, mein Schatz. Sie war nie länger weg als ausgemacht. Morgen ist Weihnachten. Vielleicht haben die Kids wirklich einfach nur die

Zeit vergessen oder haben sich spontan umentschieden und wollen feiern gehen.«
Vor dem Wohnhaus stehend war plötzlich die Freude groß, als die beiden Eltern Licht in der Wohnung bemerkten. Ein kleiner Schatten, lange Haare, huschte durch die Zimmer.
Mit einem Affenzahn rannten die Eltern die Treppe des Mehrfamilienhauses in der Großen Ulrichstraße, keine fünf Minuten vom Campus entfernt, hinauf und schlossen hastig die Wohnungstür auf. Beide waren sichtlich ergriffen von der Erleichterung.
Im Flur auf dem Schuhschrank liegend, vibrierte Jennifers Telefon zwei Mal stark. Eine WhatsApp-Nachricht ploppte auf dem Display auf. Sie war von ihrem Kumpel Kevin. *Treffen uns in fünf Minuten im Flower-Power.*
Beruhigt von diesem elektronischen Lebenszeichen, nahmen die Eltern im Wohnzimmer Platz und schnauften erleichtert aus.
»Sie will ins Flo-Po. Gott sei Dank.«
»Ja, mein Schatz.«
Im Badezimmer hörte man das Wasser der Regenwalddusche rauschen. Wenig später nahmen sie leichten Gesang wahr, der allerdings durch einen lauten Knall der Wohnungstür unterbrochen wurde. Plötzlich und unerwartet.
»Hä? Stand unsere Tochter nicht noch eben unter der Dusche?«
»Jennifer hat es aber eilig. Sie hat uns nicht einmal „Hallo" gesagt.«
»Müssen wir mit leben. Teenager halt.«

»Na ja, vielleicht ist die Disco mittlerweile wichtiger als die eigenen Eltern«, lachte er laut und streichelte seiner Frau sanft über den Rücken.
»Immerhin weiß unsere Tochter nicht, dass wir besorgt und auf dem Polizeirevier waren.«
»Ja. Aber … Warum geht sie einfach?«
Die Verwirrung stand der Mutter ins Gesicht geschrieben, doch lange hielt dieser Zustand nicht an. Noch in derselben Nacht wurden sie von lautem Krach unsanft aus dem Schlaf geholt.
Anfangs dachten beide, dass ihre Tochter einen über den Durst getrunken hätte, würde torkelnd durch die Wohnung spazieren. Waren sie doch selbst einmal jung und wild.
Nichtsahnend und verschlafen lauschten sie dem Gepolter in der Wohnung, als es plötzlich laut dröhnte und schepperte. Die Wohnungstür war mit voller Wucht zugeschlagen worden. Das Licht im Treppenhaus brannte hell durch das verkleidete Oberlicht der Wohnungstür.
Erschrocken von dem Lärm, sprangen beide aus dem Bett und sahen sich verdutzt um. In der ganzen Wohnung brannte Licht. Die Fenster in Jennys Zimmer waren angekippt und auf dem Bett lagen ihre Klamotten verteilt herum, als hätte ein Tornado in dem Zimmer gewütet.
In der Küche, neben dem Weihnachtsmann-Teelicht lag ein Zettel, auf dem die Worte: ICH HASSE EUCH UND KOMME NIE WIEDER ZURÜCK! zu lesen waren.
Nicht zögernd rief Jennifers Vater auf dem Revier an und meldete den Vorfall. Die Eltern waren außer sich vor Angst. Beide verstanden die Welt nicht

mehr. Waren wie vor den Kopf gestoßen.
Der Polizeibeamte notierte sich alles Wichtige und hielt die aufgebrachten Eltern an, sich in keine unüberlegte Dummheit zu stürzen.
Besonders appellierte er an die Vernunft von Jennifers Vater. Dieser war schon drauf und dran, sich auf die Suche nach seiner Tochter zu begeben. Er wollte nicht länger warten.
Gegen drei Uhr am Morgen vibrierte Jennys Telefon erneut. Dieses Mal schrieb eine unbekannte Nummer: HAB EUCH DOCH LIEB. KOMME BALD WIEDER HEIM!
Die Eltern wussten nicht, wie sie mit dem Geschehen umgehen sollten. Die Gefühle fuhren Achterbahn. Sie waren verletzt, traurig und fühlten sich von der Situation verarscht. *Jennifer ging niemals ohne ihr Telefon irgendwohin.*
Erst hieß es, ihre Tochter würde verschwinden, und keine drei Stunden später schrieb eine Nummer im Namen ihrer Tochter, dass es ihr leidtun würde und sie zurückkäme. Doch sie kam nicht zurück. Von ihrem Mädchen fehlte weiterhin jede Spur. Ihre Freunde waren *auch* noch vermisst und den Polizisten gingen allmählich die Ideen aus.
Was einst als ein überführsorgliches Elterngetue abgetan worden ist, entpuppte sich mehr und *mehr* zu einer Entführung. An ein abruptes Abhauen von Jenny hatte niemand geglaubt.
»Wir gehen von einer Entführung aus. Hatte Ihre Tochter mit jemandem Streit oder wollte ihr jemand etwas Böses?«
»Nein! Sie war beliebt und immer fröhlich. Klar, Jennifer hatte auch ihre Macken, wer hat die nicht

…«

»Können Sie sich vorstellen, wo sich Jennifer mit ihren Freunden aufhalten könnte? Heute ist Weihnachten, und vielleicht wollten sie irgendwo hin.«

»Nein, ich habe keine Ahnung. Meine Frau auch nicht. Wir dachten erst, dass sie die Zeit vergessen hatten, und dann sah alles so aus, als wäre sie in die Disco, ins Flower-Power gegangen. Jennifer ist doch ein ganz normaler Teenager. Hat Freunde. Surft im Internet …«

»Da ist Ihre Tochter aber niemals angekommen. Sie haben sie unter der Dusche gehört, aber nicht gesehen? Das klingt alles etwas wirr.«

»Wir haben mit dem Inhaber des Clubs gesprochen. Könnte es vielleicht sein, dass Sie und Ihre Tochter einen Streit hatten. Die Zeit um Weihnachten herum ist ja bekannt für Gefühlsausbrüche und Familienstress.«

»Hören Sie mal, was soll das. Unsere Tochter wird seit gestern Abend vermisst. Heute ist Weihnachten und es fehlt jede Spur von unserer Tochter. Wir hatten kleinere Auseinandersetzungen. Aber keinen Streit. Auch nicht in den letzten Tagen …«

Der Zeiger der Uhr drehte sich ohne Pause. Jennifers Mutter hatte sich nach stundenlangem Kampf erneut entkräftet in den Schlaf geweint. Ihr Mann blieb allein im Wohnzimmer, nachdem er seine Frau zu Bett gebracht hatte.

Mit leerem Blick starrte er auf das Telefon von Jennifer und hoffte auf eine weitere Nachricht. Auf irgendein Lebenszeichen seiner Tochter.

Der Mann saß stumm auf der Couch in dem dunklen Zimmer und raufte sich gedanklich die Haare. Das

einzige Licht in dem Raum war das Wärmende der Christbaumlichterkette. Sonst war es duster in der Wohnung.
Mit Tränen der Verzweiflung in den Augen schaute er sich den Weihnachtsbaum an. Diesen hatte er drei Tage zuvor mit seiner Tochter gemeinsam geschlagen, aufgestellt und geschmückt. Familientradition. Kurz musste er schmunzeln. Er hatte sich daran erinnert, welches Fass seine Tochter aufgemacht hatte, als er versucht hatte, ihre Seite des Baumes umzudekorieren.
Der Christbaum sah wirklich lustig aus.
Jennifers Seite war bunt und schrill behangen worden. Weiße und rosafarbige Kugeln schmückten ihre Seite des Baums. Goldenes Lametta.
Er wünschte sich seine Tochter zurück.
Mehr wollte der gebrochene Familienvater nicht.

# 7.

Mit einer lockeren Haltung, schon fast unhöflich, saß der kleine achtjährige Junge auf einem einen Meter langen und dreißig Zentimeter hohen Feldstein inmitten einer frischgemähten Wiese. Dabei schaute er ab und zu unberührt in den strahlend blauen Himmel hinauf und quasselte ohne Punkt und Komma drauf los. Das Kind redete wie ein Weltmeister.

Die Form des Brockens, auf dem der schnatternde Knirps saß, ähnelte mit viel Fantasie einem Stuhl, welcher sich in die Landschaft integriert hatte. Moos und anderes schmieriges Zeug haftete am unteren Teil des Steins. Der Junge kratzte das unschöne Grün mit den Schuhsohlen ab. Es störte ihn gewaltig.

Der Junge liebte dieses Ding; saß oft stundenlang auf dem Stein. Es war sein gelblich schimmernder Steinstuhl. Für ihn hatte der Brocken Ähnlichkeit mit dem Sessel, auf dem Fred Feuerstein seine Zeitungen las. Sein Vater schaute jeden Werktag, pünktlich um siebzehnuhrdreißig die Familie Feuerstein im Fernsehen. Dieses Ritual pegelte sich *auch* bei dem kleinen Jungen ein.

Der Junge war der Kleinste der Klasse, fiel aber durch sein Geplauder und der Wortgewandtheit bei den Größeren auf. Dementsprechend hatte er fast jeden Tag eine Menge Gesprächsstoff mitgebracht.

Aber nicht jeder Schultag war gleich. Manchmal hackten seine Mitschüler auf ihm herum. Sie gaben ihm den Spitznamen Quasselzwerg. Meinten sie es eigentlich nicht böse, traf es ihn doch recht hart.
Seine kleinen Hände hielten die angewinkelten Knie fest. Spannungslos und monoton wippten seine mittlerweile nackten Füßchen auf und ab. Er saß immer auf diesem Stein. Seinem Stein. Erzählte *dies* und *das*.
Das Kind mit den Narben im Gesicht genoss den weichen Grasboden unter seinen Füßen und musste bei jeder noch so winzigen Berührung mit dem durch den Sommerwind tanzenden Rasen verschmitzt schmunzeln. Gab es doch meist *eigentlich* nichts zum Fröhlichsein.
Fast täglich wünschte er sich zehn Kilogramm mehr Körpergewicht und ein paar Zentimeter mehr Körpergröße, auch unbewusst störte er sich an den Hänseleien der Mitschüler, die sich über den *Dünnen* lustig gemacht hatten.
In Gedanken wütend schwelgend. Ein erneuter Windhauch flüsterte leise über das saftige Grün und pfiff zugleich durch das wuschelige Haar der Quasselstrippe, als er sich auf einmal unwohl fühlte. Ging es ihm gut, war es ihm egal, dass er etwas dünner und kleiner war als seine Mitschüler. Hatte er aber einen schlechten Tag, hasste er sich und seinen Körper. Ebenso sein Gesicht.
*Scheiß Narbenfresse.*
Gelegentlich brodelte es in ihm. Dem Jungen war nicht bewusst, was er mit den Emotionen und Gefühlen anfangen sollte, die ihn umklammerten. Leise zählte er bis zehn und pustete das Negative

aus. Das hatte er mal in einer TV-Show gesehen.
Gerne saß er auf diesem Minifelsen, wie er den Stein getauft hatte, und redete über Gott und die Welt. Er stellte sich oft vor, er wäre der Größte. Es war seine Sitzgelegenheit, die nur er nutzen durfte. Zu jeder Jahreszeit. Kein anderer. Nur er. *Nur ich. Der Größte und Stärkste auf der ganzen Welt.*
Hätte der Junge eine fremde Person auf dem Stein erwischt, dann hätte er diesen Störenfried verscheucht. Es war sein Eigentum, auch wenn ihm klar war, dass der Stein von jedem genutzt werden konnte.
In den letzten Monaten änderte sich das Verhalten des Jungen drastisch, was für alle Beteiligten sehr unangenehm war. Er wurde zunehmend besitzergreifender und zog sich immer mehr in seine Gedankenwelt zurück.
Der psychische Zustand des Kindes drückte stark auf das Gemüt, sodass er an manchen Tagen nicht einmal für sein Umfeld ansprechbar war. Die Tagträume hatten zugenommen.
Wie in Trance ging der Junge dem täglich Gewohnten nach. Sein Ichbewusstsein war stark eingeschränkt. Vergleichbar mit einem Zombie, latschte er teilnahmslos durch die Schulflure. Auch im Unterricht gab es Tage, an denen er nicht wirklich anwesend war.
Schon oft musste er sich diesem Zustand hingeben. Anfangs war es befremdend und die Angst ging umher. Doch nach und *nach* hatte er sich daran gewöhnt, für die anderen ein wenig seltsam zu sein. Es gehörte zu ihm. Ohne wollte er nicht mehr sein. Er war eins mit der Boshaftigkeit.

Der Junge war der Meinung, alles, was er berührt hatte, gehörte nun auch ihm. Musste er im Unterricht etwas an die Tafel schreiben, so steckte er sich das Stück Kreide immer in die Hosentasche und rückte dieses *auch* nicht mehr raus. Da konnten die Lehrer reden, wie sie wollten.
Es führte kein Weg daran vorbei. Und blieb eine Lehrkraft hartnäckig, dann warf der Junge sich zu Boden und schrie wie am Spies. Tobend vor Wut, stampfte er mit beiden Beinen auf den Boden und fauchte wie eine Wildkatze. Die überraschten Blicke seiner Mitschüler waren ihm egal.
Einmal hatte er so laut geschrien und wie wild mit den Armen herumgefuchtelt, dass er aus Versehen dem Direktor der Schule, der den Jungen beruhigen wollte, in den Schritt geschlagen hatte. Gekrümmt vor Schmerzen sackte dieser vor den Jungen auf die Knie. Schnell nahm er die Beine in die Hand, wusste der Junge auch nicht, wie ihm geschieht und rannte davon.
Streitigkeiten unter den Kids, gab es in fast jedem Unterricht. Hob der Junge einen heruntergefallenen Stift eines Klassenkameraden auf, gab er diesen nicht wieder zurück. Seine Eigenheiten waren für den einen verstörend und für den anderen dumm.
Oft kam es wegen seines Fehlverhaltens zu kleineren Auseinandersetzungen. Seine Mitschüler verstanden nicht, warum er sich alles in die Taschen stecken musste. Aus Schubsen wurde Prügeln – und aus Hänseleien wurden böse Worte. Allerdings hatte er sich gewehrt. Er ließ nicht auf sich herumhacken.

Besonders schlimm war es bei den Klassenkameradinnen. Den Mädchen begegnete er noch etwas gemeiner. Kaugummi im Haar war auf der Liste seiner Streiche das kleinere Übel.
Er hasste Mädchen. Sie kotzten ihn an. Von den Lehrern mehr gemocht, standen die Weiber vor den Spiegeln der Mädchen-Toilette, lästerten über die Freaks oder quatschten über die heißesten Typen der Schule. Gern schlich er sich heimlich auf das Klo der Mädels und lauschte dem Gegacker.
Er hätte sich darüber gefreut, wenn auch er auf einer dieser Listen zu finden gewesen wäre. Nur einmal wollte er seinen Namen auf diesem Papier lesen, zusammen mit den *coolen* und *beliebten* Schülern. Die meisten nahmen ihn nur als den hübschen Narbenjungen wahr, als den Jungen, den man manchmal verspottet hatte. Meist war er unsichtbar für seine Mitmenschen und hasste sein Leben.
Die Sonne strahlte hell am Himmel und hatte nun auch die letzte verdächtig wirkende graue Wolke am Firmament verdrängt. Von dem starken Regenguss der Nacht zuvor war nichts mehr übrig. Um ihn herum Blumenmeere und lebende Zäune. Die Blümchen sprießten. Überall roch es lieblich und süß. So sinnlich, wie der Sommer nur riechen konnte.
Lange haben Halles Bewohner den Regen herbeigesehnt. Eine staubige Dürre breitete sich in ganz Halle und den Nachbarorten aus. Im Saalekreis wüteten Feuer. Felder brannten binnen weniger Sekunden lichterloh.
In den Medien sprach man von Brandstiftungen und

Unachtsamkeit der Menschen. Man wollte die Zuschauer und Hörer, auch die Leser abholen und ihnen erklären, dass keine Glasflaschen, keine Zigaretten oder anderes leicht entzündbares Material auf Wiesen oder in Büschen herumzuliegen hat.
Botschaften gingen raus. Doch das war dem redefreudigen Kind zu diesem Zeitpunkt egal. Es genoss die Wärme, die zu Boden schoss und es freute sich über den blumigen Wiesenduft. Außerdem spielte der Junge gerne mit der großen Lupe.
Er sammelte Spinnen, Würmer, Ameisen, Schmetterlinge und weitere Insekten, packte das Getier in ein verschließbares Glas und leuchtete so lange mit der Lupe auf die Glasoberfläche des Gefäßes, bis sie bitterlich litten und verbrannten oder erstickten.
»Heute gab es keine Milch in der Schule, aber dafür haben wir Multivitaminsaft ausgeschenkt bekommen. Da hatte das Mittagessen gleich etwas besser als sonst geschmeckt. Und weißt du was, Mama, Patrick hatte mir sein Trinkpäckchen geschenkt. Darüber habe ich mich gefreut. Ich hatte Patrick auch seinen Füller wiedergegeben.«
Der Junge musste Luft holen. Es ist so viel passiert in der Schule, dass er gar nicht wusste, wo er anfangen sollte mit dem Erzählen.
So kurz vor den Sommerferien bereitete ihm die Schule besonderen Spaß. Das alte Schuljahr verschwand und die Vorfreude auf das Neue stieg.
Mit luftholender Impulsivität sammelte sich der kleine Junge und fuhr quasselnd fort. Voller Erregung erzählte er seinen stillschweigenden Eltern einfach ***alles.***
»Weißt du, die Lehrerin meinte zu mir, ich würde

andere emotional ausnutzen und meine Freunde gefühlsmäßig erpressen. Ich weiß aber nicht, was sie damit meint, Mama. Vielleicht will sie mich auch nur nerven, wie die bescheuerte Nachhilfetrulla. Und ich glaube, meine Lehrer wollen mich ärgern. Meinen Klassen-Freunden ist es schnuppe, wie ich bin. Die wissen mittlerweile alle, dass sich ein Streit nicht lohnt.«

Als er von seiner Klassenlehrerin sprach, bemerkte der Junge ein Brennen in seiner Brust. Etwas in seinem Thorax zog sich zusammen. Die Wut in ihm stieg an. Dennoch konnte er dieses Gefühlschaos nicht deuten. Niemals hätte er vermutet, dass nur der Gedanke an seine Lehrerin ihn so triggern könnte.

Sprach sie oft in guten Tönen, hatte es den Jungen an diesem Tag stark getroffen, dass seine hübsche Lehrerin fingerzeigend schlecht über ihn sprach. Plötzlich geschah etwas in ihm und er fand die Lehrerin nicht mehr so anziehend.

»Ansonsten war alles wie gewohnt in der Schule. In der ersten Stunde haben wir darüber gesprochen, was wir in den Sommerferien machen. Ich bin der Einzige in der Klasse, der bei seinen Großeltern die Ferien verbringt. Aber das stört mich nicht. Sindy fährt mit ihren Eltern nach Spanien. Alle anderen fliegen auch irgendwo hin. Das habe ich mir aber nicht gemerkt. Die letzten beiden Stunden haben wir dann einen Film geschaut. Darauf hatte ich aber keinen Bock. Ich habe gemalt. Hier: Das Bild ist für euch, Mama und Papa.«

Stolz hielt der sprachfreudige Junge das selbstgemalte Bild mit angespannten Armen hoch und hoffte auf positiven Zuspruch seiner Eltern. Ihm war

die Meinung seines Papas besonders wichtig, wollte der Junge seinem Vater doch stets imponieren.
Sein Papa war ein lustiger Mann, der aber auch streng sein konnte. Er war der Einzige in dem näheren Umfeld des Jungen, der einen guten Draht zu ihm hatte. Er liebte seinen Sohn. Das sagte er ihm jeden Morgen und jeden Abend.
Er war es auch, der über die Spinnereien seines Sohnes lachte. Er hatte nicht verstanden, warum die Ärzte frühzeitig anfingen, an seinem Sohn herumzudoktern.
Immer wieder musste sich der damals Dreijährige EEGs und MRTs unterziehen. Er sei verhaltensauffällig gewesen, sagte die Chefärztin des Dölauer Krankenhauses. Doch er teilte diese Meinung nicht und warf der Ärztin Inkompetenz vor.
War sie es doch auch, die seiner Frau einreden wollte, dass sie den gemeinsamen Sohn zu einem Therapeuten bringen solle. Gerne auch in ein Kinderheim, sollte sie überfordert sein. Das Jugendamt wäre auch ein guter Ansprechpartner.
»Wissen Sie, viele Kinder erlernen auffällige Verhaltensweisen in ihren Familien, indem sie andere Mitglieder unbewusst nachahmen. Wir leben in den 80ern. Das ist eine neue und aufregende Zeit.«
»Moment, wollen Sie meiner Frau und mir gerade einreden, dass wir schlechte Eltern sind?«
»Nein! Aber … Das ist vor allem dann der Fall, wenn den Kindern dies durch ein sozial akzeptiertes Verhalten nicht gelingt, wenn die Kinder also z. B. vernachlässigt werden oder aufgrund von extrem hohen Erwartungen nur selten ein Lob erhalten.«
»Also, Moment mal, unserem Sohn fehlt es an

NICHTS. Wir sind auch keine schlechten Eltern.«
Langsam stand der Junge mit der seltsamen Art von dem Stein auf und streckte sich in alle Himmelsrichtungen. Dabei gähnte er laut auf und zog sich seine Schuhe wieder an. So, wie seine Mama ihm das beigebracht hatte.
Seine Mutter hatte oft geschimpft, wenn er in die Schuhe schlüpfte, keinen Schuhanzieher oder die Finger benutzte.
Er hatte selten gehört, doch malte er gerne Bilder für seine Eltern. Mit breiter Brust legte er das Bild, welches er im Unterricht mit viel Liebe für seine Eltern gemalt hatte, auf deren gemeinsamen Grabstein nieder, sank den Kopf zu Boden und drückte sich die Tränen weg. Weinen wollte er nicht. Er fand, das sei Mädchenkram. Er wollte stark sein und ein richtiger Mann. Zumindest dachte er so. Er hatte ein falsches Bild von der Welt. Woher sollte er es auch besser wissen.
Mit leiser Stimme, zittrig war die Tonart, seine Lippen waren trocken, verabschiedete sich der Junge von seiner geliebten Mama: *Ich liebe dich!* – mit einem Luftkuss. Gerne hätte er seine Mama noch einmal in die Arme genommen und sie gedrückt.
Seinem Vater gab er ein imaginäres High Five. *Wir sehen uns morgen!*

# 8.

Emotional und empathisch. Ja, so kann ich mich am besten beschreiben. Ich denke, das trifft es ganz gut. Und aus diesem Grund habe ich mich *auch* für meinen Job entschieden; und ich bereue nichts. Zumindest, was den Beruf zur Heilpädagogin angeht.
In einem Wohnheim für Menschen mit Behinderung zu arbeiten, erfüllte mich jeden Tag mit Zufriedenheit. Ich gab viel, bekam das Doppelte zurück und ging mit einem großen Lächeln nach Hause. Ich war glückerfüllt und genau dort, wo ich hingehörte. *Diesen Beruf werde ich bis zur Rente ausüben*; so dachte ich.
Täglich unterstützte ich die Bewohner bei der Gestaltung im Alltag. Gemeinsam kochten wir, bereiteten Feste wie Geburtstage und Weihnachtsfeiern vor, Körperpflege gehörte natürlich auch zu meinem Aufgabenfeld, genauso wie Ausflüge und sportliche Aktivitäten zu planen und durchzuführen. Jeder einzelne Bewohner ist nach seinem speziellen Entwicklungsstand gefördert und gefordert worden. Berührungsängste kannte ich nicht. Und nach reiflicher Überlegung hatte ich mich aus Überzeugung und Zuneigung für Menschen mit Handicaps für diesen Beruf entschieden. Während der Schule schwankte ich noch zwischen diesem und dem Beruf des Tierpflegers. Aber auch Tierärztin schwebte mir einige Zeit im Kopf herum.

Es kostet einem manchmal die letzten Nerven, das verheimliche ich nicht. Wir müssen nichts schönreden. Die Kraft schwand sehr schnell, doch wurde alles ein bisschen erträglicher, durch die Chemie im Team und die tolle Zusammenarbeit mit den Bewohnern.
Wir waren nur Frauen im Team und die Stutenbissigkeit war allgegenwärtig, jedoch kein Alltag. Obwohl ich auch zugeben muss, dass ein männlicher Praktikant schon recht frischen Wind ins Hause trug.
Anke war meine liebste Arbeitskollegin und ist später zu einer sehr guten Freundin von mir geworden. In den letzten Jahren, die wir gemeinsam die Schichten schrubbten, hatten wir unsere Freundschaft vertieft und uns auch das ein oder andere Geheimnis anvertraut. Und gerade als es über mir dunkel geworden war, blieb Anke an meiner Seite und half mir aus der schweren Zeit heraus.
Nachdem dieses ekelhafte Schwein versucht hatte, mich zu vergewaltigen, ich vier beschissene Tage im Krankenhaus verbracht hatte, reichte mir Anke ihre Hand. Sie ließ mich nicht fallen. Sie war es auch, die mir mit ach und krach aus dem Loch half, wenn ich mal wieder in ein psychisches Tief rutschte.
Anke hielt mir immer wieder den Spiegel vor das Gesicht und erinnerte mich daran, wer ich war. Sie begleitete mich zum Arzt und zu den Therapiesitzungen, half mir, im Alltag wieder Fuß zu fassen und übernachtete die ersten drei Monate bei mir. Ohne sie wüsste ich nicht, ob ich so weit gekommen wäre.

Im Krankenhaus hielt sie täglich meine Hand. Anke wusste, dass ich mich nicht wohlgefühlt habe. Wochenlang zitterte ich am ganzen Körper und wurde von Schwierigkeiten geplagt.
Meine Oberschenkel waren versehen mit blauen Hämatomen, oberflächlichen Wunden und Kratzern. Berührungen waren die Hölle für mich, doch bin ich Anke dankbar, dass sie sich nicht hat von mir und dem Gefühlschaos, dem ich ausgeliefert war, vergraulen lassen.
Ich weiß noch genau, wie mich das Krankenhauspersonal angestarrt hatte. Der behandelten Ärztin standen die Haare zu Berge, als sie mich sah. Ich muss ihr erstes Vergewaltigungsopfer gewesen sein. Anders hätte ich mir das sonst nicht erklären können. Anke hatte mir später gesagt, dass die junge Ärztin mehr gezittert hatte als ich in der ganzen Zeit. Niemals werde ich vergessen, wie ich in diesem weißgekachelten Zimmer auf dieser kalten Pritsche lag, um mich herum tausende Schwestern, Pfleger und Ärzte. Voller Adrenalin. Ich fühlte mich alleingelassen und schwach, trotz des Menschentumults.
Der Typ, der mich auf dem Parkplatz vergewaltigen wollte, hatte mich böse zugerichtet. Er schlug mit seinen Fäusten auf mich ein. Fluchte laut und bespuckte mich. Er war wie im Rausch, sein Blick war leer. Und ich sein auserwähltes Opfer.
Mich holte eine schauderhafte Angst ab, als er sein Glied aus der Hose holte und mich vergewaltigen wollte. Das ging alles so verdammt schnell. Ich hatte mit aller Kraft versucht, dieses Ekel von mir zu drücken. Aufgeben war keine Option für mich. Doch gestand ich mir irgendwann ein, dass ich

keine Chance hatte, ihm schutzlos ausgeliefert und kräftemäßig unterlegen war.
Bei seinem Anblick wäre mir niemals in den Sinn gekommen, dass dieser schick gekleidete Typ solch ein Monster in sich trug. Eine widerliche Bestie.
Seinen Geruch werde ich nie vergessen. Der Typ stank nach teurem Parfüm und Zigarettenqualm. Es war ein zum Erschrecken angenehmer Duft.
Kurz bevor ich ihn mit einem festen Tritt gegen den Kopf verjagen konnte, hatte er mir drei oder vier Mal mit voller Wucht auf die Oberschenkel geboxt. Ich sollte das Loch auf machen, so schrie er mich abermals an. *Stell dich nicht so an, Schlampe!*
Ich weiß noch ganz genau, wie er sich über mich beugte, meine Arme auf den Boden gedrückt und mich mit diesem nach Kippe und Fleisch stinkenden Atem abermals versucht hatte zu küssen. Er gab nicht auf und hatte mir immer wieder versucht, die Zunge in den Hals zu stecken. Ich würde lügen, wenn ich sage, ich hätte nicht daran gedacht, seine Zunge abzubeißen. Doch fehlte mir der Mut.
Dem kräftigen Tier ausgeliefert, lag ich auf dem staubigen Boden des Parkplatzes zwischen zwei parkenden Autos und dachte, dass jeder Moment der *scheiß* letzte sein könnte. Um mich herum war alles verschwommen.
Der Schock steckte mir tief in den Knochen. Ich konnte weder laut um Hilfe schreien noch Passanten auf mich aufmerksam machen. Ich kämpfte um mein Leben und schlug weiterhin wild um mich.
»Süße, mir tut das unfassbar leid, was dir widerfahren ist, doch sind nicht alle Männer gleich. Du musst wieder nach vorne schauen. Krone aufsetzen und

los.«
»Das weiß ich doch, Anke. Die Therapie hatte mir gutgetan. Bis jetzt habe ich aber noch keinen Mann kennengelernt, dem ich nahe sein möchte. Ich gucke aber auch nicht, um ehrlich zu sein.«
»Hast du mal wieder das Internet ausprobiert, Fredi?«
»Meinst du jetzt solche komischen Apps oder die sozialen Netzwerke?«
»Sowohl als auch. Ich bin selbst bei einer angemeldet und kann dir sagen, der Spaß kommt hier nicht zu kurz, wenn du verstehst.«
»Ach, Anke, das ist, glaube ich, nicht meine Welt.«
»Versuch es doch einfach mal. Zwei Jahre ist das jetzt schon her, und du sagtest, dir geht es gut. Und wenn du es dumm findest, dann kannst du dich dort einfach wieder löschen!«
Mir missfiel der Gedanke, mich wieder auf einen fremden Menschen einzulassen. Ich hatte mich belesen und stellte zu meiner Überraschung fest, dass viele Frauen bei solchen Dating-Apps angemeldet waren. Warum also nicht.
Klar, ich hatte Bedenken, da ich im Netz meinem größten Albtraum begegnet war, doch wuchs eine unaufhaltsame Neugier in mir. Auch wenn ich mir das Erlebte wieder und wieder in Erinnerung holte. Dieser widerliche Wichser schrieb mich auf Instagram an und machte mir wortwörtlich den Hof. Seine Ausdauer imponierte mir. Auch, dass er nicht wie die anderen, nur auf eine schnelle Nummer aus war. So schien es.
Dieser schmierige Typ hatte es geschafft, dass ich mich komplett in seinen Nachrichten verlor. Ich

freute mich auf jede Zeile, die er mir schrieb. Ich war hin und weg. Niemals hätte ich gedacht, dass er ein Vergewaltiger wäre.
Er war lustig und charmant. Seine Wortwahl war grazil und doch männlich. Es schien, als wüsste er ganz genau, was er mir schreiben müsste. Ich glaubte an meinen Seelenverwandten.
Doch letztendlich hatte mir dieser Arsch nur Honig ums Maul geschmiert. Er war nicht der, der er ausgab zu sein. Doch das Schlimmste für mich war, dass er nicht zur Rechenschaft gezogen worden ist für seine Taten. *Wie viele Frauen hatte er außer mir noch geblendet mit diesen tollen Texten? Wie viele Frauen sind auch von ihm vergewaltigt worden?*
Mich quälten all diese Fragen. Die dunkelsten Träume suchten mich nachts heim. Albträume, die so real erschienen, dass ich sie geglaubt hatte.
Eine nächtliche Illusion hatte mich *besonders* während der letzten zwei Jahre begleitet. Der Traum steckte voller Negativität und abscheulicher Gefühle.
Ich war der klassische PTBS-Patient. An manchen Tagen hatte ich geglaubt, ich hätte die posttraumatischen Belastungsstörungen ganz für mich allein gepachtet. Die Angst vor einer Persönlichkeitsveränderung schlängelte um meine Beine, wie eine Schlange.

Danke, liebes Tagebuch, fürs Zuhören! Hätte ich gewusst, was für dumme Menschen sich im Internet herumtreiben, dann hätte ich mich niemals dort angemeldet.
Mich hat die Einsamkeit nur noch angekotzt.

Alle meine Freundinnen befinden sich in glückerfüllten Beziehungen. Leben ihre Träume. Ich will das auch haben. Was mir passiert ist, ist Geschichte. Ich bin eine starke und selbstbewusste Frau.
Der Kerl, der mir das angetan hat, ist nur ein armes, kleines Würstchen.

Anke sprach mir Mut zu und ich meldete mich nach langem Überlegen dann doch bei der Dating-App an. Sie lag mir in den Ohren und ich wollte meine Ruhe haben. Doch muss ich zugeben, es war anders als bei Instagram – und ich hatte mich tatsächlich gefreut. Die Neugier wurde immer größer.
Das Profil auf der Seite war schnell angelegt und es dauerte keine drei Stunden, da flatterten schon die ersten Nachrichten von irgendwelchen Männern herein. Ich war überrascht und zugleich distanziert, von Zweifeln geplagt.
*Ob es das richtige gewesen war?*
Bei der Dating-App konnte man zwischen INTERESSE AN: Frauen, Männern oder beides auswählen. Als ich das Profil verfeinert hatte, klickte ich am Anfang FRAUEN an, um zu sehen, wie die Damen, die mir angezeigt worden sind, ihre Profile aufgepeppt hatten; und ich war schockiert darüber, wie freizügig einige der Frauen sich im Netz präsentierten.
Für mich war das ein Schrecken, zu sehen, wie unüberlegt die Menschen mit der Wahl der eingestellten Fotos umsprangen. Der Körper schien wichtiger zu sein als der Mensch als solches.
Mir ist damals von der Polizei geraten worden, auf

den Hintergrund der Fotos, die ich veröffentlichen möchte, zu achten; wenn ich unbedingt Fotos veröffentlichen wollte. *Kinder haben ungefragt auch nichts im Internet zu suchen.* Ich bin angehalten worden, vernünftig zu handeln. Schon beim Betreten der Wache blickte ich auf ein großes und eindrucksvolles Plakat, auf dem geschrieben stand: **Hören Sie bitte auf, Fotos Ihrer Kinder für jedermann sichtbar bei Instagram, Facebook und Co. zu posten. Danke!**
Von dem Profilaufbau bei dieser App bis hin zum Beenden der Einstellungen dauerte es keine zehn Minuten. Seltsamerweise ähnelten sich die meisten Profile. Fast alle dieser Frauen schrieben: *Bist du nur auf Ons oder Freundschaft Plus aus, zieh weiter.* Ihre Fotos aber erzählten eine andere Geschichte. Die Bilder ließen schnell darauf schließen, dass man es mit leichter Beute zu tun hatte.
Nachdem ich mir einen intensiven Eindruck verschafft hatte, klickte ich Interesse an Männern an, lud zwei normale Bilder von mir hoch, versuchte, mich gezielt zu beschreiben und wartete ab. Ich hoffte, dass mein Profil anders war als das der anderen Frauen. Schließlich zeigte ich keine Haut.
Ich muss zugeben, dass ich mich *tatsächlich* über die elektronischen Postzusendungen freute. Jede Nachricht zauberte mir ein Lächeln ins Gesicht. Es flatterten lange und bedachte Texte rein. Manchmal auch einfach nur ein Foto oder belangloser Smalltalk.
Wenn mir Männer schrieben und mir gleich ihr bestes Stück als Foto im Anhang mitsendeten, konnte

ich nur herzhaft schmunzeln. Auch wenn ich angewidert von dem Getue war, blieb ich freundlich und antwortete jedem.
Einige ließen nicht locker und forderten mich mehrfach auf, das erhaltenen Foto mit einem meiner Körperteile zu erwidern. Das wollte ich aber nicht. Ich verstand, warum Männer wie Frauen sich solche Bilder gegenseitig schickten. Der Reiz des Fremden.
Anke gab mir den wertvollen Tipp, sollte ich ebenfalls etwas intimere Bilder verschicken wollen, mir Fotos aus dem Netz zu suchen, zuzuschneiden, einen anderen Filter drüber und zack, so sagte sie, wäre ein völlig neues Bild entstanden, welches ich den Männern schicken könnte. Schließlich, so waren ihre Worte, würden es die meisten Kerle genauso machen. Typen mit einem Kurzen. Und sie sprach aus Erfahrung. Erhaltene Bilder entsprachen oft nicht dem Original des Absenders.
Mich schockierte nichts mehr. Außer der Tatsache, dass ich nicht mehr erschrocken war. Ich hätte ein Sammelalbum von Penissen anlegen können. Aber von Anke wusste ich, sie war selbst sehr freizügig, dass es ebenso genügend Frauen gab, die solche Bilder von sich verschickten.
Nach dem Missbrauch und dem schrecklichen Albtraum, aus dem es kein Entkommen gab, hatte ich zwei Jahre gekämpft, um ins Leben zurückzufinden. Siebenhundertdreißig lange Tage in denen ich fast jeden Tag sterben wollte. Keinen Mut mehr aufbringen konnte.
Der Mann, der mir all die Schmerzen zugefügt hatte,

dabei waren es die seelischen Qualen, die mir dauerhaft zugesetzt hatten, lief weiterhin frei auf den Straßen herum. Keine Anklage. Keine Genugtuung. Keine Rache.
Es war nicht leicht für mich. Und deswegen konnte ich die Naivität einiger Menschen nicht nachvollziehen.
Allerdings muss ich zugeben, dass sich interessante Männer unter den Schreibern versteckt hielten. Ich begann allmählig Spaß zu haben mit der Dating-App.
Es war schwer, die Guten zu filtern, doch schrieb ich einem Mann, weil das Interesse da war, dann wollte ich auch den Kontakt aufbauen und halten. Egal wie obszön er anfangs vielleicht war.
Und ich muss nicht um den heißen Brei drum herumreden. Die App kontrollierte meinen Alltag. Sobald der Feierabend eingeläutet war, zückte ich *schon* unbewusst mein Telefon aus der Tasche des Kasacks und gaffte hoffend auf neue Nachrichten auf dem hellen Bildschirm meines Handys.

*Hallo, schöne Rothaarige!*
*Hi! Ich wollte dich nur einmal schnell anschreiben.*
*Du bist echt heiß und du machst mich geil.*
*Mein kleiner Kumpel zuckt wegen dir!*

Zum Glück las man schon fast den ersten Satz, ohne die Nachrichten überhaupt öffnen zu müssen. Schon beim *Aufploppen* der Message las man die ersten Worte, was mir viel Stress erspart hatte.
Manchmal war ich aber trotzdem neugierig, selbst bei solchen anstößigen Texten. Ich wollte wissen,

wer sich dahinter versteckt hielt.
*War es eine einsame Seele, die außerhalb der Computerwelt keinen Menschen hatte oder ein Perverser?*
Die Profilbilder sagten schließlich nicht alles aus.

# 9.

Als der Mond an jenem Abend hell am Nachtzelt stand, bewegte sich im Keller wie von Geisterhand ein schweres Regal. In dem dunklen Keller selbst herrschte eine erdrosselnde Stille. Er wusste von dem wenigen Mondschein, der das Haus und das Grundstück der Familie Koch nur schleppend erreichte. Hinter dem ein Meter neunzig hohen und achtzig Zentimeter breiten Regal, fühlte er sich sicher.

Dort in diesem Loch bekam ihn niemand mit. Die Familie war so gut wie nie im Keller und er konnte der Routine freien Lauf lassen. Feuchttücher und Schmuddelhefte gehörten zu seinen ständigen Begleitern. Doch grübelte er ebenso in dem Versteck und plante seine nächtlichen Streifzüge durch das hübsch-eingerichtete Eigenheim.

Das Schlupfloch als solches war für ihn annehmbar. Es war keine große Nutzfläche vorhanden. Er konnte gerade so hocken. Doch diente es dem Eindringling gut. Eine Decke und ein Eimer, der als Toiletten-Notbehelf diente, für mehr war kein Platz. Das reichte ihm aber aus. Mehr benötigte er nicht.

Mit dem Nachtsichtgerät und den Gummihandschuhen ausgestattet, streifte er zu nachtschlafender Zeit durch die einzelnen Zimmer des Hauses, roch mit Inbrunst an der Kleidung von Frau Koch und leckte an ihrer getragenen Unterwäsche. Aber auch am

Tage ging er seinen Neigungen nach. Wenn auch nur sehr selten. Damen-Fahrradsättel gehörten zu einer dieser Leidenschaften. Gerne roch er daran.
Conny war eine Hausfrau und nur gelegentlich tagsüber außer Haus. Ihr war nicht bewusst, dass sie gar nicht allein in den eigenen vier Wänden war.
Wenn sie tanzend zu ihrer laut eingestellten Lieblingsmusik das Haus auf Vordermann gebracht hatte, er aus einem der vielen Verstecke kroch und die Musik leiser und auch ganz abgestellt hatte, erschrak sie kurz, doch hätte sie niemals mit einem ungebetenen Gast gerechnet. Connys Vermutung war, dass die Technik spinnen würde. Etwas anderes kam ihr nicht in den Sinn. Doch war sie vorsichtig und stets auf der Hut.
Mit ihrer besten Freundin durchsuchte sie, nachdem die Polizei abgezogen war, noch weitere zwei Mal das Haus. Von oben bis unten. Jeder Raum ist detektivisch unter die Lupe genommen worden. Und das wusste der fremde Eindringling natürlich. Seine Augen waren im gesamten Haus.
Es verging kein Tag, an dem er nicht pervers denken musste. Neugierig öffnete er die Wäscheschublade. Mit den Fingerkuppen fuhr er über ihre BHs; mit der Schere bewaffnet zerschnitt er ein paar Kleidungsstücke ihres Mannes. Diesen hasste er abgrundtief. Er war ein Störenfried in den Augen des Irren.
Nichtsdestotrotz war er vernarrt in Conny. Manchmal stand er einfach nur so im Schutze der Dunkelheit vor dem Ehebett, streichelte der jungen Mutter leicht über die Stirn und warf seichte Blicke unter die Bettdecke.
Ihm gefiel, was er sah. Frau Koch schlief gern

leichtbekleidet und roch immer angenehm frisch nach Blumen. Ohne ihre Lieblingslotion ging sie nie schlafen. Ihr wohlgeformter kleiner Knackarsch, wie er ihn fotografisch festhielt und das Foto beschriftet hatte, bescherte ihm jedes Mal erneut ein warmes Gefühl.

Zugern saugte er ihren nächtlichen Körpergeruch auf. Sie lag schlafend in dem Bett und er war keine fünf Zentimeter mit seiner Nase von ihrer Haut entfernt. Die Nasenflügel zappelten. Gerne roch er ihr Dekolleté und den Intimbereich. Gerüche spielten in seinem Leben eine große Rolle. Sie schenkten ihm Befriedigung.

Zittrig angehalten von der schönen Mutter, musste er sich des Öfteren beruhigen. Er wäre sonst über sie hergefallen, wie ein mordlustiges Tier. Ihr schlafender Anblick hatte ausgereicht, um eine Ejakulation bei ihm auszulösen.

Viel hatte er versucht.

Abermals schauspielerte er sich in das Leben der Auserkorenen.

In seiner Wohnung unter dem Kleiderschrank befand sich eine kleine Box mit diversen Dingen darin, von der Außenwelt versteckt. Eine Liste mit nicht autorisierten Polizeiunterlagen mit Mailadressen und Telefonnummern von Polizisten im Ruhestand und noch aktiv im Dienst. Eine Polizeiweste und Dienstmütze. Doch nichts war schöner, als bei der Auserwählten einzubrechen. Der Fake-Polizist kam das eine und andere Mal zum Einsatz.

Frau Koch war seine Droge. Aber auch das Kinderzimmer ist schnell zu seinem Lieblingsplatz geworden. Es hatte ebenso seine Vorzüge, doch hatte er

sich bisher diesen Neigungen nicht angenommen. Streiche zu spielen war ihm ein Vergnügen.
Er hatte große Freude daran, das Spielzeug zu verstecken. Ab und zu flüsterte er dem kleinen Jungen böse Dinge ins Ohr, während er schlummerte und seine durchdachten Worte trugen schon am nächsten Tag Früchte.
Oft saß der Vierjährige dann mit seinen Eltern am Frühstückstisch und berichtete von den schlimmen Träumen, die ihn des Nachts heimgesucht hatten. Doch bis zu diesem Zeitpunkt war alles halb so wild.
»Ich habe wieder von schwarzen Räumen geträumt. Dieses Mal flogen zwei gelbe Augen herum. Ich wusste nicht, wo ich hin soll. Die Augen sahen böse aus. Und Papa: Was ist ein Nachtschichtgebet?«
»Du meinst Nachtsichtgerät! Und was träumst du nur in letzter Zeit?«
Die Träumerei des Kindes machte beiden Eltern Angst. Doch richtig schlimm wurde es, als ihr Sohn anfing, von Leberflecken seiner Mutter zu erzählen, die der kleine Junge definitiv nicht kennen konnte. Fühlten sich die Eltern, hauptsächlich die Mutter, eingeengt und Grusel legte sich nieder, in solchen abstrusen Momenten.
Für den morgendlichen Schreck hatte der Fremde selbstverständlich auch gesorgt. Im gesamten Haus herrschte Chaos.
Fast täglich waren in der Küche wie im Wohnzimmer Gegenstände verrückt worden. Kleinigkeiten. Nichts Großes. Doch sollten die Bewohner des Hauses den Verstand verlieren. Stück für Stück. Familie

Koch sollte das Gefühl einholen, verrückt zu werden.
Der fehlende Salzstreuer, der wenig später wieder aufgetaucht war. Dann stand der Kühlschrank weit auf oder der Fernseher im Wohnzimmer flimmerte die ganze Nacht leise vor sich hin. Hausschuhe lagen im Haus verteilt herum.
In seinem Schlupfloch in dem staubigen Keller, schaute er sich begeistert die Videoaufzeichnungen auf seinem Handy an. Er konnte *auch* auf Liveschaltung umspringen und die junge Familie aktuell beobachten. Besser als ein Kinofilm. Dabei erfreute er sich an den ängstlichen Blicken der unfreiwilligen Protagonisten, die fadenlose Puppen in seinem diabolischen Theaterspiel waren.
Für ihn war es eine Art Sitcom. Er zog an den Strippen und ließ die Auserwählten tanzen. Er sagte den Leuten, wo es lang ging. Nur er hatte das Zepter in der Hand.
War ihm danach, weil der familiäre Hauch wieder in die Mauern einzog, brachte er erneut ein klein wenig Unruhe in die Räumlichkeiten des Hauses. Nicht viel, wollte er aber mit den Psychospielchen erreichen, dass das Pärchen weiterhin verunsichert blieb.
Viele Male hatte er sich in einem Schrank versteckt und die an ihm vorbeilaufenden Hausbesitzer still und heimlich beobachtet. Es war der reine Kick für ihn. So nah und doch so fern.
Conny war die Letzte, die am Morgen das Haus verließ. Einkaufen fahren oder mit einer Freundin zum Sport gehen. Spontanität gehörte zu ihrem Alltag. Doch bevor er das Haus für sich hatte, streifte er

durch die unteren Zimmer, während Conny im zweiten Stock unter der Dusche stand, und er sorgte für Chaos.
Anders war es, wenn die junge Mutter in der Küche am Tisch saß, ihren Tee trank und ihrem Mann schrieb, dann war er nicht weit entfernt. Lautlos im Flur stehend und sie bei ihren morgendlichen Aktivitäten zu beobachten, war für ihn aufregend.
Das Gefühl in der Brust, welches sich jedes Mal ausbreitete, erwischt zu werden, war für ihn vergleichbar mit einem Drogenrausch.
Da die Vorfälle im Haus nicht aufhörten, entschied sich Connys Mann schließlich dazu, *wieder* selbst die Kontrolle zu übernehmen. Auf der einen Seite hatte er Bedenken und auf der anderen konnte er sich *auch* vorstellen, dass sein kleiner Sohn und dessen Freunde Hirngespinste im Kopf hatten, eventuell für ein bislang ungesehenes Chaos gesorgt haben konnten.
Zwei Tage zuvor herrschte in dem Haus wildes Treiben. Der fünfjährige Geburtstag seines Sohnemannes ist ausgiebig gefeiert worden. Nach dem Einbruch wollte die Familie wieder zur Normalität zurückkehren. Zahlreiche Gäste gaben sich die Klinke an diesem besonderen Nachmittag in die Hand. Lautes Kindergeschrei und Gewusel soweit man blicken konnte.
Die Polizei wollte er nicht mit den Kleinigkeiten belästigen. Fehlende Batterien, dafür hätten sie ihn auf dem Polizeirevier mit Sicherheit ausgelacht. Wüssten sie dann zusätzlich noch, dass eine Kinderparty gefeiert worden war; dem wollte er aus dem Wege gehen. Auch hatte ihm der Streifenpolizist, der vor

Ort alles abgeriegelt hatte, dazu geraten, aufzupassen, nicht alles auf die Goldwaage zu legen. *Irgendwann sehen Sie noch Geister, Herr Koch.*

Am nächsten Tag ließ Herr Koch die Schlösser an den beiden Türen des Hauses austauschen. An der Küchentür, die zum Garten führte, ließ er zusätzlich noch ein Sicherheitsschloss anbringen.

Die Fenster hatten alle abschließbare Fenstergriffe bekommen und am gesamten Haus hatte er Vorkehrungen für das Anbringen zahlreicher Kameras getroffen. Nur der Keller blieb mal wieder von ihm weiterhin verschont.

Seit drei Jahren lebten die Kochs schon in dem gemütlichen Schollehaus inmitten der Stadt Halle/Saale. Sie fühlten sich *eigentlich* recht wohl. Kindergarten und Schule waren nicht weit weg. Am unwichtigsten für den Familienvater war der hauseigene Keller gewesen.

Jedes Zimmer des Hauses war renoviert worden. Die Bäder komplett erneuert; doch nicht der Keller. Dieser blieb ganz am untersten Rand seiner To-Do-Liste stehen.

»Ich habe alle Schlösser austauschen lassen.«

»Und was ist mit den Kameras und der neuen Alarmanlage?«

»Das wird nächste Woche gleich erledigt, mein Schatz.«

»Im Kinderzimmer ist auch noch ein Nachtlicht angebracht worden. Oben an der Steck-dose, gleich über der Tür«

»Und im Flur?«

»Ja, da auch, Schatz. Eines mit Bewegungsmelder!«

Er musste schmunzeln. Dachte der Familienpapa, ein Bewegungsmelder wäre eine sichere Methode Fremde abzuschrecken? Und natürlich wusste er, wo Connys Mann die Bewegungsmelder angebracht hatte. Es war ein Leichtes für ihn, diese zu manipulieren.

Stromlos konnte er die Bewegungsmelder nicht machen, das wäre aufgefallen, doch verstellte er auf seinen nächtlichen Streifzügen durchs Haus die Sensoren und hatte somit ein leichtes Spiel.

Leise, auf flüsternden Socken, wanderte er unbemerkt von Zimmer zu Zimmer. Immer mit im Gepäck diese glänzende Nadel.

Connys Mann war aus einem bösen Traum erwacht. Sein Herzschlag war heftig. Schweiß tropfte seine Stirn herunter. Es war drei Uhr in der Nacht. Die Anbringung der einzelnen Schlösser und Sicherheits-Griffe hatte ihm zu schaffen gemacht. Der Stress war zu viel für ihn, und die nächtlichen Angstträume holten ihn ein.

Auf dem Weg in die Küche blieb Herr Koch kurz stehen. Er wunderte sich darüber, dass das Nachtlicht im Flur nicht ansprang, doch war sein Durst in diesem Moment größer.

Im selben Augenblick, in dem Connys Mann das Schlafzimmer verließ, kletterte der ungebetene Gast aus dem Kleiderschrank, nutzte die Chance und schlich im wenigen bläulichen Mondeslicht, welches durch die weißen Gardinen ins Schlafzimmer schimmerte, durch den Raum, versteckte die Handys der Kochs und legte sich leise unter das Ehebett. Auf diesen Moment hatte er so lange gewartet. Tausendmal war er diese Situation in seinen Gedanken

durchgegangen, hatte sich genau diesen Moment ausgemalt.
Mit einem Küchenmesser bewaffnet atmete er tief durch die Nase ein und lange durch den Mund wieder aus. Es war sein Augenblick. Die Zeit war günstig. Er mochte nicht mehr länger warten.
Er wollte ganz allein mit seiner Conny sein. Sie riechen und schmecken. Er mochte ihr Haar und die seidige Haut seiner Angebeteten fühlen.
Der Fünfjährige konnte kein Wörtchen mehr von sich geben. Dafür hatte er gesorgt. Nichts sollte unüberlegt ausgeführt werden. Manchmal warf er seine Prinzipien über Bord. Aber nur dann, wenn der Lohn groß genug war.
Der kleine Junge lag seit Stunden in seinem Zimmerchen, in dem Toy-Story-Bett, in einer riesigen Blutlache. Der Glanz des Bluts längst breiig verschwommen, in einem bräunlichen Farbton.
Das Nachtlicht war entfernt worden. Das Fenster mit Kleber zugeklebt.
Es war nur noch Connys dummer Mann übrig.

# 10.

Die siebenhundertachtundvierzig Gramm schwere Taschenlampe lag schwer, aber sicher in seinen Händen. Der Streifenpolizist griff immer fester zu und hielt den schwarzen Metallstab der dreißig Zentimeter langen Funzel fest.
Er leuchtete jedes Zimmer mit dem gelben Schein der Stabtaschenlampe aus. Dabei fühlte er sich sicher, hätte er diese *auch* als Waffe nutzen können. Ihm war nicht klar, was in dem Haus auf ihn und seine Kollegin wartete, doch war Gefahr im Verzug. Mit gefestigten Schritten lief der Polizist behutsam durch das Eigenheim der Kochs. Er schaute in jeden Winkel und begutachtete es genau. Seine Kollegin machte sich währenddessen Notizen vom Geschehen. Sie hielt alles haargenau fest.
Höchst sorgfältig leuchtete der junge Polizist jede Ecke des Hauses ab. Es wurde kein Raum vergessen. Die Absicherung des Tatortes hatte höchste Priorität.
Beide Streifenbeamten stiegen über kaputtes Geschirr und Berge voller herumgeschmissenen Klamotten. In dem Haus herrschte wüstes Chaos.
Es vergingen keine fünfzehn Minuten, da schlugen auch schon die Jungs von der Kriminaltechnik auf. Ein Meer aus weißen Schutzanzügen und Ganzkörperoveralls flutete die Nacht. Überall leuchteten die

forensischen Lichtquellen. Es wurde nach Fingerabdrücken und biologischen Spuren gesucht.
Während der Untersuchungen standen die beiden Streifenbeamten mit den Kochs vor dem Haus, auf dem belebten Gehweg, nahmen die Zeugenaussagen der hinzukommenden Nachbarn zu Protokoll, verglichen diese mit Kochs Aussagen und sorgten für Ruhe.
Sie hatten zu tun gehabt, die beiden Eltern zu beruhigen, noch dazu die neugierigen Nachbarn, die gafften und lauter lästige Fragen stellten.
»Es tut mir sehr leid für Sie. Aus dem Kurzurlaub zurück und dann sowas.«
»Ja, wir und die Kollegen kümmern uns um alles!«
Einige der Nachbarn waren nur Schaulustige. Neugierige Idioten, die nichts verpassen wollten. Zum Ärger aller Betroffenen und Beteiligten. Sie störten die Beamten bei ihrer Arbeit und zollten der Familie keine Achtung.
»Verschwindet hier und zeigt mal etwas Respekt«, wütetete die junge Beamtin.
Über den Köpfen der Polizisten wehte ein kühler Wind. Die Stimmung im Haus wurde nicht besser, als einer der Kriminalbeamten festgestellt hatte, dass in die Damen- und Kinderunterwäsche masturbiert worden ist.
Übelkeit und Frust, gefolgt von Hass und Zorn durchströmte die Körper der Kriminalbeamten.
Die meisten von ihnen hatten selbst Kinder, die zuhause auf sie warteten, und bei diesem Tatort blieb auch der erfahrenste Beamte nicht unberührt, gestraft von der Dreistigkeit Anderer, die keinen Respekt vor fremder Leute Leben haben.

Bei dem Anblick des Chaos, welches im Haus herrschte, war beiden Streifenpolizisten nicht ganz wohl. Sie wussten, dass die junge Familie eingeschüchtert und angewidert war. Der Eindringling hinterließ viel mehr Schaden als Verlust von Eigentum. Mal abgesehen von den seelischen Folgen nach solch einem Albtraum.
Das wilde Treiben im und vor dem Haus erschlug die junge Mutter und überforderte sie. Die Jungs von der Kriminaltechnik waren von einem anderen Schlag. So schien es zumindest. Keinerlei Gefühle sichtbar. Abgestumpft. *Gefühlsblind* nannte sie dieses Phänomen. Sie wollte auch so sein. Doch übersah sie, dass die Arbeit keineswegs an den Beamten spurlos vorbeiging.
Die Beamten der Kriminalpolizei hinterließen einen bleibenden Eindruck. Bei den Eltern wie auch bei den beiden Streifenpolizisten.
Da wollte sie hin. Ihr Kollege sogar noch viel mehr als sie. Genau dort hin. Er wollte auch so cool über einen Tatort streifen, wie der Beamte, mit dem Ledermantel und dem Dreitagebart. Mal abgesehen von den flotten Sprüchen, die der Kriminalbeamte Steiner aus der Lippe fallen ließ.
Neben seinem Traumberuf besuchte der Streifenpolizist fünf Mal die Woche das Fitnessstudio. Dort baute er seine Muskeln auf und ließ den Sandsack tanzen. Mehr brauchte es nicht, um ihn glücklich zu machen. Doch war er noch weit von Steiner entfernt.
»Wie machen Sie das nur, Herr Steiner?«
»Junge, um in meine Schlüppergröße zu kommen, musst du dir erst einmal den Arsch aufreißen und dir

bewusst vor Augen halten, was dieser Beruf mit sich bringt. Und jetzt schieb dich mal hier rüber.«

Die Kochs standen weiterhin ratlos vor ihrem Haus. Der Betrieb nahm kein Ende. Beide lagen sich traurig in den Armen und es blieb ihnen nichts weiter übrig, als hilflos den Trubel zu dulden.

Eingeschüchtert stand das junge Eheglück unter der schwach leuchtenden Straßenlaterne auf dem Gehweg und beide klammerten einander immer fester. Sie fühlten sich wie in einem falschen Film und konnten sich nicht wirklich auf das Wesentliche konzentrieren. Doch beide Eltern waren sich sicher, ihr Heim nicht aufzugeben.

Die Polizistin hielt inne und kümmerte sich gut um die Eltern. Sie sprach fast mütterlich, einfühlsam mit dem Pärchen.

Anders als ihr Kollege. Dieser war mit seinen vierundzwanzig Jahren noch recht unerfahren, sprach recht salopp daher. Aber konnte er sich gut in die elterliche Situation hineinversetzen. Wartete selbst ein kleines Baby darauf, dass sein Papa nach jedem Dienst gesund und munter nach Hause kommen würde.

Er und seine Kollegin hatten nach der Absicherung des Tatortes noch immer ein unwohles Gefühl in der Magengegend. Es war niemand mehr im Haus. Auch das Grundstück, welches fast nie von dem Mondlicht angestrahlt worden ist, zu dicht standen die riesigen Nadelbäume, war mehrfach durchkämmt worden.

Beide Streifenbeamten leuchteten wieder und wieder das Grundstück ab. Bei der Hecke hatten sie etwas entdeckt. Es sah aus, als hätte man unterhalb

der Hecke die Äste abgetreten, doch sonst war alles ganz normal. Kein Grund zur Verunsicherung.
Für die junge Polizeibeamtin war das der erste Einsatz mit solch einem schlimmen Ausmaß. Sie konnte die Lage, in der sich die weinende Hausbesitzerin befand, ebenso wie die Abgebrühtheit ihres Kollegen, nachvollziehen. Sie war von Haus aus ein Tierfreund und steckte voller Empathie.
Noch nie zuvor ist in der Schollehaus-Siedlung am Rosengarten eingebrochen worden. Das Chaos im Haus, glich einem schlimmen Tornado. Überall lagen Klamotten verteilt auf dem Boden herum. Jedes Schubfach war durchwühlt und teilweise aus den metallischen Schubladenschienen herausgebrochen worden. Doch keine Spur von den Tätern.
»Sie können beruhigt sein. Wir haben alle Zimmer durchsucht. Niemand ist im Haus. Die Spurensicherung ist auch schon fertig und wieder abgezogen.«
»Sind Sie sich sicher? Unser gesamter Kühlschrankinhalt ist angefressen worden. Hier sieht es aus wie auf einem Schlachtfeld. Ich fühle mich schmutzig und missbraucht. Wir haben ein Kind, Scheiße, noch eins!«
»Frau Koch, bleiben Sie bitte ruhig. Was mein Kollege Ihnen gerade mitteilt, ist, dass wir jeden Zentimeter Ihres Hauses durchsucht haben. Können Sie und Ihr Mann vielleicht bei Freunden übernachten?«
»Nein, alles gut. Ich werde meine Frau beruhigen. Sie müssen nur verstehen, dass wir uns ausgebeutet fühlen. Am liebsten würde ich mit meiner Familie von hier verschwinden. Aber wir bedanken uns vielmals bei Ihnen. Auch für die Hilfe und hoffen sehr,

dass Sie den oder die Täter schnappen.«

# 11.

Teil 1

»Die Augen bewegen sich nervös kreisend auf und ab, um und dann wieder stockenden Blicks in alle Richtungen schauend. Ihr Antlitz wirkt irgendwie kühl, aber auch verrückt. Etwas bedeppert. Vielleicht sogar etwas erregt. Ob sie weiß, wo sie sich befindet? Anhand der erweiterten Pupillen lässt sich erahnen, dass die Angst nun allgegenwärtig ist. Die weitaufgerissenen Augen schocken mich leicht. Aber alles gut. Nun möchte ich nur noch schnell herausfinden, bei welchem Grad des Schmerzes, reagiert wird. Kann sie sich besser beherrschen als die letzte Schlampe, oder verreckt sie mir auch, wegen ein bisschen Strom?«
Michael folterte für sein Leben gerne. Er musste es aber auch erst lernen. Er zwang die jungen Opfer, sich 230 Volt durch den Körper zu jagen oder Gabeln in Steckdosen zu stecken. Doch am schönsten war für ihn die Elektro-Party, wie er sie nannte.
Mit bösartigen Worten zwang er die Frauen, sich Elektroden an die Schläfen zu kleben. Selbst legte er keine Hand an. Er schrie die Damen so lange an, bis sie taten, wozu er sie bat. Und immer dabei dieser kleine Kasten. Er trug das kleine Diktiergerät

stets mit sich. Das durfte nicht fehlen. Nie ging er ohne sein elektronisches Notizbuch aus dem Haus. Es war sein Gehirn, seine Augen und seine Ohren. Dieser batteriebetriebene Kasten speicherte all seine Gedanken für die Ewigkeit. Er musste nicht mehr diese winzigen und lästigen Zettelchen überall hin kleben.

In seiner Küche pappten allerorts, an jeder Schranktür, selbst am Herd, diese nervigen Papierchen.

Er war ein Ordnungsfanatiker, wenn auch nur für seine Gedanken. Das Geschirr stapelte sich in der Küche, doch hielt er seine Fantasien und die ekelhaften Sprünge sklavisch fest. Die Wohnung hingegen glich einer wahren Müllhalde; und er machte keinen Finger krumm. Er hob sämtlichen Schrott auf und trennte sich nur schwer von alten Dingen.

Im dunklen Flur der 3-Raum-Wohnung hingen vereinzelt Tapetenbahnen von der Decke herab. Vergilbt und alt. An einigen Stellen der Wände sah man deutlich, dass dort früher Bilder die Flächen geziert hatten. Von der schönen Wohnatmosphäre war längst nichts mehr zu spüren, geschweige denn sichtbar.

Die Schlafzimmertür ist mit mehreren Faustschlägen durchbohrt worden. Packte ihn die Wut, musste er diese unkontrollierbaren Schübe loswerden. Aber auch die betonierte Wand im Badezimmer musste dran glauben. Seit seiner Jugend trainierte er seinen Körper. Karate und Kickboxen gehörten zu seinen Lieblingskampfsportarten. Er wollte stählern sein, wenn sein Gesicht schon ruiniert war.

Der Rest der Wohnung war sehr spärlich eingeräumt. An Möbeln hatte es gefehlt. Die alte

Schrankwand aus rotbraunem Nussbaum dunkelte das siebzehn Quadratmeter kleine Wohnzimmer ab. Kaum Tageslicht. Und das wenige Sonnenlicht, welches sich mühsam durch die vom Staub verklebten Jalousien presste, ließ das alte Stück Möbel im Dunkel hervortreten.

Begeistert, fast kindlich überrascht von der Technik, erfreute er sich abermals an dem Ding. Ein Knopf gedrückt, und das Diktiergerät spielte all seine gesprochenen Gedanken ab. Ein weiterer kleiner Knopf betätigt und es spulte zurück, oder vor. Wie ein Radio.

In Gedanken verloren.

Leise Klänge der klassischen, aber auch der neumodischen Pop-Musik huschten schlängelnd schwebend durch die menschenleeren Flure der alten Schuhfabrik und erhellten die Stille der Nacht, die über die Dächer der Stadt einzog. Musik war seine Passion.

Melodien, fast kaum zu hören, verschmolzen mit seinen perfiden Gedanken, die er ab und an unbewusst, aber laut ausstieß. Er redete oft mit sich selbst. Die kompositorische Klangwelt, sein ständiger Begleiter.

Graffitibeschmierte Wände. Kaputte Türen und zerschlagene Fenster. Die ehemalige Fabrik war der perfekte Ort für ihn. Das Gelände war verwahrlost und längst nicht mehr besucht.

Räudige Straßenköter und zerzauste Katzen rannten durch das Gemäuer. Sonst war es ein ruhiger und einsamer Lost Place. Für ihn der perfekte Ort.

An einer Bushaltestelle wartend, noch immer in den Gedanken gefangen, es schneite wie verrückt, stand

er mit durchnässten Schuhen wippend auf der vereisten Bordsteinkante. *Auf und ab.* Dabei pfiff er vor sich hin und beobachtete die nach Schutz Suchenden, die durch die Gegend huschten, um dem Schneechaos zu entkommen.
Niemand wäre auf das umzäunte Fabrikgelände gerannt. Das wusste er. Dorthin hatten sich nur heimatlose Seelen verirrt. Menschen, die sowieso keiner vermissen würde.
Neben ihm, in dem Wartehäuschen der Bushaltestelle, saß ein dreizehnjähriges Mädchen. Dieses starrte auf ihr Mobilfunktelefon und schielte ab und zu rüber zu ihm. Dabei erfreute er sich. Es fiel ihm schwer, seine Befriedigung nicht zu zeigen.
Das junge Ding war hübsch. Es trug sein Haar zum Pferdeschwanz gebunden. Gold-blond. Das Gesicht des Mädchens war perfekt geformt und die Haut so rein wie Seide.
Die pfirsichroten Lippen lenkten Michael ab. Er war gefesselt von ihrer Schönheit. Stand regungslos vor ihr und wünschte sich den nächsten Schritt herbei.
Wie ein Blitzschlag durchströmte ein seltsames Gefühl seinen vom peitschenden Niederschlag überraschten Körper, als er ihre schüchternen Blicke erneut wahrnahm. Der plötzlich auftretende Wetterwechsel störte ihn wenig. Seine Jeanshose wie die blaue Jacke waren komplett durchnässt.
Ihm war nicht bewusst, ob das Mädchen Interesse hatte oder Angst umherging. Jedoch geilte ihn die Situation gehörig auf. *Ohne Grund guckt die doch nicht.*
Oft griff er sich in den Schritt und drückte den nas-

sen Jeansstoff seiner Hose fest an, damit sie die Umrisse seines halb erigierten Penis erblicken konnte. Dabei passierte etwas mit ihm. Ein Gefühl umkreiste ihn. Ein Gefühl, welches er nicht haben wollte – und dennoch genoss.

Erschrocken von dem Widerling, stand das blonde Mädchen verängstigt auf und lief schnellen Schrittes davon. Wortlos und verängstigt.

Michael ging das Ganze etwas zu rasch. Nun wusste er nicht mehr, wo oben und wo unten war. Die Kontrolle über sein Handeln lag in der Hand des Mädchens, und das gefiel ihm überhaupt nicht.

Wut braute sich auf. *Erst macht sie mich scharf mit ihren Blicken, und dann rennt die Bitch davon. Wir werden uns bald wiedersehen!*

Dabei hatte das junge Ding vorerst Glück gehabt. Trat die Dunkelheit hervor, krochen die wildesten Fantasien aus den Ecken seines perversen Gedankenschächtelchens, wie er es selbst gerne in den Tonaufnahmen beschrieb. Sein Großhirn arbeitete auf Hochtouren. Für ihn gab es in solch einer Situation nichts Besseres, als zur nachtschlafenden Zeit durch das verlassene Gebäude der alten Fabrik zu geistern und unbeobachtet seinem Drängen freien Lauf zu lassen.

Am Tag waren seine Hirngespinste nicht von Abnormalität geprägt. Zumindest hatte er da die geistige Schöpferkraft unter Kontrolle.

Tagsüber der liebevolle Altenpfleger, der sich aber nicht wirklich um die Pflegebedürftigen scherte – und bei Nacht die diabolische Ausgeburt der Hölle.

So beschrieb er sich *selbst*.

So sah er sich.

Die Gedanken drehten sich im Kreis.
Gerne spielte er mit den Menschen und gaukelte ihnen Interesse vor. Dabei genoss er es zutiefst, das Gegenüber zu beobachten, wie es ihm aus der Hand fraß, jedes seiner ausgesprochenen, gelogenen Worte glaubte.
Umso naiver die Menschen waren, mit denen er sich umgab, desto angenehmer war der Tag für ihn. Mit guter Laune spazierte er *dann* auf Arbeit herum, wie ein stolzer Gockel, mit breiter, aufgeplusterter Brust.
Schon als kleiner Junge erfreute er sich an dem teuflischen Talent, welches ihm in die Wiege gelegt worden war. Waren seine Eltern doch gute Zuhörer, an denen er üben konnte. Sie widersprachen ihrem Sohn *nie*. Stillschweigend und konzentriert. Zumindest dachte er das damals. Er konnte wie ein Wasserfall bedenkenlos drauflosquatschen.
Oft redete er, ohne Luft zu holen. Er selbst nannte es manchmal: TOTQUATSCHEN.
Seine Mutter und sein Vater hörten einfach nur zu. Was blieb den beiden verlassenen Seelen auch anderes übrig.
Auf Arbeit meldete er sich freiwillig für die Kontrolle der Medikamente der Bewohner. Beim Tablettenstellen hatte er sich *sehr* oft an den Medikamenten der Patienten vergriffen. Besonders an den Arzneimitteln der Wachkomapatienten. Es bereitete ihm Spaß, sich *auch* an den Medikationsboxen, die seine Kollegen für ihre Patienten zubereiteten, zu vergreifen. Schließlich fiel es nicht auf ihn zurück, wenn Fehler aufgetaucht sind.

Heimlich tauschte Michael sich ähnelnde Pillen untereinander aus, oder mischte gleichaussehende, die er im Internet schwarz erworben hatte unter die verschreibungspflichtigen Tabletten. Diese Heilmittel bezeichnete er gerne als den unsichtbaren Tod.
Gott spielen zu können, war das Größte für ihn. In manchen Momenten sah er sich in der Rolle des Sensenmanns, dabei unberührt und frei von sämtlichen Gemütsbewegungen der anderen.
Zur dunklen Zeit schmiedete er Pläne, wer die Nächste auf seiner Liste sei, und wenn ja, wie würde die Person sterben. Er war penibel und sehr ordnungsliebend. Aber nur in seinem Kopf.
Versteinert stand er auf dem leeren Gang des Wohnbereiches des Altenheims und hielt begeistert den Atem an. Ständig musste er an den verschneiten Nachmittag zurückdenken, wo er das blonde Mädchen zum ersten Mal sah. Das Handy fest umschlungen.
Zeitgleich ploppten zwei Nachrichten in der Dating App auf, bei der er angemeldet war. Wieder neue Spielgefährtinnen, denen er etwas antun konnte.
Die Augen funkelten und das Grinsen wanderte über sein gesamtes Gesicht. Im Internet konnte er jemand anderer sein.
Er schrieb die schönsten Texte, gab sich bei Telefonaten die größten Mühen, intelligent, charmant und reizend rüberzukommen. Was Frauen hören wollen, war ihm nicht fremd. Gezielt filterte er beim Schreiben mit seinen Auserwählten das Wichtigste heraus. Fragen beim Kennenlernen zeigten ihm schon ein gewisses Bild von den Damen.
Mal schrieb er mit achtzehnjährigen Mädchen, und

wenn ihm danach war, machte er sich mit Ü50-jährigen reifen Frauen einen Spaß. Ladys, die verzweifelt waren, teilweise auch untervögelt, wie er sich hämisch lachend die Hände vor dem Laptop oder dem Handy rieb. Frauen auszunutzen war seine Paradedisziplin.
Doch am tollsten waren die Momente, an denen die Chat-Partnerinnen dem schnellen Austausch von erotischem Bildmaterial nicht abgeneigt waren.
*Wieso sind die meisten Frauen nur so dumm? Klar, sie stellen sich leichtbekleidet ins Netz, erhaschen dadurch viele Likes, doch denken sie nicht weiter. Erst recht nicht, wenn ihre Profile für jeden öffentlich einsehbar sind. Und dann wundern, wenn sie angemacht oder betatscht werden. Die Schlampen denken, sie wären beliebt, doch sind sie für uns Männer nichts weiter als Wichsvorlagen, leicht zu habende Lachnummern. Ein peinlicher Schrei nach Aufmerksamkeit. Kein Mann nimmt eine Frau ernst, die sich so bei Dating-Apps oder auf Instagram und Co. präsentiert.*
Oft nuschelte er diese Sätze in seinen fusseligen Bart, während er die nächsten Zeilen verfasste.
Trotz der Meinung, war sein Dating-Profil wohldurchdacht. Michael stellte sein bestes Bild rein, veröffentlichte einige Details über sich und seine Hobbys. Fertig. Doch war das nicht wirklich sein Profil, mit denen er die Frauen reihenweise abschleppte.
Es war alles so einfach. Mehr brauchte es nicht, für den sympathischen Schönling, wie er auf dem Profilfoto lächelnd vor einer Palme stand. Nur ein paar durchdachte Kleinigkeiten.

Lange hatte er überlegt, noch drei oder vier weitere Bilder zu veröffentlichen, doch das wollte er nicht. Er wollte mit seinem Profil seriös, aber auch etwas geheimnisvoll wirken. Um irgendwelchen Zweifeln seiner Schreibfreundinnen aus dem Weg zu gehen, ließ er seinen Account zusätzlich verifizieren.
Ihn regten die Fragen der Neugierigen auf: *Bist du echt? Bist du das wirklich auf den Bildern?*
Auf dem von Ruhe durchtränkten Flur stehend, in den Gedanken vertieft, saugte er die Gerüche auf, die seine Nase kitzelten. Überall roch es nach Desinfektionsmitteln und Puder. Schloss er die Augen, sah er um sich herum lauter Babys in den kleinen Bettchen liegen, wie er sie auf der Säuglingsstation bei seinem ersten Praktikum betrachtet hatte. Diese hilflosen Geschöpfe stellte er mit seinen Opfern gleich.
Die liebliche Musik, sehr leise, biss sich in seine Gehörgänge fest und ließ ihn nicht mehr los. Vertieft in den Gedanken, bewegten sich seine Augen wild umher.
Alle Türen waren verschlossen. Nur er und die bösen Sinnesbilder in seinem Kopf waren noch aktiv.
Die Mittagszeit war für ihn die zweitschönste Zeit. Die Alten hielten meist ein Schläfchen oder saßen vor dem Fenster und vegetierten dahin. Weihnachten stand vor der Tür, aber auch das kümmerte an diesem Ort kaum noch jemanden.
Langsam presste er Ober- und Unterlippe fest gegeneinander und konzentrierte sich auf seinen spürbaren Pulsschlag. Dabei begrüßte er jeden einzelnen hinterlistigen Gedanken, der durch seinen Kopf flog.

Der Kerl liebte die impulsive und teils liebliche, warme Tonkunst, die wie heulende Gespenster an ihm vorbeiflogen. Musik war sein Leben; auch beim Zeichnen. Kompositionen jeglicher Art, reine Kunst.

Mit seinem mittlerweile wenig beachtenswerten Körpergewicht und dem vielen Fastfood, welches er sich täglich reinschob, legte er einen gigantischen Schatten auf die Flure nieder. Einen unkontrollierten Umriss.

Mit Absicht stopfte er sich mit dem ungesunden Essen voll. Er wollte wissen, wie es sich anfühlt, fett und unsportlich zu sein. Experimentieren gehörte zu einen seiner vielen Hobbys.

Für welche Musik er sich schließlich entschied, war tagesformabhängig. Seine Patienten, wie er sie ansprach, durften selbstverständlich mitentscheiden; doch hatte er das letzte Wort. Diskussionen gab es bei ihm nicht. Er ließ sich von niemandem die Butter vom Brot nehmen. Obwohl er gerne diskutierte. Doch nicht bei diesem Thema. Nicht bei seiner Musik.

Mit Freude schaltete er zum Mittagessen das Radio in der kleinen Teeküche ein und den Fernseher aus. Er vergötterte Musik. Manchmal suchte er nach einem bestimmten Sender, der die Lieder von früher spielte. Musik aus den jungen Sechzigern.

Einige Bewohner ließen sich von den Klängen anstecken, wippten im Takt mit den Füßen, und waren in der Zeit zurück. *So macht das Mittagessen doch gleich viel mehr Spaß.* Zur Mittagszeit hielt er meist inne und beobachtete jeden einzelnen Bewohner genau.

Er saß auf einem Stuhl, zwischen den weiß lackierten Türrahmen, trat mit den Schuhspitzen gegen die nullkommafünf Millimeter hohe Türschwelle, eine vergoldete Aluminiumschiene, und flog gedanklich über die Köpfe der Hungrigen. Dabei lauschte er den Kaugeräuschen und dem Geschmatze der alten Leutchen.
Manchmal schaltete er sogar die geliebte Musik leiser, damit ihm nichts entging. Die Essensgeräusche der Pflegenden waren ihm auch wichtig. Dabei quetschte er seinen Po immer fester in die weiche Kunstlederbeschichtung der Sitzgelegenheit und lauschte mit großen Ohren.

## Teil 2

Vor ihm, auf einem alten, vom Rost zerfressenen Stuhl, saß eine verängstigte Frau mit verbundenen Augen, die Arme an den verrosteten und scharfkantigen Stuhllehnen mit schwarzen Kabelbindern gefesselt, in diesem verdreckten Raum. Sie winselte leise vor sich hin. Undeutliche Worte verließen ihren ausgedörrten Mund.
Die schöne Dame war verwirrt. Ihre Handgelenke brannten. Sie hörte die Leere des Zimmers, sie war orientierungslos, ängstlich und allein. Ihr Körper zitterte wie Espenlaub.
Der gruselige Hall der Räumlichkeit stieß ihr böse ins Mark. Für ihn jedoch schien das der perfekte Moment zu sein. Ein Augenblick der Seelenruhe.
Sein Opfer war ihm schutzlos ausgeliefert, und er konnte mit ihm machen, was er wollte. Sie konnte schreien und weinen, soviel sie nur wollte. Es gab kein Entkommen. Das Grinsen in seinem Gesicht verzerrte sich zu einer unheimlichen Maske.
Ohne davon etwas mitzubekommen, fummelte er in ihrem Telefon herum. Mit ein paar Klicks hatte er ihr Profil auf der Datingseite gelöscht und sich alle Bilder von ihr auf sein Handy gesendet.
Michael war verblüfft darüber, dass die Dummheit der Menschen keine Grenzen kannte. Sein auserwähltes Opfer, eine zweiundfünfzigjährige, mit beiden Beinen im Leben stehende Kosmetikerin, Mutter zweier halbwüchsiger Töchter, schien ihr Glück

*nur* fotografisch für andere vorzugaukeln. Von Fremden gemocht zu werden, war ihr scheinbar wichtiger, als ihr echtes Leben zu genießen.
Sie schien vernunftbegabt zu sein, doch hatte sie eines vergessen, und zwar den Hintergrund ihrer veröffentlichten Fotos. Dieser verriet so einiges und war eine Einladung für jeden Kranken. Auch für ihn.
Ihm gefiel das Herumstöbern in ihrem Telefon, fand er doch noch weitere interessante Dinge, die ihn neugierig machten. Ihre Töchter gefielen ihm auch. Sie wirkten so erwachsen und hatten nichts Kindliches mehr an sich, sodass seine Prinzipien an Kraft verloren.
Die Weinende hatte zwei Ordner auf ihrem Telefon, die nur für sie bestimmt waren. In dem einen Ordner befanden sich Nacktfotos in sämtlichen Posen von ihr, es gab *aber* auch mehrere Videos, die sie und ein Sexspielzeug ihrer Wahl zeigten. Und in dem zweiten Ordner, er trug den Namen *Sammlung*, hielt sie alle Bilder geordnet zusammengestellt versteckt, die sie von ihren männlichen Bewunderern zugesendet bekam.
Mit Ekel über ihre Afferei, schmiss er nach dem Senden der Daten ihr Telefon auf den Boden und trat mit voller Wucht auf dem schwarzen Ding herum. Mehrfach. In rasender Wut.
Sie passte ihm nicht. Die Frau, die sich bei Instagram halbnackt den Usern zum Fraß vorwarf, hatte es *eigentlich* nicht nötig gehabt; und es somit in seinen richtenden Augen nicht verdient, zu leben. Er war gleichsam Richter und Henkersknecht. Nichts brachte ihn von seinem Gedanken ab.

Jeden zweiten Tag postete sie ein Foto in Unterwäsche. Im Bett. Im Bad. Unter der Dusche oder beim Kochen. Wichtig war, sie trug fast keine Kleider. Und dann diese banalen Weisheiten unter den Bildern. Text und Foto hatten nichts gemeinsam.
Lange hatte er sie im Netz beobachtet, bis er zugeschlagen hatte. Ihm gefiel jedes hochgeladene Foto von ihr, nur nicht ihre Art, der Grund, weshalb sie die Fotos veröffentlicht hatte. Manchmal schrieb er auch ein paar Worte unter ihre Bilder. Kommentierte mit Freude. Ignorierte die Freizügigkeit seiner Auserwählten gekonnt.
Wenn ihm langweilig war, zählte er die überhäuften männlichen Kommentare unter den Fotos und scherzte darüber. Männer, die in festen Händen waren, schrieben die tollsten Zeilen und reagierten auf ihr Entgegenkommen.
Manchmal beschaffte er sich die IP-Adressen von Typen, die Frau und Kind zu Hause hatten, jedoch im Netz Kontakte zu solchen Weibern aufnahmen. Er sendete den betrogenen Frauen Screenshots zu. Er wollte, dass die Damen wussten, mit was für Arschlöchern sie zusammenlebten. Umgekehrt natürlich auch. Da machte er keine Unterschiede. Ihm taten auch Männer leid, die betrogen wurden.
Bei der Dating-App verhielt sich das Ganze jedoch etwas anders. Dort war er derjenige gewesen, der von den Frauen angeschrieben worden war. Die Damen flogen auf ihn, ohne zu wissen, wer sich hinter diesem aufgehübschten Profil verbarg. Eine Tatsache, die ihm schmeichelte. Er war glücklich und genoss den Zuspruch.
Langsam näherte er sich seinem hilflosen Opfer,

fasste sich dabei abermals erregt in den Schritt und zählte leise bis fünf. Der ruhige Raum lag günstig. Seine Gedanken spielten verrückt.
Vor lauter Vorfreude rieb er sich die rauen, nach kaltem Zigarettenqualm stinkenden Hände. Die vergilbten Fingernägel angefressen. Das schmirgelnde Geräusch, welches durch die Reibung der Handinnenflächen wisperte, kroch leise in ihre Gehörgänge. Gänsehaut. Ihr standen die Haare zu Berge.
Ihm ging es anders. Die Gedanken drehten sich. Der Speichel in seiner Mundhöhle schäumte vor Gier. Er wollte loslegen.
Mit zittrigen Fingern, das kleine Taschenmesser lag schwach in seiner Hand, löste er bei seiner Auserwählten die Handfesseln und schmiss die Weinende zu Boden.
»Setz dich hin!«
Gespanntheit packte ihn, als er die Frau in Embryonalstellung auf dem kalten, verdreckten Boden liegen sah. *Du sollst dich hinsetzen!* Undeutliche Worte verließen ihre kraftlosen Lippen.
Mit weit aufgerissenen Augen, er bekam einen Tunnelblick, seine Wahrnehmung verengte sich, zerrte er ihr den Rock aus und vergewaltigte die Frau. Wieder und wieder drangsalierte er sein Opfer. Sie war ihm hilflos ausgeliefert. Seine Macht stieg ihm zu Kopf.
Beim Anblick der zahlreichen Tattoos auf ihrem Körper, passierte etwas in ihm. Die Bildchen trieben in ihm die Lust nach mehr voran. Er war wie im Rausch, nicht mehr Herr seiner Sinne. Wie ein Junkie auf Heroin.
Für eine Frau ihres Alters empfand er Tattoos etwas

unpässlich. Die großen Traumfänger auf ihrem Rücken und die Rosen oberhalb des Venushügels beflügelten Michael andererseits. Er war fasziniert davon und angetan. Zugleich aber auch angewidert. Wie weggetreten stand er auf einmal vor ihr. Er bemerkte nicht einmal, dass die Augenbinde seines Opfers heruntergerutscht war. Das wenige Licht in dem lieblosen Raum verhalf der Frau für einen kurzen Moment, ihren Peiniger in die Augen blicken zu können.

Um ihn herum, die Stille der Nacht, die sich mit dem Gejammer der Vergewaltigten vermischt hatte. Er selbst war stumm, stand einfach nur da und schaute zu der Frau runter, die sich bitterlich weinend an seinen Schuhen festgekrallt hatte.

Sein Glied, längst erschlafft. Das Kondom lag neben ihm auf dem von Staub eingefangenen Fußboden. Er bewegte sich keinen Zentimeter. Er stand vor seinem geschändeten Opfer und grinste bösartig in sich hinein. Sein Blick war leer.

Er fühlte sich gut, doch war die letzte Vergewaltigung etwas besser gewesen als diese, auch wenn er sie nicht hatte abschließen können. Die schöne Rothaarige hatte sich nicht so zimperlich gehabt, wie dieses alte Schiff. Dort war mehr Feuer und Überlebensdrang im Spiel gewesen.

»Fertig, du wertloses Stück!«

Er zog den Gürtel fest, roch beherzt an den Fingern und spazierte quietschfidel aus dem Raum heraus. Keine Reue. Schuldgefühle lagen in beachtlicher Ferne. Er ließ die gebrochene Frau zurück wie Müll. Zum zweiten Mal hatte er eine Frau vergewaltigt. Zum ersten Mal setzte er sein Wunschdenken dabei

in die Tat um. Sie entkam ihm nicht.
Weinend und angeekelt saß sie auf dem betonierten Fußboden und presste beide Beine fest zusammen. Ihr Körper zitterte wie Espenlaub. Sie wusste nicht, wo oben und wo unten war.
Mit schwacher Hand zog sie sich ihren Slip langsam über die brennenden Beine. Ihre Scheide fing zu jucken an. Es klagten sie wilde Gedanken. Sie verstand nicht, was mit ihr geschehen war. Das **WARUM** wurde lauter in ihrem Kopf.
Die Kosmetikerin war *aber* auch erleichtert darüber, eine Sinnesempfindung, der sie keine Aufmerksamkeit schenken wollte, die sich jedoch in ihrem gesamten Körper ausgebreitet hatte. Der Wunsch nach einem mit Seifenwasser durchdrängten Waschlappen wuchs in ihr. Sie wollte nach Hause zu ihren Kindern. Sie wollte sich den schmierigen Wichser vom Körper waschen.
Mit jedem weiteren Schauder drückte sie sich fester an die kalte Steinmauer heran. Eingeschüchtert, ängstlich und zurückgelassen, wie ein ungewollter Hund, den man aus einem fahrenden Auto warf. Wusste sie nicht, wie es weitergehen würde, wollte sie einfach nur gehen.
Insgeheim hatte sie gehofft, dass der Narbenmann von ihr lassen und verschwinden würde. In ihrem Kopf spielte sie sämtliche Situationen ab. Kampflust und Niederlage.
In der einen Fantasie brach sie ihm das Genick; und in der anderen gab sie auf und ließ alles über sich ergehen. Dabei merkte sie nicht einmal, dass er längst verschwunden war.

Sie hatte überlegt und eindringlich die Situation hinterfragt. Es kam ihr aber nicht in den Sinn, dass ihre leichtgläubig geführten Profile im Internet dazu geführt haben könnten, dass sie ein Opfer von physischer und psychischer Gewalt geworden war. Sie selbst sah sich nicht nuttig. Es sei ästhetische Kunst, was sie betrieben hatte.

Die Tür flog ins Schloss. Es klackte zwei Mal laut und das Zischen der Rasterleuchten über ihrem Kopf erlosch in purer Dunkelheit.

# 12.

*Oft hatte ich mir vor dem Rechner oder dem Handy die Zeit vertrieben, und wie blöd nach links oder rechts gewischt, irgendwelche Frauen angeschrieben; aus Langeweile und Frust, weil ich keinen Bock mehr auf Fünf gegen Willi hatte. Und hat es dann* ~~**GEMATCHT**~~*, fing ich an zu spielen.*

Der Altenpfleger saß siegessicher und von seinen grausamen Taten überzeugt, vor dem Therapeuten und sorgte dafür, dass sein Outfit knitterfrei war. Unberührt und empathielos. Michael war zuversichtlich, dass die Stimme im Recht war, er alles richtig gemacht hatte.

»Was meinen Sie damit, Michael? Warum benutzen Sie das Wort: SPIELEN?«

»Wissen Sie, ich fühlte mich gefangen in einem Käfig. Mir war schon immer klar, dass solche Gedanken, wie ich sie seit meiner Kindheit habe, nicht normal sein können. Auch nicht dürfen. Ich konnte nicht ausbrechen und die Zwänge wegschieben. Die Wut auf das weibliche Geschlecht wuchs heran. Jedoch gab ich mir Mühe, nicht zu diesem Monster zu werden, was ich jetzt dennoch bin.«

»Haben Sie es wenigstens einmal versucht, die Kontrolle komplett zu behalten, oder war das Aufgeben eine bessere Option für Sie?«

Michael saß stumm auf dem Stuhl, schaute sichtlich genervt von den vielen Fragen an die Decke und

pustete voller Anspannung die Luft aus seinem Mund aus. Dabei zählte er die grauen Streifen auf dem rundlichen Lampenschirm. Blickte dem Therapeuten tief in die Augen.
»Willst du mich verarschen, Doc? Meinen Sie, ich hätte mir das Leben, welches ich lebe, selbst ausgesucht? Denkst du wirklich, beim Verteilen von guten Menschen und bösen Kreaturen, habe ich mich voller Freude in die zweite, beschissene Reihe eingereiht? Wie kommen Sie darauf, dass ich es nicht versucht haben könnte? Sehe ich aus wie ein krankes Schwein?«
»Das habe ich damit nicht sagen wollen …«
»Stopp, Doc. Viele Male stand ich vor dem Fenster, streichelte mein Glied und beobachtete die Nachbarin, wie sie sich bei offenem Fenster wusch oder umzog, manchmal, eigentlich sehr oft, nackt herumspazierte. Und Sie können mir nicht erzählen, dass die Alte nicht wusste, dass irgendjemand sie beobachten würde. Sie beobachtet werden könnte.«
»Ich bin mir nicht ganz sicher. Was denken Sie, Michael?«
»Hallo! Wenn eine Frau sich vor weit aufstehendem Fenster duscht oder was auch immer macht, muss ihr doch klar sein, dass jemand aus dem gegenüberliegendem Haus sie beobachten könnte.«
»Nun, vielleicht ist Ihre Nachbarin aber auch einfach nur leichtfüßig. Denkt an gar nichts! Sie müssen Ihre Nachbarin auch nicht heimlich beobachten …«
»Warum nicht, Doc? Vielleicht ficke ich die Alte irgendwann und ihre heiße Tochter gleich mit. Wenn vor Ihnen eine attraktive Frau mit ihren Titten

herumwedelt, willst du mir erzählen, dass dich das kalt lassen würde?«
Unberührt von dem aggressiven Geschwätz seines Patienten, machte sich der Therapeut weitere Notizen und fuhr fort.
»Sie wollen was …? Sie möchten die Mutter und die Tochter …«
»Ich weiß schon, Doc, Sie wollen am liebsten die Polizei anrufen, Ihre ärztliche Schweigepflicht brechen, da hier Menschenleben in Gefahr sind, so scheint es, doch appelliere ich an deine Intelligenz. Die kleine Paulina möchte doch zu gerne in zwei Wochen ihren sechsten Geburtstag feiern wollen. Und Ihre hübsche Frau, Eva, du willst doch nicht daran schuld sein, dass ihr etwas Unappetitliches zustößt. Oder doch?«
»STOPP! Sie halten sich fern von meiner Familie, verstehen Sie mich? Sie nehmen die Namen meiner Liebsten nie wieder in den
Mund!«
»Ruhig, Doc. Noch habe ich nichts gemacht. Nun fahr dich runter und relax.«
Der Momentzustand kippte. Eingeschüchtert und tief von den drohenden Worten seines Patienten getroffen, schloss er das Notizbuch und brach die Sitzung ab. Wortlos stand er auf, öffnete die auf Wunsch des Patienten geschlossenen Jalousien *wieder* und nahm einen kräftigen Schluck aus dem auf dem Schreibtisch stehenden Wasserglas.
Nervosität machte sich breit. Sein schick eingerichtetes Therapiezimmer erschlug ihn förmlich in diesem für ihn unkontrollierbaren Moment. Die Wände kamen immer näher. Die Wahrnehmung spielte ihm

einen Streich. Während er das Wasser herunterschluckte, liebkoste sein Blick den massiven Briefbeschwerer auf seinem Tisch. Doch zu unsicher war der Gedanke, den fünfzehn Zentimeter großen Aluminiumochsen als Waffe zu nutzen. Schließlich war er nicht wie sein Patient.

»Der silberne Ochse lacht dich an, oder Doc?«

»Ich würde für heute die Sitzung beenden wollen. Verlassen Sie jetzt bitte meine Praxis!«

»Warum so eilig, Herr Doktor? Wir haben noch zehn Minuten.«

»Nein! Gerne können wir uns nächste Woche wie vereinbart um achtzehn Uhr in meiner Praxis treffen …«

»Von mir aus, wenn es sein muss. Sie halten aber die Füße still, Doc. Denk an meine Worte. Und schade, dass Sie jetzt abbrechen.«

»Schade? Sie haben nicht mehr alle Tassen im Schrank. Ich verstehe auch nicht, warum Sie mich duzen und dann wieder siezen?«

»Weil ich es kann, mein Guter!«

Michael schnappte sich seine Tasche, verließ langsam das Zimmer und blickte noch einmal über seine Schulter und warf dem eingeschüchterten Therapeuten einen garstigen Blick zu. Er genoss es, mit den Ängsten seiner Gegenüber zu spielen. Macht war ihm wichtiger als alles andere.

Der Therapeut stand noch immer vor dem schicken Designer-Schreibtisch und wusste nicht, wie ihm geschah. Schweiß brach aus und der kräftige Pulsschlag drückte sich durch die Haut.

Dass er geduzt wurden war, war eine Herabwürdigung für den Therapeuten. Und dieser ständige

Wechsel vom Siezen und Duzen bereitete ihm Kopfschmerzen. Diese kleinen Machtspielchen hasste er zutiefst.
Die Augen des Heilkünstlers waren glasig und füllten sich mit Tränen. Eine dicke Zähre kullerte die Wange des Therapeuten hinunter und platschte auf der Tischplatte auf.
Michael fühlte sich gut bei dem Anblick. Er musste sich das Lachen verkneifen. Doch schmunzelte er fies und warf die Tür hinter sich ins Schloss.

# 13.

Frederike sang in der Küche, sprang über den Flur und tanzte putzend durch ihre Wohnung. Sie war allein und brauchte sich nicht für ihre tänzerischen, sowie stimmlichen Einlagen entschuldigen.
Endlich hatte sie wieder gute Laune. Die schöne Rothaarige verließ ihre Komfortzone und umarmte neugeboren die Welt. So schön.
Anfangs hatte Frederike geglaubt, dass die versuchte Vergewaltigung an ihr sich festkrallen würde wie ein Schatten. Im Internet erfuhr sie von Opfern, die nie wieder in das richtige Leben zurückgefunden hatten. Davor hatte sie Angst gehabt.
Unsicherheit machte sich erneut breit. Immer wenn es gut lief. Sie konzentrierte sich auf das, was passiert war, anstatt zu verstehen, dass sie an dem falschen Ende des Seils zog.
Die junge Heilpädagogin hatte vergeblich in Hass und Wut gelebt. Doch lernte sie zum Glück mit dem Passierten umzugehen.
Nach einem tiefgängigen Gespräch mit Anke, der jahrelangen Therapie und dem neu gewonnen Ich, verstand sie es wieder, sich selbst zu lieben und zu schätzen.
Fredi war glücklich. Die Heilpädagogin aus Halle war frohen Mutes und gestaltete ihr Leben neu. Endlich konnte sie nach vorne blicken, in eine tolle Zukunft.

Glückerfüllt sprang sie singend mit Lappen und dem Putzmittel bewaffnet durch die achtzig Quadratmeter große Wohnung und übersah dabei den Schatten, der ihr auf Schritt und Tritt folgte. Nie von ihrer Seite wich.
Ein Gespenst, das an ihr haftete, wie eine schlechte Angewohnheit. Wo sich Frederike befand, war die dunkle Kontur nicht weit entfernt.
Während sie die Wohnung auf Hochglanz gebracht hatte, machte es sich ein heimlicher Eindringling in ihrem Schlafzimmerschrank ungesehen gemütlich. Unberührt von der Anwesenheit der Wohnungsbesitzerin.
Der Fremdling hatte keine Furcht davor, erwischt zu werden. Im Gegenteil, die Angst vor dem Ungewissen beflügelte ihn. Er liebte diesen Nervenkitzel. Für ihn gab es nichts Besseres, als sich nah bei seinem Opfer aufzuhalten. Bewusst trug er aufdringliche Düfte auf seiner Haut. Er wollte gerochen werden.
Außer diesem Versteck im Kleiderschrank, bot die Wohnung noch weitere Plätze für ihn. Unter ihrem Bett hatte er es sich auch schon oft gemütlich gemacht, aber auch die kleine schmale Speisekammer in ihrer Küche bot dem Fremden eine gute Versteckmöglichkeit.
Er war nicht das erste Mal in Frederikes Wohnung eingedrungen und wusste genau, wo er sich unentdeckt aufhalten musste, um nicht gesehen zu werden. In aller Ruhe spionierte er sein Opfer aus.
Schon oft hatte er sich Zugang zur Wohnung verschafft, schlich in der Dunkelheit durch die Räume

und war seiner tiefschlafenden Liebsten nahe. Frederike war seine Sucht. Ohne dieses Mädel konnte und wollte er nicht sein.
Es gab noch andere Frauen in seinem Leben. Schöne Frauen, aber auch dumme. Doch war keine wie seine Frederike.
Schlich er sich nachts zu ihr, dann stand er meist eine Stunde reglos vor der träumenden Schönheit, bewegte sich nicht und betrachtete Frederike gierigsabbernd, bis er es sich unbemerkt unter ihrem Bett bequem gemacht hatte.
Er liebte es, im Schein des Mondes an ihrem Bett zu stehen. Er konnte ihr nahe sein und sie riechen, berühren.
Die Gedanken sprangen im Dreieck. Die Fantasie glich einem bunten Trickfilm, der zwischenzeitlich auf einem alten, vernebelten und düsteren Friedhof spielte. Mochte er die Schöne leiden, hasste er sie im nächsten Moment jedoch zutiefst.
Mit einer großen Ehrfurcht begegnete er Frederike. Es durfte ihr nichts geschehen; und im nächsten Augenblick, verlor er sämtlichen Respekt vor ihr. Fakt war, nur er durfte der Heilpädagogin Leid zufügen.
In solchen Momenten war es ihm egal, was mit ihr passierte. Eine Eiseskälte durchfuhr seinen Körper. Er hätte sie auch mit anderen geteilt. Aber nicht in solchen Momenten. Augenblicke der Zuneigung.
Es kam vor, dass er seinen Erguss der Schlafenden ins Haar spritzte. Manchmal schnappte er sich auch ihr Telefon, setzte sich in die Küche an den Esstisch unter dem Fenster, stöberte vom weiß-blauen Mondschein angestrahlt in ihrem Handy herum und

löschte neue Bekanntschaften aber auch Chatverläufe. Ihm war es gleich, wo er sich befand. Irgendwie fühlte er sich in ihrer Wohnung heimisch. Als wäre es seine eigene.
Sein großes Ziel verlor er bei all der Erregung und der Schönheit aber nicht aus den Augen. Er wollte Chaos verbreiten und überall einen kalten Schauer hinterlassen. Keinen wohligen.
Typen, die offensichtlich Frederike näher kennenlernen wollten, schrieb er von ihrem Handy aus, in ihrem Namen an, dass sie kein Interesse habe. Die Kerle sollten ihre Nummer löschen. Nichts ließ er unversucht.
Er wollte seinem Opfer so nahe wie möglich sein, ohne auch nur einen Gedanken an Morgen zu verschwenden. Nebenbuhler duldete er nicht.
Es scherte ihn *auch* nicht, in welchen Zustand Frederike verfallen wäre, hätte sie ihn erwischt. Und doch legte er großen Wert darauf, dass es ihr meistens gut ging. Auch wenn es ihm egal war, dass sie vielleicht enttäuscht wäre über die Männer, die kein Interesse mehr an ihr gehabt hatten, und sie jedoch vielleicht schon.
Gerne spielte er der jungen Frau arglistige Streiche. Als sie mit dem Wischen der Küche fertig war und im Badezimmer die Kacheln an den Wänden schruppte, tapste er mit seinen dreckigen Schuhen über den frisch gebohnerten, noch nebelfeuchten Fußboden in der Küche, zog sich im Flur die Schuhe leise aus und verschwand wieder in einem seiner Verstecke.
Frederike sollte es stutzig machen, die Tapsen zu sehen. Er wollte mit ihrer Angst spielen. Schließlich

hören Fußspuren nicht auf einmal auf zu existieren. Und Frederike war ein kleiner Hasenfuß, das wusste und nutzte er.
Zeitweilig, in einem ruhigen Moment, wenn sie sich ausgeruht hatte, flüsterte er leise ihren Namen. Einmal. Auch zwei, drei Mal hintereinander. Sie sollte das gruselige Wispern wahrnehmen.
Für die nächtlichen Geisterstunden hatte er sich jedes Mal etwas Besonderes einfallen lassen. Unter ihrem Bett mit Klebeband befestigt, versteckte er ein kleines Walkie-Talkie. Es war auf die leiseste Stufe gestellt. Sein bester Streich.
War das junge Fräulein endlich eingeschlafen, sprach er wirres, teils unverständliches Zeug aus seinem Versteck durch das Funkgerät. Gerne aber auch von der versuchten Vergewaltigung.
Es rauschte und quasselte leise. Der Klang war hell und machte den Eindruck, aus allen Richtungen zu kommen.
Sein Ziel war es, ihr den Schlaf zu rauben. Frederike sollte müde sein, sodass sie am Tage auf nichts mehr Lust hatte. Ihre Konzentration sollte schwinden.
Laute und Worte wahrgenommen, saß sie vom Angstschweiß durchnässt in ihrem Bett. Frederike schaute sich im Dunkeln um. Er erfreute sich daran und feixte innerlich.
Sein Lieblingsopfer blickte apathisch in alle Richtungen. Die Lichter in der Wohnung waren defekt. Ihr Handy war aus. Nichts funktionierte. Der Anblick dieses weinerlichen Geschöpfes war Musik in seinen Ohren.
*Aber auch der Tag hatte etwas für sich.*
Verließ Frederike die Wohnung, kroch er langsam

aus einem seiner Verstecke hervor und geisterte durch die Räumlichkeiten der Wohnung. Dabei leckte er ihr sauberes Besteck ab, rieb sein Genital an ihrem Geschirr und masturbierte auf ihre Möbelstücke.

Die Flecken wischte er nicht weg. Er ließ die Samenflüssigkeit antrocknen und erfreute sich kichernd daran, wenn seine Errungenschaft diese unschönen Flüssigkeitstropfen tagein, tagaus mit einem Feuchttuch wegwischte – ohne zu wissen, woher sie stammten, was sie eigentlich sind.

Batterien aus den Fernbedienungen entfernen, leise zu flüstern und Kabel durchzuschneiden war längst keine Erfüllung mehr für ihn.

Um ihr weitere Schreckmomente zu bescheren, ließ er die Klobrille oben, öffnete einen kleinen Spalt weit den Kühlschrank oder verschüttete Milch in der Küche. Mal auf dem gefliesten Fußboden und mal auf der Küchenzeile.

Glühbirnen hatte er auch gerne gegen kaputte ausgetauscht. Ihre Jacken lagen im Flur auf dem Boden, wenn sie nach Hause kam. Doch nichts war so gut, wie Handabdrücke an den Fenstern. Von außen wie von innen.

Es kam auch vor, dass er die Socken in den Schubladen miteinander vertauscht hatte. Nichts Großes, doch groß genug, um seiner Auserwählten eine Bestürzung einzujagen. Er spielte so gerne mit ihr.

Frederike schlitterte tanzend den Flur entlang, als sie die verdreckten Fußspuren in der Küche erblickte. Sie trockneten langsam und man sah die leicht schmierig-grauen Umrisse der Schuhsohlen.

Verdutzt blieb sie stehen und drehte sich in alle

Richtungen um. Frederike bekam es schnell mit der Angst zu tun. Längst vergessene Momente an die Versteckspiele zu Kindheitstagen schlichen sich langsam wieder ein. Frederike hielt die Luft an und zählte leise bis zehn. *Niemand hier. Nur ich.*
Sie war wahrlich ein Schisser. Früher musste sie immer mit ihren zwei Cousinen, die auf dem Dorf lebten, in einem alten und verlassenen Herrenhaus Verstecken spielen. Wenig Tageslicht, fast jedes Fenster zerschlagen und dann das gruselige Geheule des Windes, welches einsam durch die verlassenen Flure und Zimmer des Anwesens fegte.
Von Moos befallene Wände zierten das alte Gemäuer. Aus den Kaminen drang widerlicher Gestank von totem Getier, und das Geraschel, welches durch die Räume flüsterte, schüchterte die damals zehnjährige Rothaarige ein.
Dass sie von ihren Cousinen mit Absicht erschreckt worden war, kam ihr erst viele Jahre später in den Sinn. Jahrelang glaubte Frederike an Geister und Dämonen, die in Häusern ihr Unwesen trieben.
Die zahlreichen Spielchen in dem alten Landgut hatten der jetzt jungen Frau zugesetzt. Gepeinigt von Albträumen und tagsauftretenden Angststörungen, bis hin zu Heulkrämpfen, wie sie die Ausbrüche selbst betitelte.
Frederike wollte einfach nur ihre Kindheit zurückspulen und ohne ihre doofen Cousinen fortfahren. Sie genoss ihr gegenwärtiges Leben. Kontakt zu den blöden Cousinen hatte sie längst nicht mehr.
Michael wusste natürlich von den Geschehnissen aus ihrer Kindheit. Er kannte beide Cousinen von Frederike sehr gut. Der Streit zwischen den drei

Frauen kam ihm dabei zugute. Manipuliert und mundtot gemacht, erzählte jede Einzelne aus dem Nähkästchen.
Siegessicher nistete er sich in ihrer Wohnung ein, ohne dass sie es mitbekam. Spielte gerne mit ihren Ängsten. Unausgesprochen war er ihren Cousinen dankbar. Ohne sie hätte er viel länger gebraucht. Aber auch diese Hürde hatte er überwunden.
Dass Frederike nur mit einem Nachtlicht einschlafen konnte, dunkle Straßen, flackernde Lichter und wandelnde Gestalten fürchtete, sie jede Nacht verängstigt auf ihrem Bett saß, nichts von ihrem heimlichen Gast wusste, war sein Lohn.

# 14.

*Ihr Name war so zierlich, betörend. Frederike, so hieß sie. Ein wirklich schöner Name. Dieser Klang in meinen Ohren. Ich musste diesen Namen nur lesen, und schon ging mein Herz auf. So schön und geheimnisvoll.*
*Frederike; eine Frau mit solch einem bezaubernden Namen lebt wahrscheinlich auf dem Lande, trägt gerne knöchellange Kleider, besucht jeden Sonntag die Kirche und ist außerhalb des Schlafzimmers das immer lächelnde Sonnenblumenkind, welchem Kinder jeden Alters und Tiere des Waldes nachlaufen. Im Schlafzimmer jedoch, ist sie die verfickte Drecksau, die man sich nur wünscht.*
Mich schrieben wenige Frauen bei Instagram an, doch die EINE, ihr Name war Frederike, dieses eine schöne Geschöpf, welches sich bei mir gemeldet hatte, weckte schnell das Interesse in mir.
Zu diesem Zeitpunkt.
Es hatte eine Weile gedauert, bis ich kapiert hatte, welcher Fisch mir da ins Netz gesprungen war. *Was für ein Zufall!*
Normalerweise textete ich mit mehreren Frauen gleichzeitig. Aber nicht bei ihr. Frederike, war etwas ganz Besonderes. Ich musste nicht den ersten Schritt machen. Sie schrieb mich an und hatte mich verblüfft.
Ihre roten Haare, das hübsche Gesicht und diese

tolle Figur. Oft stellte ich mir ihren kleinen Arsch vor, wie er im Bikini den Strand rauf und runter läuft. Dieser wohlgeformte Apfelpo.
Im Internet gab ich mich ein klein wenig als jemand anderer aus. Mein Profilbild versprach den Ladys einen ein Meter fünfundachtzig großen und durchtrainierten jungen Mann, der erfolgreich im Beruf und wartend auf die große Liebe, hoffend durch den Tag wanderte. Frauen mögen den etwas anderen Typ Mann. Arschloch und doch ein Träumer. Die Mischung machts.
Das Ausfüllen des Profils war ein Leichtes. Größe stimmte, wie auch die Muskeln. Von meinen Narben erzählte ich aber nichts. Ich schämte mich etwas dafür.
Gezielt hatte ich mich für das Sternzeichen des Skorpions entschieden. Was man den Skorpionen nachsagt, gefiel mir ganz gut. Auch hatte ich darauf geachtet, was zu meinem Äußeren, also zu dem geklauten Äußeren gepasst hatte. Der Name spielte dabei eine wichtige Rolle.
Stundenlang stand ich vor dem Spiegel, hielt mir das ausgedruckte Foto von meinem Arbeitskollegen vor mein Gesicht und sprach tausende Männernamen aus.
Schließlich entschied ich mich für den Namen Christian. Er hatte gepasst und ich sah aus wie ein Christian. Also Falko, mein Kollege sah aus wie ein Christian; und ich wollte nun endlich loslegen.
Zu meiner Person schrieb ich einen sympathischen und lustigen Text. Mir war bewusst, dass fast jede Frau auf guten Humor steht. Ansprechend und witzig. Wichtig war, auf das Detail zu achten. Und der

Rest ging von ganz allein.
Sah man ein Bild von einer schönen Frau am Strand und beschrieb die Farbe ihrer Augen, wie auch den wunderschönen Einblicke in ihrer Seele, war das schon die halbe Miete. Frauen mögen es, wenn Männer aufmerksam sind und nicht nur subtil getrieben.
Schon als Kind hatte ich mich mit dem Mienenspiel beschäftigt. Die Kunst der Körpersprache lag mir nicht fern. Ich wollte Menschen manipulieren und besitzen. Mir war wichtig, dass man mir aus der Hand fraß.
Ich mochte die nonverbale Kommunikation. Gestik, Mimik, Körperhaltung, Habitus und viele weitere unbewusste wie bewusste Äußerungen des menschlichen Leibes faszinierten mich. Jemandem tief in die Augen zu schauen und dann etwas zu verlangen, es im besten Falle auch von dem Gegenüber zu erhalten, war wie eine Droge für mich.
Zu wissen, was ein Händedruck, sogar eine Sitzposition ausdrücken kann, das fand ich phänomenal.
Mir hingegen konnte man nichts vorspielen. Man konnte mir erzählen, was man wollte. Ich nickte meist, hielt meine Gedanken und Empfindungen *aber* erfahrungsgemäß verschlossen. Auch dann, wenn ich anhand der Körpersprache meines Gesprächspartners die Lügen längst erkannt hatte.
Frederike war mein leichtestes Opfer. Bei ihr hatte ich die wichtigsten Manipulationstechniken angewandt und schrieb mir regelrecht die Finger wund. Ein Wort ergab das andere und wir wurden Freunde. Oft wiederholte ich meine gestellten Fragen. Danach folgte das Erzeugen von Angst. Frederike war

ein kleiner Angsthase und ich spielte Empathie vor und sagte ihr, dass sie der Bangigkeit entgegentreten müsse. Schließlich lebt man nur einmal; und Angst vor dem Versenden eines Intimfotos brauchte sie nicht zu haben. Sie konnte mir doch vertrauen.
»Ich bin ganz bei dir. Ich schäme mich ehrlich gesagt gerade dafür, dass ich dich nach einem solchen Bild gefragt habe. Doch vertraue ich dir, und möchte nur dich kennenlernen und keine andere!«
Es war ein Leichtes gewesen, ihr diese Fotos zu entlocken. Schnell schickte sie mir ihre Brust, ihren Po und auch mehrere Fotos von intimeren Stellen. Sie war nicht wie die üblichen Schlampen im Netz, die bei Instagram und Co. sich lasziv und sexy zeigten, für mehr Likes und Follower. Nein, Frederike war anders, was den Reiz ausgemacht hatte.
Jedes Foto von ihr war nur für mich bestimmt und eine kleine Trophäe. Eine gewonnene Jagd.
Auf meinem Handy hatte ich einen Ordner mit ihrem Namen angelegt. Dort schob ich all ihre Bilder und Videos hin. Verschlüsselt und nur für mich einsehbar.
Nachdem ich mir die Adresse von ihr bewusst erschlich, sie merkte gar nicht, dass sie mir diese anvertraut hatte, überlegte ich kurz, wie ich ihr schaden könnte. Mir schossen die wildesten Gedanken durch den Kopf.
Zwei Bilder hatte ich von ihr erhalten, wie sie im Wohnzimmer vor der offenstehenden Balkontür stand. Im Hintergrund waren deutlich die zwei Türme der Marktkirche zu erkennen. Nun wusste ich, wo Frederike in etwa wohnen musste, brauchte ich nur noch die genaue Straße und Hausnummer.

Mit Freude in den Augen wollte ich anonym ihre Nacktbilder an Freunde und Arbeitskollegen schicken. Dieser Gedanke war mein erster gewesen. Auch hatte ich mir fest vorgenommen, ein paar dieser verruchten Pics auszudrucken und an sämtlichen öffentlichen Plätzen der Stadt zu verteilen. Wäre sie mir nur einmal doof gekommen. Doch das tat sie nicht. Frederike war blind vor Neugier und Liebe, dieses dumme Miststück.
Während wir schrieben, nutzte ich jede Art von Technik, sie immer mehr zu manipulieren. Ich spielte mit ihren Bedürfnissen und tastete mich langsam an ihre Denkweise heran. Sie erfreute sich an meiner lockeren Art und ich gewann sehr schnell Frederikes Vertrauen. Sicherlich spielte mein Profil dabei eine fundamentale Rolle. Doch das war ihr Problem und nicht meines.
Wir schrieben fünf Wochen am Stück, ehe wir uns im richtigen Leben trafen. Frederike wurde immer anhänglicher, teils nervig, sodass ich keinen Bock mehr hatte, mit der dummen Tussi zu schreiben. Doch glaubte ich an meine Gefühle und hinterfragte das plötzliche Desinteresse.
Es nervte mich. Ständig schickte sie mir Bilder von sich. Mal von der Arbeit oder nackt auf dem Bett rekelnd. Unüberlegt. Sie checkte meine kurzgebundenen Nachrichten einfach nicht. Für eine studierte Heilpädagogin war sie ganz schön blöde gewesen.
Natürlich spielte ich weiterhin dieses Spiel mit. Schließlich wollte ich sie live HABEN.
Und wenn ich ein Spiel anfing, dann bis zum bitteren Ende.

Ich suchte mir im Internet auf einer bestimmten Bilderseite einen Typen raus, der immer wieder seinen Penis präsentiert hatte, schnitt die Pics perfekt zusammen und schickte ihr diese; in dem Glauben, dass dies mein Schwanz war.
»Gott, du machst mich verrückt.«
Frederike, war davon sehr angetan. Jeden Tag, zu jeder Stunde ließ sie mich an ihrem Ablauf teilhaben. Es fing mit einem GUTEN MORGEN, HÜBSCHER an und endete mit einem GUTE NACHT, MEIN PRINZ.
Ich heuchelte ferner Interesse und merkte schnell, dass sich Frederike in mich verliebt hatte, es nicht mehr nur wie gedacht für sie ein aufregendes Spiel oder eine spannende Erfahrung war. Und zack, da hatte ich sie. Wie eine Spinne die Fliege im Netz.
Frederike verfiel meinem Charme. Ich konnte tun und lassen, was ich wollte. Sie gehörte mir. Nur mir.
Schnell war das Interesse wieder geweckt. Der Gedanke an ein echtes Treffen mit Frederike holte diese teuflische Gier wieder in mir hoch. Geschrieben. Treffpunkt ausgemacht – und wir trafen uns auf einem wenig besuchten Parkplatz vor der Heide.

# 15.

Während ich auf dem Parkplatz bei Rewe in meinem Auto saß und auf das Date wartete, holte mich das Vergangene plötzlich wieder ein. Nervosität und körperliche Anspannung übernahmen die Kontrolle. Mein linker Arm war so leicht wie eine Feder, und das Engegefühl in der Brust verschaffte mir wieder mal eine heftige Panikattacke.
Die Gedanken kreisten, und die schmerzhaften Erinnerungen an den Tattag machten mich erneut kraftlos. Mit dursichtigem Blick starrte ich ins Leere. Ich musste mich konzentrieren und sammeln. Dieser einsame Parkplatz hatte mich nicht mehr ruhig schlafen lassen.
Nachdenklich guckte ich aus dem Fenster der Fahrerseite. Ich fühlte mich wie tot. Der Schock hielt eine Ewigkeit an. Auch während der Therapie. Erniedrigung, Angst, Scham, Demütigung, Wut und Hass waren meine Begleiter.
Zitternd versuchte ich mich zu fangen. Nur der Gedanke an diese Narben und schon bekam ich Herzrasen. Es ging ein Gefühl von Unbehagen umher. Mein eigenes Selbstbild war geprägt von Gefühlen der Schuld. Abermals hatte ich mir eingeredet, dass ich schuld dran sei, was mir passiert ist. Aber auch die Hoffnungslosigkeit legte einen grauen Schleier über meinen Kopf nieder. Hoffnung auf Gerechtigkeit war für mich nicht greifbar.

Zwei meiner Freundinnen hatten sich während der schweren Zeit von mir abgewandt und mich allein in der Dunkelheit zurückgelassen. Freundinnen, auf die ich sonst so gezählt und gebaut hatte.
Ohne ein Wort der Verabschiedung, einer Erklärung oder ähnliches haben mich die beiden geghostet. Einfach weg. Als wären sie niemals dagewesen.
Die Enttäuschung über den Freundesbruch war groß. Wir trafen uns fast jeden Tag und verbrachten viel Zeit zu dritt in der Stadt oder beim gemeinsamen Abendessen. Lachten viel und lästerten.
Der Samstag gehörte uns dreien und wir hatten es uns mit Sekt und Chips vor dem Fernseher gemütlich gemacht. Die TV Show Catfish gehörte dabei zu unserer Lieblingsbeschäftigung. Wir hatten keine Folge verpasst. Schworen wir uns damals, dass wir uns so was wie bei Catfish niemals antun würden.
Freundschaften waren mir sehr wichtig gewesen, da ich keinen guten Draht zu meinen Eltern und zu meiner Familie hatte. Wir pflegten einen rauen Ton. Jeder Tag war gleich. Ich betrachtete mich im Spiegel und raffte mich an manchen Tagen nur mit viel Mühe auf. Ich lag mit der Decke bis zur Nase zugedeckt in meinem Bett und blickte stundenlang in den Spiegel meines Schminktisches; schaute mir die Augenringe an und wollte nur noch sterben. Die dunklen Schattierungen auf der Haut unter meinen Augen glichen den Hämatomen eines Boxers. Ich fand mich abstoßend, hässlich und abartig. An schlimmen Tagen hatte ich zwei oder auch drei Tage keine Zähne geputzt. Mich störte der fiese Geruch nicht und auch nicht der abartige Geschmack

auf meiner Zunge. Ich war antriebslos und steckte in einer Schleife fest.
Oft hatte ich mir Mut zugesprochen, doch drückte das Gefühl des Versagens immer mehr durch. Ein- und durchzuschlafen, innige Wünsche zu diesem Zeitpunkt. Der Appetit kam nur schleppend zu mir zurück. Umso mehr hatte mir aber der Wein geschmeckt.
Wieder stand ich auf einem Parkplatz. Wieder wartete ich voller Hoffnung und malte mir irgendwie die Welt bunt.
Unkontrolliert fuhren die Gedanken in meinem Kopf Achterbahn. Ich wollte den Sinneszustand verändern und schnipste das hellblaue Gummiband, welches ich täglich um das Handgelenk trug, gegen die Haut. In Stresssituationen half mir das kurzzeitige zwirblige Gefühl, von den negativen Gedanken loszukommen.
Es war ein Albtraum, aus dem ich nicht mehr nach Hause fand. Es gab keine Garantie, dass diese Methode der Gedankenbremse immer funktioniert. Doch half es mir sehr gut.
Damals stand dieser Typ auf dem staubigen Parkplatz vor dem Wald. Sein Gesicht, dieses schmierige Grinsen, das hätte man aus fünf Kilometern Entfernung gesehen.
Mit klopfendem Herzen und Schweißausbruch am ganzen Körper krallten sich meine Finger immer mehr in das Lenkrad hinein. Ich wusste nicht mehr weiter. Erinnerte ich mich doch an die Übungen, die ich während der Therapie gelernt hatte, merkte ich, dass die grausigen Erinnerungen an den Vorfall präsenter waren als gedacht.

Mit schwerem Gefühl auf der Brust, atmete ich tief durch die Nase ein und lange und kräftig durch den Mund wieder aus. Mehrere Wiederholungen. *Beruhig dich, du hast endlich wieder ein Date! Konzentriere dich. Vergiss diesen Typen. Er konnte dich nicht vergewaltigen und brechen. Leb endlich dein Leben!*

Der an mir ausgeübte Versuch einer Vergewaltigung lag schon über zwei Jahren zurück, die Therapie war erfolgreich und doch war ich noch immer skeptisch und vorsichtig anderen gegenüber *gewesen.* Seit dem Tag ließ ich fast niemanden mehr an mich heran.

Der Kampf gegen die Windmühlen, längst erloschen. Eigentlich ging es mir in der letzten Zeit gut, doch verlor ich am Tage des leidigen Geschehens nicht nur das Vertrauen in mein Umfeld, sondern auch in mich selbst. Der Überfall haftete an mir, wie ein Hundehaufen an der Schuhsohle.

Dieses Gefühl, als mich dieser ekelhafte Kerl auf einmal überrumpelt und sich auf mich gestürzt hatte, wie eine hungrige Straßenkatze auf ein hilfloses Mäuschen, würde mich mein restliches Leben lang verfolgen.

Gegen den Willen benutzt, bespuckt und mit Füßen getreten - das traf es auf den Punkt. Panik machte sich breit und vermischte sich mit der Todesangst, die mich beschlich.

Zum Glück konnte ich mit Tritten und Schlägen den Mann von mir stoßen, ihn vertreiben; doch war ich ab diesem Moment eine völlig andere Frau. Ich erkannte mich nicht wieder. Ein gebrochener Mensch, der nur noch sterben wollte, obwohl ich unter dem

Adrenalinstoß wie wild fluchte und um mich schlug. Ich weiß gar nicht mehr, wie oft ich diesen einen Satz innerlich ausgesprochen hatte. Der Wunsch zu verscheiden war einfach enorm. Mir lief es heiß und kalt den Rücken hinunter. Der Kloß in meinem Hals wuchs immer weiter.

Orientierungslos und vollkommen allein saß ich *damals* zitternd mit angewinkelten Beinen auf dem kalten und staubigen Weg, in dieser dunklen Baumgasse, angelehnt an einer schwach leuchtenden Laterne. Die Hose war zerrissen, die Fäuste bluteten, und ich wusste nicht mehr, wo Links und wo Rechts war.

Ich zitterte am ganzen Körper und mir klapperten vor Aufregung die Zähne. Mein Herz schlug wie verrückt. Es fühlte sich so an, als würde ich den Boden unter den Füßen verlieren. Der Puls raste und ich war unfähig einen klaren Gedanken zu fassen.

An mir zog mein bisheriges Leben vorbei; wie in einem Film. Die Nackenhaare sträubten sich und mir rutschte das Herz in die Hose.

Ohne es kontrollieren zu können, liefen mir die Tränen das unterkühlte Gesicht runter. Ich wollte nicht weinen, auch keine Schwäche zeigen, nur krallten sich Verzweiflung und Wut an mich und ich konnte mich nicht mehr zusammenreißen. Ich fühlte mich entkräftet und leer.

In dem *wäldlichen* Durchlass war es ungemütlich frisch und es stank nach Urin. Hunde hinterließen ihre Exkremente in den dunklen Ecken.

Der Kopf dröhnte und ich war gefangen im *Hier* und *Jetzt*. Wie gerne hätte ich in dieser trüben Stunde ei-

nen Filmriss erlitten. Ich wollte diesen Kerl aus meinem Gedächtnis streichen. Dieser Geruch, nach teurem Parfüm. Ein Duft, welchen der Wahrhaftige am Leibe trug.
Ohne meine Zustimmung hatte es dieser fiese Typ versucht, in meinen Körper einzudringen.
Demütigung. Unterwerfung. Ich fühlte mich wie ein Tier, was man an Ketten gefangen hielt.
Kurz schüttelte ich mich.
Im Auto auf mein Date wartend, hatte ich es dann endlich geschafft, die negativen Gedanken an damals beiseitezuschieben. Ich konzentrierte mich *nun* auf das Positive. Der Fokus lag auf meinem neuen ersten Date. Ich erfreute mich an den warmen Sonnenstrahlen, die zu Boden schossen – und konnte es kaum noch erwarten.
Das Fenster der Fahrerseite war heruntergelassen und ich saugte den blumigen Sommerduft, der durch die Luft flog auf und zählte gedanklich bis zehn. *Es ist dein Tag. Du bist frei und kannst dein neues Leben genießen.*
Die verschiedensten Blütenaromen liebkosten den leicht pilzig riechenden Erdboden, der frisch vor mir in Form eines zehn Meter langen Beetes angelegt worden war. Eine blumige Abgrenzung des Parkplatzes. Das gemähte Gras lud zum Herumspringen ein. Im Sommer riecht alles stärker, wärmer, einfach intensiver.
Auf einmal fuhr ein roter BMW an mir vorbei mit silber-schwarzen Felgen. Das knirschende Geräusch, als die Reifen über den neu gepflasterten Parkplatz fuhren, das Vogelgezwitscher über mir in den Baumkronen, welches sich mit den Klängen der

Einkäufer vermischt hatte – ich fühlte mich wie damals, als ich dreizehn war und Ben, meine Jugendliebe, das erste Mal getroffen hatte.
*Das muss er sein.*
So hatte mir Christian sein Auto beschrieben. Ein auffälliger roter BMW mit silber-schwarzen Felgen. Wie hätte ich mir das auch nicht merken können. Er schrieb mit mir fast einen ganzen Abend *nur* über sein komisches Auto. Sein Wagen war ihm heilig. Allerdings hatte ich das Getue nicht so ganz verstanden. Es war nur ein Auto.
Der BMW parkte ein. Die Aufregung stieg ins Unermessliche. Ich freute mich auf mein neues, erstes Date in meinem neuen Leben. Ich schwitzte Blut und Wasser und war kurz davor, die Nerven zu verlieren.
Nun war die Zeit gekommen für den Neuanfang. Die Chance auf ein besseres Leben begrüßte mich. Das konnte ich fühlen.
Der BMW hielt ungefähr zehn Meter von mir entfernt. Neben dem Auto standen zwei weitere Wagen, was mir etwas Sicherheit gab, da ich nicht allein auf diesem teils schnelllebigen Parkplatz mit Christian sein musste. Ohne ihn in eine Schublade gesteckt zu haben.
Der Mut war gepackt und ich stieg aus meinem gelben Seat aus. Innerlich zählte ich langsam bis zehn. Mein Herzschlag normalisierte sich langsam wieder. Die Aufregung ließ etwas nach.
Die vielen Menschen gaben mir Schutz. Dieser schöne Sommer. Die tollen Gerüche. Ich streckte mich in alle Himmelsrichtungen und wollte zu Christians Auto rübergehen, als mich auf einmal

eine unsichtbare Macht von meinem Vorhaben abhielt. Meine Beine trugen mich keinen Millimeter weit.
Vor mir ließ ein Mann ohne ersichtlichen Grund seinen gesamten Joghurt zu Boden fallen. Neben mir, zu meiner Rechten, hupte eine hysterisch wirkende Fahrerin und fluchte wild, weil ich dem Mann mit dem Joghurt half und ihr im Weg stand.
Anfangs wusste ich nichts mit diesen Vorkommnissen anzufangen. Schließlich hatte ich die Angst unter Kontrolle bekommen. Doch war mir ganz anders. Ein frostiges Gefühl umklammerte mich. Der Mann und die hupende Frau waren meine Schutzengel.
Mit flatterndem Herzen stand ich da, auf dem Parkplatz. Der Mann mit dem heruntergefallenen Joghurt bedankte sich bei mir, was ich nur beiläufig mitbekam. Die Frau war längst verschwunden.
*Die Gefühle gingen mit mir durch. Ich wollte doch nur diesen hübschen Mann endlich live kennenlernen und keinerlei Angst verspüren müssen.*
Ich sprach mir leise Mut zu. Wieder und wieder. Den ersten Schritt gesetzt und die Vorfälle ignoriert, sprang ich beherzt über die Joghurtpfütze, in meiner Fantasie von einem liebenden und treuen Partner träumend, der mir Sicherheit und Geborgenheit schenkte, als plötzlich die Fahrertür des auffälligen BMWs aufsprang und ein stylisch gekleideter junger Mann mit Narben-Gesicht aus dem Wagen stieg. Geschockt blieb ich vor Angst angewurzelt auf dem Parkplatz der Kaufhalle stehen. Wie in Zeitlupe spielte sich das Gesehene vor meinen Augen ab. Panik breitete sich aus. Ich zitterte am ganzen Körper,

als ich diesen Typen erblickte.
Der Kerl, der mir den Schock meines Lebens versetzte hatte, stand bekleidet in einer Hugo-Boss-Anzugshose und einem Boss Kapuzen-Hoodie auf dem Parkplatz, drehte sich nach hinten, wischte etwas mit einem Taschentuch vom linken Rücklicht ab und schnipste dabei seine glühende Zigarette auf das frisch angelegte Blumenbeet.
*Das gibt es doch jetzt nicht.* Es kochte in mir. Da war er wieder, dieser eine ganz besondere Duft, den nur der Leibhaftige auftrug. Ich war zu weit weg, um ihn komplett einfangen zu können, doch erinnerte ich mich sofort an sein Parfüm.
An mir rauschte alles vorbei. Ich wollte weg. Weit weg von diesem widerwärtigen Schwein. Ich konnte mich aber nicht bewegen. Ich war schockgefroren. Meine Füße hörten nicht auf mich und machten, was sie wollten.
*Das ist dieser Michael!*
Das Herz schlug wild in meiner verängstigten Brust und drosch gegen die Rippen. Dicke Schweißperlen rannen mir die Stirn hinunter.
Geistesgegenwärtig griff ich mein Handy und rief sofort meine Arbeitskollegin und gute Freundin Anke an.
»Hallo!«
»Ja, Hi! Du wirst nicht glauben, wer hier ist.«
»Fredi, ist alles o. k.? Warum flüsterst du?«
»Michael ist hier auf dem Parkplatz. Michael ist mein Date, Anke!«
»Beruhig dich, Fredi. Bist du dir sicher, dass du dort diesen Michael siehst?«
»Wenn ich es dir doch sage, Anke. Der Typ, der

mich vergewaltigen wollte, steht hier auf dem Parkplatz vor mir. Er fährt das Auto, das mir der Christian im Chat beschrieb.<<
>>Warte kurz. Das ist vielleicht nur ein dummer Zufall, Fredi.<<
Zorngeladen stand ich da. Ich hätte sofort losschreien können vor Verzweiflung.
>>Nein! Das ist *hier* keinem Zufall geschuldet. Ich glaube, Michael ist Christian ...<<
Überlegend, wie ich reagieren soll, sagte mir Anke, dass ich ihm schreiben und das Treffen um eine Woche verschieben muss. Aus beruflichen Gründen. Und das tat ich auch.

Hi!

Christian, mir ist leider arbeitsmäßig etwas dazwischengekommen. Mein Akku war auch leer. Aber warte, hier. Ich sende dir ein Bild
von mir. Ich will dich unbedingt sehen. Können wir uns nächste Woche Freitag treffen?

Bitte. GANZ LIEB GUCK.

Liebe Grüße und ein Küsschen, Frederike.

So, wie ich auf Senden gedrückt hatte, stieß mir seine Reaktion schlimm auf. Er guckte anteilslos auf das Display seines Handys, ließ das schmutzige Taschentuch zu Boden fallen, zuckte mit den Schultern und rief kurz darauf jemanden an.
Dem ekelhaften Grinsen zufolge sprach er mit einer Frau. Er lachte und küsste drei Mal in sein Telefon rein. Vielleicht eine weitere Verabredung. Ein weiteres Vergewaltigungsopfer. Oder seine Freundin.

Der Hass in mir stieg und ich spuckte wild wie ein brodelnder Vulkan. Auf einmal tippte er auf dem Display seines Telefons herum und es ploppte eine Nachricht bei mir auf.

Schade, meine schöne Blume. Ich habe aber
Verständnis für deine Situation. Viel Spaß auf
Arbeit. Sei fleißig und ich denke ganz viel an dich.

Auf diese SMS hätte ich verzichten können.

# 16.

Das blonde Mädchen mit der pfirsichreinen Haut saß fröhlich mit den Füßen wippend auf ihrem Bett in ihrem Zimmer und hörte laut Musik, als plötzlich das Telefon klingelte. Aus dem Takt geworfen wischte sie den grünen Hörer genervt nach rechts.
Ihre Laune galt aber nicht der Anruferin. Der verschneite Tag hatte ihre Gemütsverfassung nach unten gedrückt. Hinzu kam das Aufeinandertreffen mit dem Typen an der Bushaltestelle, der ihr Angst gemacht hatte.
Noch nie zuvor hatte sich das dreizehnjährige Mädel so unsicher gefühlt, wie an diesem Tag. Eigentlich wollte sie mit ihren Freunden über den Weihnachtsmarkt schlendern. Ihre Eltern stimmten dem nun endlich zu. Doch war sie von der Lau her nicht zu einhundert Prozent bereit.
Auf dem Heimweg hatte sie sich mehrfach umgeschaut. Sie fühlte sich beobachtet und von dem Perversen von der Haltestelle verfolgt.
Die Schneeflocken schossen zu Boden und schmückten die Straßen. Wenige Passanten waren zu diesem Zeitpunkt auf den Gehwegen und Straßen unterwegs. Fehlende Zeugen, wenn ihr was passiert wäre. Das wusste das junge Mädchen.
Sie war verunsichert. In der gesamten Stadt sprach man seit mehreren Monaten nur noch von dem schwarzen Schleicher. Eine unbekannte Person, die

ihr Unwesen trieb. Frauen und junge Mädchen sind spurlos verschwunden.
Ihr Vater mahnte sie täglich, Obacht zu geben. Er hatte sich große Sorgen um sein kleines Mädchen gemacht. Sie war schon sehr erwachsen für ihr Alter, sah auch älter aus als dreizehn Jahre, was ihre Eltern leicht verunsichert hatte.
Den ganzen Weg über hatte sich das blonde Mädel den Kopf darüber zerbrochen, was der junge Mann an der Haltestelle vorgehabt haben könnte. Ohne Grund zeigt man einem Mädchen nicht so einfach die Umrisse seines Geschlechtsteils.
*War ich einem schrecklichen Verbrechen glücklicherweise entkommen?*
*Ist das womöglich ein Kinderschänder gewesen? Der Typ, von dem die ganze Stadt spricht?*
Am Telefon vernahm ihre Freundin ihr Laune.
»Hast du gut nach Hause gefunden, Jenny, und wann wollen wir uns mit den Jungs treffen?«
»Das glaubst du mir nicht, Sarah. Vorhin an der Haltestelle, da stand ein Typ, der mir seinen Schwanz gezeigt hat.«
»Quatsch, spinn nicht. War er hübsch?«
»Wer? Der Typ oder sein Teil?«
»Der Typ, Jenny.«
»Ja, er sah schon recht süß aus, aber der hatte voll die Narben im Gesicht.«
»Und wieso hat der dir seinen Penis gezeigt?«
»Ich weiß es nicht. Ich war nicht bereit dazu, ihn zu fragen. Es war auch nicht direkt sein Pimmel …«
»Hä, wie … denn nun jetzt?«
»Er hatte eine enge Hose an. Die war klitschnass vom Schneechaos. Da sah ich ihn. Er presste das

Ding regelrecht in meine Richtung ...«
Ein lautes Poltern unterbrach das Telefonat der beiden Freundinnen.
»… Warte mal, Sarah. Unten im Wohnzimmer holpert es. Ich melde mich gleich wieder.«
»Ja, ja, Jenny. Vielleicht ist es ja der Pimmel-Typ. Melde dich dann wieder.«
Zeitgleich hatte sich Michael Zugang ins Haus von Jennys Eltern verschafft, ohne dass diese etwas mitbekommen hatten. Das Poltern, selbstverständlich gewollt. Es war auch nicht schwer gewesen für ihn, das hübsche Mädchen von der Haltestelle ausfindig zu machen. Ihr Profil bei Instagram war für jeden zugänglich. Verlinkungen des Wohnortes ein Geschenk für ihn.
Unberührt von den Geräuschen, aber neugierig, rannte Jenny die Treppe herunter und übersprang beherzt die letzten beiden Stufen. Waren ihre Eltern nicht da, nutzte sie die Freiheit aus und tat das, worauf sie Lust hatte, was ihre Eltern ihr so oft verboten hatten.
Wiederholt schimpfte ihr Vater.
*Wenn du die Treppe runterkommst, denkt man, ein Pferd stünde gleich vor einem.*
Im Flur des Einfamilienhauses war nichts Auffälliges zu sehen. Jenny schaute sich um, rüttelte an der Eingangstür. Diese war verschlossen. Sie linste in jede Ecke und kontrollierte auch die Fenster, als das junge Mädchen im Augenwinkel einen Umriss im Wohnzimmer bemerkte, der blitzschnell von einer Seite zur nächsten huschte.
*MAMA! Seid ihr wieder zurück?*

Im gesamten Haus war es still. Für Jenny noch immer kein Grund zur Beunruhigung. Flippig und summend, wie fast jeden Tag, spazierte sie ins Wohnzimmer hinein, schaute sich um, suchte den Schatten. Nichts.
Sie sprang um die Ecke. *BOO*! Nichts zu sehen. Jenny zuckte mit den Schultern, blies die Wangen auf und streckte die Unterlippe hervor.
*Wer weiß, was das war!*
Nachdem sich die Schülerin vergewissert hatte, dass niemand im Haus war, schnappte sie sich ein Pingui aus dem Kühlschrank und rannte trampelnd die Treppe wieder zu ihrem Zimmer rauf. Dort warf sie sich nochmals auf das Bett, griff sich das Handy und schaltete YouTube ein.
Ihrer besten Freundin Sarah schrieb sie schnell eine WhatsApp. *Meld mich später bei dir!* Dann widmete sie sich wieder der Musik.
Während Jenny auf dem Bauch, mit Kopfrichtung zur Zimmertür, auf ihrem Bett lag, das flimmernde Display ihres Mobilfunktelefons nicht außer Acht ließ, nutzte Michael, der sich längst unter ihrem Bett versteckt hatte die Chance und robbte langsam unter dem Bett hervor.
Bedachtsam krallten sich seine knochigen, aber starken Finger am Rahmengestell des Bettes fest. Das blonde Mädchen starrte weiter unberührt von dem Geschehen und den knacksenden Lauten auf das Display ihres Handys. Die Kopfhörer steckten fest in ihren Ohren. Sie bekam von all dem nichts mit, was sich *nur* ein paar Zentimeter unter ihr abgespielt hatte.

Vorsichtig baute sich der nun hockende Eindringling vor dem Bett auf, er war komplett nackt, atmete tief ein und schlug mit einem wuchtigen Schwung mit der linken Hand auf das zerknautschte Kopfkissen des Mädchens. Erschrocken schmiss Jenny ihr Handy hinter sich und schrie kurz auf.
Michael stand unbehelligt von dem kreischenden Schrei vor Jenny, streckte sich und rieb sich die Hände.
»Na, so schnell sehen wir uns wieder!«
»Was willst du von mir? Wie kommst du hier in mein Zimmer …«
Jenny saß auf ihrem Bett, suchte nach einem waffenähnlichen Gegenstand. Dabei zitterte sie am ganzen Körper und wusste nicht wohin mit ihrer Angst. Sie fühlte sich in die Mangel genommen, eingeengt, wie eine Maus im Vogelspinnenterrarium.
»Was ich will? DICH!«
»Lass mich in Ruhe, du Arsch!«
»Keine Sorge, es wird schnell gehen.«
Das weinende, hübsche Ding auf dem Bett sitzend zu sehen, war eine wahre Freude für ihn. Er spielte mit ihr. Tat so, als würde er einfach gehen, doch dann sprang er sie wieder an und schlug nach ihr. Wieder und *wieder*. Bis sich die Kleine eingenässt hatte.
Zwei Mal verließ er tatsächlich ihr Zimmer, schloss die Tür hinter sich und trampelte, als würde er die Treppe hinunterrennen. Jenny sollte glauben, er wäre abgehauen. Michael wollte ihr jedoch nur ein paar Sekunden der Erleichterung schenken, bevor er ihre Seifenblase erneut zum Platzen brachte.

Er befahl dem Mädchen, sich nach dem Putzen frische Sachen anzuziehen. Mit den Feuchttüchern, die er im Badezimmer gefunden hatte, sollte sie sich den Intimbereich waschen. Es durfte nichts nach Urin stinken.
»Halt! Du drehst dich nicht um.«
»Ich schäme mich aber!«
»Schnauze. Zieh dich ganz langsam vor mir aus, wasch dich und dann ziehst du dir frische Klamotten über.«
Eingeschüchtert und die Angst im Nacken klebend, getötet zu werden, gab sie nach und zog sich vor dem nackten Fremden um. Er genoss den Moment und schoss zahlreiche
Fotos von dem hübschen Mädchen. Einmal mit ihrem Telefon und dann mit seinem eigenen Handy. Die Bilder, auf denen sie sich untenrum mit den Feuchttüchern reinigte, behielt er selbst. Die waren nur für ihn bestimmt.
Ihr Telefon hatte er natürlich einbehalten. Damit wollte er später ihren Instagram Account öffnen und in ihrem Namen die geschossenen Nacktfotos von ihr veröffentlichen. *Jenny ist aber auch ein kleines verrücktes Huhn.*
Genervt von ihrem dummen Getue, zog er sie an ihrem Zopf zu Boden und trat ihr zwei Mal in den Rücken. Jenny zappelte und schlug wild um sich. Das Mädchen schrie wie am Spieß. Es tat alles, dass der Fremdling von ihr abließ. Doch das tat er nicht.
Geladen und voller Zorn, griff er mit der rechten Hand nach ihrem Hals, drückte fest zu und zog das Mädchen zu sich hoch. Dabei trat das junge Ding dem Typen mit brachialer Gewalt in die Weichteile

und spuckte ihm ins Gesicht. *Das hast du jetzt nicht für umsonst gemacht, Schlampe!*
Michael zuckte kurz auf und drückte den Schmerz weg. *Mut hast du, Miststück!* Dann schmiss er das dünne Mädchen auf den gelben Teppichboden, zog sich langsam seine Kleidung wieder an und trat mit den schweren Schuhsohlen der Bauarbeiterschuhe abermals auf ihren Schädel ein. So lange, bis nur noch eine unkenntliche Pfütze aus Knochen, Gewebe, Gehirn und Blut zu sehen war.
*DU DUMME, DUMME SCHLAMPE!* Brüllte er immer wieder auf.
Außer sich vor Wut spuckte er dickflüssigen Speichel. Eigentlich hatte er mit ihr schlafen wollen. Es war keine Erfüllung für ihn, sie tot vor sich liegen zu haben. Im Gegenteil. Michael kochte innerlich. Er hasste sich, war zornig auf den Kontrollverlust.
Mit der aggressiven Gegenwehr hatte er nicht gerechnet. Michael war zwar sauer, doch zugleich auch etwas entzückt über den Lebenswillen der Kleinen. Doch nun war sie nicht mehr unter den Lebenden. Alles war so rasend schnell vorbei gewesen.
Die größer werdende Blutlache vor ihm verteilte sich eilig und zog in den unter dem Teppich versteckten Dielenboden ein. Die Gliedmaßen des jungen Dings zuckten noch ein paar Mal kurz auf, bis letztlich die liebliche Ruhe wieder eingekehrt war.
Den Sex ließ er sich allerdings nicht nehmen.
Nachdem er mit dem noch warmen Körper fertig war, begann die Putzaktion. Auf diese hatte er sich besonders gefreut.
Suchend schnappte er sich die in verschiedene

Ecken geploppten Augäpfel, schnitt noch schnell mit seinem Taschenmesser die Brustwarzen des Mädchens säuberlich ab und steckte seine Errungenschaften in eine Plastiktüte.
Zum Schluss durchwühlte er eifrig ihre Unterwäschen-Schublade, behielt sich zwei Slips ein und klaute ihr Tagebuch. Dann noch einmal genau umgeschaut, ob auch alle Beweise, die auf ihn zurückzuführen gewesen wären, säuberlich bereinigt waren, bevor er ungesehen in der Schwärze des Abends still und heimlich verschwand.

# 17.

»Heute ging wirklich alles schief, was nur schiefgehen kann! Ich könnte so ausrasten. Diese dummen Fot…«

Michael lag auf der schwarz-bräunlichen Chesterfield-Ledercouch, blickte leer an die Decke des Zimmers und wünschte dem Therapeuten, der vor ihm saß, aber auch sich selbst zeitgleich den Tod. Er war sauer und erbost. *Diese Schlampe.*

Der Sommer zeigte sich an diesem Tag mal wieder von seiner besten Seite. Sein Gemütszustand veränderte sich von einer Sekunde auf die nächste. Gerade hätte er noch Galle spucken können, sein Gesicht war total verkrampft gewesen, und nun entspannte er sich. Mit einem diabolischen Grinsen, welches jeden einzelnen Muskel seiner Ober- und Unterlippe beanspruchte, musterte er den Therapeuten akribisch.

Wortlos und leer. Das gewünschte Ableben des Quacksalbers erfreute ihn. Er sah sich schon auf dessen Grab pinkeln. Mal war er gerne mit ihm in einem Raum; und dann gab es Sitzungen, wo er ihm am liebsten die Zunge herausgerissen und sie diesem Aushilfsdoktor rektal eingeführt hätte.

Seine Blicke ließen nicht von dem Therapeuten ab. Erst als er bemerkte, dass dieser durch den starren Augenkontakt seines Patienten leicht in Panik ver-

fiel, erst dann richtete Michael sein Augenmerk erneut auf die Therapiestunde. Schließlich hatte er viel zu erzählen.
»O. k.! Was ist passiert, Michael?«
»Tja, Doc, wie soll ich sagen? Die dumme Schlampe hatte fünf Minuten vor der Angst unser Treffen auf dem Parkplatz abgesagt. Irgendwie hätte sie Stress auf Arbeit oder so.«
»Und das glaubten Sie der Dame nicht?«
»Keine Ahnung. Mich nervt das nur irgendwie.«
Zappelig wackelte Michael mit beiden Beinen hin und her. Für den Therapeuten war das neu mit anzusehen. Eigentlich war sein Patient bisher ruhig und besonnen gewesen.
»Sie wissen aber, dass das falsch ist, was Sie *hier* machen?«
»Doc, willst du mir schon wieder mit deinem Moralscheiß auf die Eier gehen? Du wirst von mir bezahlt, damit du zuhörst. Mehr sollst du nicht machen, Vati.«
»Ich höre genau zu. Ich möchte Ihnen doch
nur helfen, Michael!«
Der Therapeut geriet zunehmend in Panik. Die letzte Nacht hatte er sich um die Ohren geschlagen. Er wusste nicht, ob er die Polizei ins Boot holen sollte, und wenn ja, ob seine Familie dadurch eventuell in Gefahr geraten würde. Hatte er doch wahnsinnige Angst um seine Frau und um sein Kind.
»Kümmern Sie sich um ihre Tochter und um deine Frau, Doc. Ich habe dir gesagt, was passiert, wenn du`s Maul aufmachst.«
»Ja, keine Sorge. Ich habe Ihre Drohung verstanden. Ich möchte Ihnen wie gesagt nur helfen und Sie

verstehen.«
»Dann ist ja gut, Doc. Sie sind doch eigentlich ganz clever!«
»Michael, können wir uns auf das Sie oder Du einigen. Ich persönlich finde es nicht schön, wenn Sie mich duzen und dann mal wieder siezen.«
»Doc, halt einfach die Fresse und höre mir zu!«
»Weißt du, ich für meinen Teil bin sehr zufrieden damit, wie sich das zwischen uns so entwickelt hat. Sie schreiben Ihr Buch und ich kann mir sämtlichen Scheiß von der Seele quatschen. Du bist kein scheiß Priester oder so.«
»Michael, darüber wollte ich mit Ihnen reden. Ich möchte kein Buch mehr schreiben. Ich war eingeschüchtert und zugleich von möglichem Ruhm angetan und von Bekanntheit. Jedoch läuft unsere Zusammenarbeit mehr und *mehr* aus dem Ruder.«
»Na, na, na … du willst doch jetzt wohl nicht abspringen. Dafür ist es zu spät, das kann ich dir gleich sagen, Doc.«
»Ich kann das aber nicht mehr. Anfangs dachte ich nur an meinen Roman und daran, dass Ihre Geschichte vielleicht sogar meine werden kann.«
»Wir hatten aber einen Deal! Vergiss das nicht, du Gedanken-Fritze.«
»Das weiß ich. Mir ist nur einfach recht unwohl dabei.«
»Das hättest du dir aber viel früher überlegen müssen. Warum seid ihr alle nur so geil auf die Aufmerksamkeit anderer, die euch möglicherweise berühmt machen kann, obwohl ihr Kinder und Partner habt, die eigentlich die ganze Aufmerksamkeit bekommen sollten? Noch dazu wisst ihr nicht, ob die

Bekanntheit steigt und euch zum Star macht!«
Michael verstand die Welt nicht mehr. Er war drauf und dran, etwas zu zerschlagen. Eine bösartige Wut manifestierte sich in seiner Brust. Die Gedanken wurden ekelhafter und die Sinne schärfer.
»Wissen Sie, Doc, manchmal wünschte ich mir, dass ich ein zweiter Hitler wäre. Aber kein dummer Rassist. Hitler war ein Arschloch mit einem kleinen Pimmel. Ich will nur Macht haben und Menschen besitzen und denen die Dummheit austreiben. Verstehen Sie?«
Es war ruhig in dem Zimmer. Michael war der Alleinunterhalter.
»Verstehen Sie mich nicht falsch. Ich will nicht töten, doch machen es mir die Frauen, die so unachtsam im Netz sind oder sich halb nackt präsentieren oder so dämlich sind, wie unsere Nichtsnutze aus der Politik, echt nicht leicht … Ich meine, würden Sie Bilder von sich oder Ihren Kindern oder deiner Ollen im Netz veröffentlichen, sodass jeder weiß, wer du bist, wo du lebst, was du so treibst?«
»Nein, das würde ich nicht. Über die Politik lässt sich auch streiten. Aber wir alle haben das schon einmal bewusst oder auch unbewusst gemacht. Etwas veröffentlich oder komisches Zeug erzählt.«
»Ich nicht, Doc. Ich achte immer darauf, dass man auf meinen Fotos nichts sieht, was auf mich oder den aktuellen Aufenthaltsort hinweisen könnte. Ich quatsche auch nicht blöd daher. Ich achte auf die kleinen Details. Bin ja auch dankbar, dass es so viele Frauen gibt, die unachtsam sind. Aus welchen Gründen auch immer.«

»Dann müssen Sie einfach ruhiger werden, Michael!«
»Genau. Und dann kommst du mit deiner ach so beschissenen Familie daher …«

# 18.

Anke saß auf dem Balkon, noch immer trug sie das hauchdünne Nachthemdchen mit den kleinen Blumenmustern drauf und genoss die warmen Sonnenstrahlen auf ihrer Haut. Freudig schaute sie rauf zu dem Brennball, schloss die Augen und saugte die positive Energie auf. *Ich liebe den Sommer.*
Jeder einzelne Strahl kitzelte ihren von Gänsehaut überzogenen Körper. Anke freute sich über die Wärme. Für sie gab es keine bessere und angenehmere Jahreszeit, als die warmen Monate.
Bei einer Tasse Kaffee spulte die Vierundvierzigjährige das Vergangene zurück und ließ ihre gerollte Zunge immer wieder hinter den oberen Zähnen herausschnipsen. Leises Gestammel verließ dabei ihren Mund. Unwichtiges Gedankengut.
Wenn sie nachdenken musste oder etwas sie beschäftigte, spielte sie mit der Zunge oder knaupelte solange am Nagelbett der Daumen herum, bis der blutige Schmerz unerträglich wurde. Seit Jahren litt sie unter dieser schlechten Angewohnheit.
Es war schon weit nach zehn Uhr am Morgen. Die Straßengeräusche tobten laut und der liebliche Blumenduft schlängelte um ihr kleines Stupsnäschen. Aber auch der Wohlgeruch von heiß aufgebrühtem Kaffee erweckte ihre Sinne. Die Vögel zwitscherten um die Wette und pfiffen abwechselnd im Chor.
Anke mochte die natürliche Ruhe vor Beginn der

Arbeit. Alltagsstress und Gemaule der abgehetzten Leute, die die Stadt unsicher gemacht hatten, durften noch fernbleiben. Auch die pflegebedürftigen Bewohner und lästigen Arbeitskolleginnen.
Sie sehnte sich innerlich nach einer kleinen und verlassenen Insel, auf der nur sie, ein gutes Buch und ein Glas Rotwein ein neues Zuhause fänden. Fernab von den täglichen Gestalten und Patienten. Anke stieg der Stress bis über beide Ohren.
Keine nervige Chefetage. Keine belanglosen Männergeschichten *mehr*. Nur sie und die liebliche Stille. Über einen Besuch ihrer besten Freundin, darüber ließ sich noch streiten.
Ihr größter Wunsch war es, im Leben endlich anzukommen. Ihr fehlte Nähe und ehrliche Treue. Ein Mann, den sie lieben könnte, mit dem sie vielleicht sogar ein paar Kinder haben würde, die Harmonie genießend.
Freche Sprösslinge, die durch die Wohnung rennen und eine Tochter, der sie die Haare flechten und sie einkleiden könnte.
Natürlich hatte Anke Gefallen am Daten gefunden. Hier eine schnelle Nummer und da ein netter Abend im Restaurant, mit einem attraktiven und lustigen Typen; im besten Fall. Doch ganz tief in ihrem Herzen, weit vergraben, schlummerte eine weiche, nach Liebe suchende Version ihrer Selbst.
Unten vor dem Haus, auf der belebten Straße, herrschte auf einmal wildes Gedränge und Gehupe. Menschen unterhielten sich lautstark und zückten ihre Telefone.
An der Saale, direkt am Ufer, trafen sich Hunde-

freunde mit ihren bellenden und spielenden Vierbeinern. Hobbyfischer waren bereit, ihre Angeln auszuwerfen und Jogger rannten um die Wette, als gäbe es kein Morgen mehr.
Doch an diesem Morgen war etwas anders. Neben dem Saaleufer, auf dem von unzähligen Füßen blattgedrückten Wanderweg, fuhren jeden Morgen Radfahrer entlang. Doch nicht zu dieser Stunde.
Blaulicht und Sirenen erhellten die morgendliche Schönheit. Eine Absperrung schickte die Radler wieder weg. Ein wilder Redeschwall stieg empor.
Neugierig blickte Anke zum Ufer rüber und wunderte sich über den Polizeieinsatz an der Brücke. Dort, im dichten Gestrüpp, haben zwei Spaziergänger eine leblose Person gefunden. Es war eine junge Frau mit schwarzen Haaren, vielleicht achtzehn oder neunzehn Jahre jung. Die Passanten auf dem Gehweg verbreiteten schneller als ein Lauffeuer die Nachricht.
Das Opfer lag mit dem Bauch auf dem Rasen, das Gesicht in den feuchten Erdboden gedrückt. Man hatte der Unbekannten eine dreckige Socke in den Mund gesteckt und ihre Tattoos mit einem Messer unkenntlich zerkratzt.
Entkleidet bis auf ein T-Shirt und einer fünfzig Zentimeter großen Feder auf ihrem Po. Weggeworfen wie einen alten abgenutzten Teppich. Die neugierigen Gaffer telefonierten mit Bekannten, die sich zur gleichen Zeit am anderen Ufer befanden, dem Geschehen so nah.
Ankes Nachbarin hielt nicht lange hinter dem Berg und erzählte jedem, der es wissen wollte, was geschehen war. Ihr lautes Organ kletterte bis zu Anke

hinauf. Sie verstand nicht alles, doch reichte ihr das aus, was sie hörte, um zu verstehen, was sich gerade abgespielt hatte.
Diese alte Schachtel war anstrengend, doch ein wahrer Gewinn, wenn es um das Tratschen ging. Meldung vom Unfallort oder einem Tatort. Sie war sehr neugierig und geschwätzig; wusste über alles und jeden Bescheid.
Gerne hatte Anke während der Sommertage leichtbekleidet auf dem Balkon die Freizeit genossen. Trank ihren heißgeliebten Kaffee, schaute ab und zu über die von der Sonne angefunkelte Wasseroberfläche der Saale und scrollte das Internet nach dem neusten Tratsch und Klatsch durch.
Mit dem schrecklichen Fund an der Saale und dem schlechten Gewissen ihrer Freundin Frederike gegenüber, da sie sich seit dem vorherigen Abend nicht mehr bei ihr gemeldet hatte, machte sich Anke schließlich an die Arbeit. Ihre Freundin sollte nicht zu kurz kommen.
Mit aufmunternden geschriebenen Textnachrichten versuchte sie, ihre Fredi zu beruhigen. Anke war klar, dass ihre Freundin noch immer durch den Wind war, auf dem Parkplatz sich erneut zurück in ihr Schneckenhaus zurückziehen könnte, was sie natürlich nicht förderlich fand, auch nicht wollte.
War sie es doch, die ihr die Dating-App empfahl. Und Anke war glücklich darüber, dass Frederike einen Mann kennengelernt hatte. Nur ahnte keiner der Beteiligten, dass das erste Treffen nach all den Jahren des Zurückziehens ein Desaster werden würde.
Frederike befand sich auf einem guten Weg, und Anke hatte sich in den letzten zwei Jahren mehrere

Beine für ihre Freundin ausgerissen; nur, um ihr beizustehen. Das durfte nicht für die Katz gewesen sein.
Eine leichte Sommerbrise fegte erneut über die Dächer der Stadt und streifte Ankes Arme leicht. *Schnell etwas durchatmen.*
Nachdenklich schaute Anke über die Saale. Die Sirenen der Rettungswägen und die der Einsatzfahrzeuge der Polizei heulten laut durch die Stadt. Schaulustige belagerten noch immer den Platz rings um die Brücke am Ufer der Saale.
Am abgeriegelten Fundort selbst herrschte noch wilderes Gerangel. Nach der Entdeckung der Frauenleiche war der Ort weiträumig abgesperrt worden. Kriminalpolizisten sicherten Spuren, und die Streifenbeamten versuchten, die vielen Indiskreten zu verscheuchen.
In Gedanken verloren, bekam Anke nichts von alldem mit. Sie blickte in die Richtung, doch war sie ganz bei Frederike und hypnotisiert von der weichen Wasseroberfläche.
Der Überfall auf Frederike war für alle Beteiligten keine angenehme Situation *gewesen.* Die letzten beiden Jahre verbrachte Frederike mehr Zeit auf der Couch des Therapeuten, als Anke auf Arbeit war. Die Freundschaft wuchs dichter zusammen, was schon aus moralischer Sicht unausweichlich war.
Natürlich hatte Anke volles Verständnis für ihre Freundin, half sie ihr doch durch diese dunklen Zeiten. Doch wollte sie wieder mit ihrer langjährigen Kumpeline lachen und glückliche Momente verbringen, durch die Lokale streifen und feiern. Auch ihr setzte der Vorfall zu. Körperlich wie seelisch.

Fredi, du musst dich nicht von der
App löschen. Da gibt es wirklich gute Männer.
Glaube mir. Und
wegen Freitag, wir werden es dem Arschloch bitterlich heimzahlen.
Versprochen. Knutsch dich.

Die letzte Nachricht war getippt und an Frederike gesendet worden, als es unverhofft an Ankes Tür laut hämmerte. Wie aus heiterem Himmel knallte und klopfte es. Das Pochen war ohrenbetäubend. Erschrocken von dem dumpfen, gewaltigen Ballern gegen die Tür, zuckte sie kurz zusammen.
*Ja, Ja! Ich komme ja schon!*
Wütend und sich wieder fangend, stampfte Anke zur Wohnungstür hin und öffnete diese zögerlich. Vor ihr stand ein aufgebrachter Mann, der mit blutunterlaufenen Augen und knallrotem Kopf vor ihr in dem dunklen Treppenhausflur stand.
»Willst du mich verarschen, Anke?«
»Beruhig dich. Nur kein Stress! Komm bitte erst einmal rein und unterhalte nicht das Treppenhaus.«
»Doch, ich mache Stress, Anke. Ist dir klar, was das jetzt für mich heißt? Arbeit, Arbeit und noch mehr Arbeit.«
»Und? Denkst du ernsthaft, dass du hier der Einzige bist, der zurückstecken und vor Arbeit kein Auge mehr zubekommt?«
»Das ist mir schnuppe, Anke. Ich bin hier nicht der scheiß Weihnachtsmann, der alle Wünsche annimmt. Regel das, ansonsten wird es dunkel werden für dich!«

Getroffen von den mahnenden Worten ihres aufgebrachten Kollegen, ließ sich Anke im Wohnzimmer auf die Couch plumpsen und atmete erst einmal durch. Der Typ war längst wieder verschwunden. Sie war wütend auf sich, aber auch auf die anderen. Anke zitterte am ganzen Leib.
Mit abgrundtief aufbrausender Wut im Bauch fraß sie das Nagelbett ihres linken Daumens blutig. Anke platzte die Hutschnur, und der Adrenalinstoß ließ sie fast ohnmächtig werden.
Vor Nervosität zappelte sie mit den angewinkelten Beinen wild herum. Sie raufte sich die Haare und schrie laut in das Couchkissen.
Von der morgendlichen Idylle, fernab von dem Leichenfund, der nur knapp dreihundert Meter entfernt für Chaos auf den Straßen gesorgt hatte, war keine Spur mehr. Stress, Panik und Angst vor dem Ungewissen breiteten sich wie ein Gewitter über Anke aus.
Eigentlich waren beide seit Jahren gut befreundet. Anke hatte immer einen guten Draht zu ihrem Kollegen gehabt. Doch erlebte sie nun zum ersten Mal Unbehagen und spürte seine Kälte.
Ihr guter Freund konnte laut werden, das wusste Anke. Es gab auch Tage, wo sich die zwei nicht sahen. Kontakt blieb jedoch nicht völlig weg. Doch war sie schockiert darüber, wie er sich im Treppenhaus ihr gegenüber verhielt.
Er war zeitweilig schwer beschäftigt, bis spät in die Nacht hinein unterwegs. Doch so aufgebracht wie an jenem Morgen hatte sie ihn noch nie erlebt.
Die Angst vor den Konsequenzen stieg ins Unermessliche.

# 19.

Als Polizist verkleidet, stand er zu früher Nachtstunde auf den verlassenen Nebenstraßen, die an der Heide vorbeigeführt hatten und hielt ein Auto nach dem anderen an. Allerdings nur auserwählte Autos, bis es gepasst hatte und er mit der Beute einverstanden war.

Er war gerissen und zog seine Show ab. Nicht wahllos hatte er sich den Autos genähert, wusste er doch schon im Vorfeld, welche Frauen wann Feierabend hatten und wo sie entlangfuhren. Bestimmte Frauen. Zweckgerichtete Opfer.

Im Internet flirtete er gezielt mit Damen aus der Pflegebranche. Diese arbeiteten meist in einem 3-Schicht-System, was ihm nur zugutekam. Er selbst kannte sich bestens in diesem Beruf aus.

Michael trug an diesem Abend eine schwarze Hose, Sicherheitsstiefel, ein bläuliches Hemd und die geklaute Polizeiweste, die er sorgfältig bei sich in der Wohnung aufbewahrt hatte. Eine Taschenlampe, wie sie die Polizei nutzte, fand er schnell im Internet. Die Waffe war sein ständiger Begleiter, er nutzte sie aber nie. Die Pistole sollte das Ganze lediglich abrunden.

Im seichten Schein der schwach leuchtenden Straßenlaternen machte er sich mit winkenden Handbewegungen bei den heranfahrenden Autofahrerinnen bemerkbar. Natürlich wusste er ganz genau, welche

seiner Chatpartnerinnen, mit welchem Auto unterwegs war. Nichts überließ er dem Zufall.
Seine Masche war einfach. Er spielte den Damen den feierabendfreudigen Polizisten, der mit seinem Privatwagen eine Panne hatte, vor. Liegengeblieben in der Dunkelheit. Freundlich und herzig, was den Frauen imponierte.
Das Handy war selbstverständlich auf dem Revier vergessen worden, wie er den heimfahrenden Damen sympathisch wirkend erklärt hatte.
»Hi! Könnten Sie mir helfen? Ich bin auf dem Heimweg und das Auto hatte leider den Geist aufgegeben.«
»Hallo, ja, klar. Soll ich den Pannendienst rufen?«
»Nicht nötig, gute Frau. Wenn Sie mit ihrer Handytaschenlampe einfach nur mal eben in den Motorraum leuchten könnten. Zwei Taschenlampen sehen mehr als nur eine.«
Es war immer dieselbe täuschende List, und keine der Frauen hatte gemerkt, in was für eine fadenscheinige Verschleierung sie getappt waren. Seine Worte gingen runter wie Öl. Er wirkte charmant, bedacht und sehr freundlich.
Michael stellte sich clever an. Oft kam es *auch* vor, dass er die Auserwählten von sicherer Entfernung aus auf ihren Arbeitsstellen beobachtet hatte. Krankenhäuser waren seine Lieblingsorte. Sie hatten einen viel größeren Parkplatz als die kleinen Parkgelände vor den Alten-Pflegeheimen.
Ebenso war ihm bekannt, auf welchen Stationen seine Verehrten arbeiteten, wann sie Pause oder Feierabend hatten. Der junge Mann war wie ein Schat-

ten, den keiner bemerkte. Unsichtbar und schauerlich. Und stand eine dieser Ahnungslosen dann einmal vor seinem Auto und leuchtete den Motorraum des vermeintlichen Liegengebliebenen hell aus, schlug er erbarmungslos zu.
Mit einem in Chloroform getauchten Tuch betäubte er seine Opfer. Manchmal schlug er ihnen aber auch mit einer alten Rohrzange gezielt in den Nacken. Danach folgten die Verschleppung und die körperlichen Übergriffe. Reine Übungssache.
Anfangs war er ungeübt, drosch irgendwie mit der Zange auf die Opfer ein. Er wollte sie aber nicht töten. Zumindest nicht gleich. Was natürlich manchmal in die Hose ging, weshalb er viel und intensiv trainiert hatte.
Mit dem Messer kam er nicht zurecht. Damit hatte er schlechte Erfahrungen gesammelt. So leicht wie es in den Horrorfilmen aussah, war es gar nicht. Hatte er die Arterien erwischt, floss das viele Blut in Strömen. Solche Missgeschicke zürnten ihn.
In seiner Lieblingskneipe guckte er sich einen älteren Mann aus, den er mit zu sich nach Hause nahm. Er nutzte den Zustand des Alten aus und lockte die arme Seele mit ein paar Geldscheinen zu sich, wo er dann erbarmungslos über den kleinen Mann herfiel.
»Setz dich. Setz dich.«
»Isch … ich, säätz misch jetzt«
»Ja, hock dich hin. Ich hol den Schnaps!«
Michael spazierte pfeifend in die Küche und öffnete den Kühlschrank. Doch er griff nicht zu der Flasche. Der Altenpfleger blieb leicht vorgebeugt, die rechte Hand stützte sich auf der offenen Kühlschranktür ab, vor dem Kühlschrank stehend und erblickte im

Augenwinkel den Besen neben der Balkontür. Zielsicher schmiss er die gelbe Kühlschranktür zu, schnappte sich den hölzernen Besenstiel und schlug diesen dem Alten ohne Vorwarnung dreimal schnell hintereinander mitten ins Gesicht.
Beim Anblick der klaffenden Wunden ging ihm fast einer ab. Der alte Mann lag bewusstlos auf dem Boden und keuchte leise. Mehrere Zähne waren ihm ausgeschlagen worden. Die Unterlippe war komplett aufgerissen und der linke Augapfel hing aus seiner Höhle quellend leicht nach unten. Das Jochbein war vollkommen zertrümmert.
Michael schrie den Fremden an und trat nach ihm. Im Rausch zottelte er sein Opfer in den Flur, wo er es auf den Bauch drehte. Schnell zog er dem kleinen Opi die Hose runter und vergewaltigte den Bewusstlosen mit dem zerbrochenen Besenstiel, bis dieser letztlich an den inneren Verletzungen verblutete.
Geübt und abgestumpft ging er mittlerweile nach Jahren des Beutezugs sicherer auf seine Opfer zu. Manches Mal war ihm aber doch bei dem Anblick der zusammengebrochenen Frauen schlecht geworden. Was er aber schnell abstellen konnte. Mit einem Messer wollte er erst einmal keiner mehr das Licht ausknipsen. Zu leicht sah es in den Snuff-Filmen aus.
Wenn Michael die Opfer nicht in eines seiner vielen Verstecke verschleppt hatte, gab er ihnen die Möglichkeit der Flucht. Er liebte das Katz-und-Maus-Spiel mit seinen Errungenschaften. Dann verflog auch die Wut.
Er wollte den Frauen die Gelegenheit geben, über ihre Vergehen nachzudenken. Michael war kein

Monster. Doch schlug er gnadenlos zu, wenn sich die Frauen entweder quer gestellt oder keine Ahnung hatten, weshalb er sich ausgerechnet für sie entschieden hatte.
Beim Katz-und-Maus-Spiel veränderte sich seine Disposition. Die Frauen rannten um ihr Leben, stolperten über Stock und Stein, durchlebten die Hölle von Hoffnung und Verzweiflung. Michael genoss den Zustand und spazierte lachend durch das Dickicht, den Frauen hinterher. Schließlich konnten sie ihm nicht entkommen.
War er vor Ort mit ihnen fertig, dabei erfreute er sich an den Gesichtern der Frauen, die ihn anstarrten, jammerten und sich krampfhaft am Leben festhielten, vergrub er sie unter Gehölz und Laub. Ein Loch buddelte er nicht. Dafür war er sich zu fein. Das hatten sie auch nicht verdient.
Doch so kaltblütig die Taten, so liebevoll waren die Beerdigungen, wie Michael das Verstecken der Leichen nannte. Jedes Blatt und jeder Ast musste nach seinen Vorstellungen drapiert werden. Schon fast kunstvoll waren die einzelnen Blätter in Falten gelegt worden. Chaos mochte er nicht leiden.
In Gedanken sprach er noch ein paar nette Worte zu den Opfern. Manchmal hatte er Redebedarf. Es kam auch vor, dass er über dem sporadisch angefertigten Grab stand und darauf urinierte, auch masturbierte. Einigen der Leichen hatte er post mortem die Arme und Beine hinter den Rücken gebunden und sich an ihnen vergangen. Andere wurden mit einem Hammer bis zur Unkenntlichkeit zerteilt. Der Hammer war sein liebstes Werkzeug. Wichtig war ihm nur das kunstvolle angelegte Grab.

Michael warf die abgetrennten Gliedmaßen und andere Körperteile, die er nicht behalten wollte, ohne Plan wahllos in den Wald.
Wildschweine, Füchse und Co. waren treue Gehilfen.
Nur die für ihn wichtigen Erinnerungsstücke, wie Brüste, Schamlippen oder Fußnägel, nahm er mit zu sich nach Hause. Er spielte aber auch gerne mit den toten Frauen. Michael befingerte die Opfer und hauchte den Frauen kurzzeitig wieder Leben ein.

# 20.

Michael war genervt von Frederikes plötzlicher Absage. Noch dazu per Text-Nachricht. Unpersönlicher ging es in seinen Augen nicht. Der Therapeut quatschte für sein Ermessen ebenso *nur* dummes Zeug.
Die ganzen Bla-Blas gingen dem Pfleger auf den Sack. Die Sitzungen wurden für ihn immer unerträglicher und er fühlte sich zunehmend eingeengter. Abseits von dem Gesülze löste er sich gedanklich von den Gefühlsfesseln und brach dem Therapeuten das dumme Genick.
Er wollte sich über die Abwesenheit seiner Chatpartnerin auslassen, einfach mal meckern und die Wut versprühen, und durfte sich im Gegenzug moralische NEIN-NEIN-NEINs anhören.
Sicherlich, Michael wusste von ihrer Arbeit, konnte sich auch vorstellen, dass Frederike dort mal spontan einspringen musste, doch nervte es ihn, dass sie einfach nicht erschienen war.
*Es ist ja nicht so, dass die dumme Schlampe ein oder zwei Stunden vorher abgesagt hatte. Nee, lieber fünf Minuten vor der Angst mit einer Ausrede um die Ecke kommen!*
Wutentbrannt steuerte der Versetzte nach der langweiligen Therapiestunde seine Lieblingskneipe „Zum Eck“ an und versank in den zahlenreichen Biergläsern, deren Inhalte nur dafür sorgte, dass er

nicht mehr klar bei der Sache war. Den ganzen Alltagsmüll vergessend.
In seinem Kopf hatte sich Michael der Frau und dem Kind des Therapeuten längst genähert. Er wollte beiden etwas Schlimmes antun. Aus Spaß. Einfach so. *Doch noch nicht jetzt!*
Er war auch nicht das erste Mal heimlich in dessen Wohnung gewesen. Michael kannte sich bestens aus in den fremden Räumlichkeiten. Der Therapeut bewies einen wohnlichen Dekorationsgeschmack.
Bevor sich der verrückte Schönling für eine Therapie und gegen diese lästigen Stimmen in seinem Kopf entschieden hatte, schlich er heimlich durch die Wohnung vom Doc.
Die Therapeutin, die eigentlich auf seiner Liste stand, passte vom Einrichtungsstil ihres kleinen Häuschens nicht so ganz in sein Muster, weshalb er sich für ihn und gegen sie entschied.
Tage zuvor besuchte er ihre Praxis auf dem Marktplatz, stellte sich als Robin vor und log, dass sich die Balken bogen. Stimmen im Kopf.
Panikattacken, Angst vor Menschen panische Ängste vor nackten Frauen.
Michael war alles recht, nur, um einen begehrten Platz bei ihr in der Praxis zu erhaschen. Dafür hätte der Pfleger auch getötet.
Frau Mohr war sehr beliebt, trat des Öfteren im Fernsehen auf. Sprach in Talk Shows über Verhaltensstörungen und klaren Mustern bei Inhaftierten. Ihre Bücher waren Bestseller. Die Ärztin war landesweit dafür bekannt, kein psychologisches Gutachten zu erstellen, wenn es der Inhaftierte oder die Inhaftierte nicht wirklich ernst gemeint hatte. Auch

sprach sie von der Intelligenz der einzelnen Insassen.
Eine diabolische Intelligenz, die man nicht unterschätzen dürfe.
Mögen die Insassen noch so dumm gewesen sein, die Taten grausam oder *belanglos*, hätten sie jedoch alle eines gemeinsam: Beachtliche Klugheit bei dem Versuch, einem Psychologen die Tasche voll zu lügen, schauspielerisches Talent, fast bühnen- oder Oscarreif, nur, um vorzeitig die Zelle gegen das freie Leben eintauschen zu können.
Die Praxis gefiel ihm, auch das menschliche Auftreten von Frau Mohr. Wäre da nur nicht ihre ökoangehauchte Einstellung, die man in ihrem ganzen Haus sah und die überbordend präsent war.
Ihr Haus hatte nichts mit ihrer Praxis zu tun, doch das konnte er nicht trennen. Es störte ihn. Und dabei blieb er auch.
Lange hielt er es nicht in den fremden Zimmern aus. Er hatte für Chaos gesorgt und wütete wie ein Tornado durch Mohrs Haus. Die Wut über ihren Hippie-Stil war teils unerträglich für Michael.
Ihr nahe zu sein oder ähnliches, lag mittlerweile ebenso in weiter Ferne. Ihn ekelte es bei dem Gedanken, eine Öko-Sandalette nackt sehen zu müssen. Sie zu foltern war auch keine Option für ihn. Er war zorngeladen, doch gewann die Abscheu vor dieser Frau. *Glück für die Schachtel.*
Die zweite Praxis vom Herrn Schmidt sagte Michael zu. Für diesen Therapeuten hatte er sich schnell entschieden, weil einfach alles gestimmt hatte. Auch das Zuhause.
Bei der Familie angekommen, schlich er sich in die

einhundertvierzig Quadratmeter große Wohnung, roch an den Klamotten der Fremden. Spielte mit dem Spielzeug der kleinen Paulina und verschaffte sich einen Eindruck darüber, wer hier sein Leben verbrachte.
Doch nichts war für Michael aufregender, als im Keller der Familie, hinter der massiven Werkbank, die aus den 50er Jahren stammte, auf die späte Stunde zu lauern. Denn erst dann konnte er seinen Neigungen Folge leisten.
Im Schutze der Dunkelheit, zwischen Farbeimern und alten Autoreifen. Der Schlüssel zur Wohnung war längst nachgemacht.
Des Nachts vor dem Ehebett zu stehen, die Schlafenden zu beobachten und anzufassen, war ein Kick für den Altenpfleger. Er musterte seinen zukünftigen Therapeuten genau. Er wollte alle Eigenheiten einfangen. *Im Schlaf sind sie so hilflos.*
Nur allzu gerne beobachtete der Einbrecher die ruhenden Bewohner, und manchmal kam es vor, dass der Fremde den schlummernden Frauen zwischen die Beine fasste. Auch bei der Frau des zukünftigen Therapeuten. Obwohl sie nicht ganz seinen Vorstellung entsprach.
Der Nervenkitzel, wenn die Schlafende durch die Berührungen erschrak und ihm direkt in die Augen blickte, unbezahlbar. In solchen Momenten konnte er selbst über eine hässliche Frau hinwegschauen.
Das unwissende Kind in seinem Bettchen war weniger spannend für Michael. Es schlief sehr ruhig und nuckelte noch am Daumen. Doch wenn sich die kleine Paulina im Schlaf aufgedeckt hatte, Michael

in genau diesem Moment zugegen war, dann passierte etwas Bizarres in ihm.
Er mochte diese unbeholfene Art, die das Kind an den Tag gelegt hatte. Die Kleine war unschuldig und jung. Eine Seele, die leichtgläubig und manipulierbar durch das Leben tapste. Ein hilfebedürftiges Kind, welches sich nicht wehren konnte.
Michaels Ziel war es, Chaos in die Familie zu bringen. Er hasste das Glück, welches über den Köpfen der Schmidts schwebte und in Form von gestellten Bildern an den Wänden zu sehen war.
Sein Hass auf glückliche Menschen hatte nichts damit zu tun, dass Michael keine Liebe erfahren hätte in seinem Leben. Er wusste einfach nichts mit den Gefühlen, die in seiner Brust steckten, anzufangen.
In den Nächten, in denen er durch die Räumlichkeiten der Familie Schmidt schlich, versteckte er wichtige Rechnungen, löschte Nummern aus den Telefonen des Therapeuten- Ehepaars oder sprühte sich mit dem teuren Parfüm des Therapeuten ein. Das hingegen imponierte Michael. Denn auch er wusste ein gutes Parfüm zu schätzen.
Mit einem Lächeln auf den nach Zigarettenqualm riechenden Lippen, wühlte er in der Kinderwäsche herum, warf einzelne Kleidungsstücke zu Boden und verschwand wieder in die schützende Dunkelheit.
Das viele Geld auf den Konten der Familie hatte ihn nicht interessiert. Mit Geld konnte er nichts anfangen. Dennoch hatte sich Michael über die gehackten Konten der Schmidts ab und zu etwas an eine Poststation schicken lassen. Aber nicht etwa, weil er etwas gebraucht hätte.

Die Hoffnung lag in einem Ehestreit.
War dem Irren so richtig langweilig, bestellte er über das Konto von Frau Schmidt im Namen ihres Mannes dutzende Rosen an wahllos ausgesuchte Adressen.
Michael wollte Stunk in das Liebesglück bringen. Die Frau des Therapeuten sollte glauben, dass ihr Mann ein oder mehrere Verhältnisse hätte. Nun musste er nur noch abwarten.
Seine Stamm-Kneipe genoss einen elenden Ruf, war in ganz Halle dafür bekannt, dass sich dort nur Gesindel herumtrieb. Verlorene Seelen, die im Leben nichts auf die Reihe bekamen.
Für Michael genau der richtige Ort. Dort musste sich der Altenpfleger nicht verstellen. Er konnte so sein, wie er war und so reden, wie ihm der Schnabel gewachsen war.
Wie so oft, saß Michael *auch* an diesem Nachmittag auf seinem Lieblingshocker direkt an der Bar und ertrank das Gefühlschaos in Bier. Die Nacht zuvor hatte er unentdeckt beim Therapeuten hinter dem Kinderbettchen verbracht.
Wütende Worte sprach er aus. Er fluchte und beschimpfte jeden, der ihm in die Quere kam.
Dabei bemerkte er gar nicht, dass niemand zugehört hatte. Der Barkeeper nickte ab und an in seine Richtung, aber die anderen Säufer in der Spelunke verachteten den Narben-Mann. Schüttelten die Köpfe und sabbelten undeutlich daher.
»Ey, du Bierpfützenaufwischer, ich rede mit dir!«
Der Barkeeper bestätigte freundlich den Beginn einer kurzen und belanglosen Konversation.

»Ich habe die Schnauze voll von den dummen Weibern, verstehst du. Kennste ene, kennst de alle«

Der Barkeeper wusch gelassen von Michaels Gebabbel die Gläser weiter ab und ließ sich das Desinteresse an dem Gequake von seinem nervigen Gast nicht anmerken.

»Weißt du, eigentlich wollte ich mich heute mit so einer rattenscharfen Rothaarigen treffen. Warte, ich zeig sie dir mal. Eine richtig geile Uschi.«

Michael holte sein Handy aus der Jogginghose heraus und scrollte zu Frederikes Profil hin.

»Da! Was für` ne Megasau, oder?«

»Ja, ganz hübsch«

»Nächste Woche Freitag treffen wir uns und soll ich dir was verraten, dann ist sie dran.«

Der Barkeeper schaute erneut auf das Foto von Frederike, blickte Michael an und starrte nochmals auf das Bild. *Viel Glück dabei!*

Michael lag mit dem Kopf auf der durchnässten Theke und feixte laut. Dem Barkeeper war das Ganze sichtlich unangenehm, doch wusste er um Michael und seine Neigungen. Dementsprechend nickte er und gab dem Angeheiterten das Gefühl, dass er nicht wirklich zuhören könne, weil er bis zum Hals in Arbeit mit seiner Bar steckte – und doch für ihn da war.

Am anderen Ende der Theke, saß eine Frau, die seinem Gequatsche versucht hatte zu folgen. Sie war nicht mehr ganz bei sich und krallte sich an der vergoldeten Metallstange am Tresen fest, um sich wegzubegeben, an die frische Luft. Durchatmen und wieder zur Besinnung kommen.

Gefrustet von dem Tag, folgte Michael der angetrunkenen Frau, die Kippe rauchend aus der Kneipe stolperte. Der Altenpfleger schielte oft zu ihr rüber, hatte sie studiert und gehofft, dass sie demnächst die Spelunke verlassen würde.
Michael kannte sie. Er konnte sich an diese dünne Frau erinnern. Sie war schon einmal in der Kneipe *gewesen*. Damals hockte sie ungehemmt auf einem Stuhl in einer Ecke und pinkelte einfach drauf los.
Mit vorsichtigen Schritten folgte er der Dürren und machte sich gedanklich über ihr Outfit lustig. Sie trug einen Leoparden-Minirock und ein mintgrünes Oberteil. An den Füßen bemerkte er rosafarbige Minnie Mouse-Socken und schwarze Adidas-Badelatschen. *Die Alte hat doch den Schuss nicht mehr gehört.*
Figürlich passte sie in sein Beuteschema. Groß und dünn. So wie er sie liebte. Optisch war sie allerdings nicht sein Fall. Sie war betrunken, doch nicht hässlich oder widerwärtig, aber blond.
Es gab nur wenige Ausnahmen, an denen er seine Prinzipien über Bord warf. Michael war beutelüstern, aber eine Blondine passte ihm nicht in den Kram; außer, sie hatte wunderschöne Augen. Michael stand auf bezaubernde Augen. Sie waren für ihn der Spiegel in die Seele. Eine Seele, die er brechen wollte.
Genüsslich, voller Vorfreude auf das, was jeden Moment passieren würde, fummelte er mit der Hand in der Hosentasche an seinem Glied herum. In seinen Gedanken brodelte es. *Vergewaltigen oder erst töten und dann mit ihr schlafen?*
Die Betrunkene torkelte wenige Meter weiter in ein

ihm völlig unbekanntes Haus hinein, welches von außen etwas heruntergekommen aussah. Von den sechs Wohnungen des Hauses waren nur zwei bewohnt. Die restlichen Buden standen schon über Jahre leer.

Auf der Straße war es ruhig. Für die Feierabendzeit etwas ungewohnt ruhig. Kaum ein Auto war auf der Straße zu sehen. Von Passanten weit und breit keine Spur.

Im modrig riechenden Treppenhaus huschte sich Michael an die am Geländer wackelig schwankende Frau heran und schupste diese mit einem kräftigen Schlag gegen ihren Rücken die Kellertreppe hinunter. Mit einem dumpfen Scheppern schlug sie mit dem Gesicht unten auf den betonierten Boden auf. Michael rannte die Stufen zu ihr runter, zerrte sie dann in eine Ecke und riss der Benommenen den Schlüpfer herunter.

»Gott, siehst du *jetzt* hässlich aus!«, stieß er erschrocken von ihrem Äußeren laut aus. Er wischte ihr das Blut aus dem Gesicht und drehte ihren Kopf von sich weg.

»Guck bitte woanders hin, sonst kann ich nicht!«

Die Nummer war schnell vorbei. Keine zwei Minuten später hockte der Kerl vor der betrunkenen Frau, zog sinnenfreudig an seiner Zigarette und klatschte ihr mehrfach mit der Handinnenfläche gegen die Stirn.

»Wach auf, Prinzessin! Wir haben noch einiges zu tun.«

Langsam und vor Schmerzen stöhnend, kam die mitleiderregende Frau mit zugekniffenen Augen zu sich. Benebelt vom Fusel, mit dröhnendem Kopf,

saß sie auf der ersten Kellertreppenstufe, kratzte sich den Bauch und wusste nicht, was passiert war. Der Dreck unter ihren vergilbten Fingernägeln funkelte. Das Haar war fettig und zerzaust, voll schmierigem Blut.
Sie erschrak kurz, als sie Michael neben sich auf der Treppe sitzen sah, doch hinterfragte sie die aktuelle Situation nicht.
»Mir brummt der Schädel!«
»Kein Wunder, du bist die Treppe heruntergefallen. Ich half dir auf.«
»Echt? Krass … Hast du auch ´ne Kippe für mich, Alter?«
»Klar doch. Mein Name ist übrigens Michael.«
»Danke! Ich bin Svenja.«
Michael öffnete sein verbeultes Alu-Etui und gab der Alten eine selbstgedrehte Zigarette.
»Svenja, heute ist dein Glückstag!«
»Warum?«
»Weil du für mich arbeiten wirst. Etwas Kohle verdienen. Können wir doch alle gut gebrauchen.«
»Und was muss ich tun? Ich mache echt alles, Michael.«
»Ja, lass mal stecken. Du musst nur für mich jemanden erschrecken. Dich mal neben diese Person setzen und mit mir telefonieren. Meinen Namen laut aussprechen und so.«
»Und was ist mit … Hier …«
»Nein! Behalt mal deine Zähne im Mund und beglücke jemand anderes, Kuchenzahn. Mir sollst du anderweitig dienen.«
Beide Figuren saßen noch weitere zwei Stunden auf der Treppenstufe im Keller des abgewirtschafteten

Mehrfamilienhauses, im vom Deckenlicht angestrahlten Schatten ihrer selbst und schmiedeten die Pläne.
Michael war egal wie, wichtig war ihm nur, dass die Hässliche, wie er sie in seinem Telefon gespeichert hatte, seine Pläne in die Tat umsetzen würde.
Die Gedanken drehten sich. Geistige Arbeit, die nicht grausamer hätte sein können. Er wollte Frederike nicht mehr erschrecken; er wollte ihr wehtun. Frederike sollte Schmerzen fühlen. Sie sollte den Wunsch auf Erlösung laut aussprechen. Michael hatte genug von dem Katz-und-Maus-Spiel.
Bis aufs kleinste Detail, akribisch durchdacht, erklärte Michael der langsam wieder nüchtern werdenden Svenja, was sie machen sollte. Oft hatte er sich wiederholen müssen, was ihn gestört hatte, doch war ihm auch bewusst, dass er mit keiner intelligenten Frau sprach.
»Du hast wirklich alles verstanden, ja?«
»Ja, wenn ich es dir doch sage, Alter. Ey, wo ist die Kippe hin?«
»Hast du noch eine?«

# 21.

Gemeinsam schmiedeten wir einen Plan, wie ich es dem öligen Schönling heimzahlen könnte. Es geisterten die grausamsten Gedanken durch meinen Kopf. Böse Geister, die nicht erbarmungsloser hätten sein können. Gefasst und stark genug, ihm gegenüberzutreten, fasste ich mir ein Herz und ging in die Offensive.
Mittlerweile hatte sich meine Furcht vor diesem schrecklichen Monster in puren Hass umgewandelt. Ankes Unterstützung trug dazu bei. Ich wollte ihn bluten sehen. Rache war mein einziger Gedanke.
Michael hatte qualvollen Schmerz verdient. Der Tod wäre für den Drecksack eine Erlösung *gewesen*, aber keine Option für mich. Mich dürstete es nach einer Abrechnung. Eine Abrechnung, die sich gewaschen hätte.
Anke saß im Schneidersitz auf der Sonnenliege, um sie herum lauter Blätter verteilt, und erzählte mir ihre Sicht der Dinge. Wir waren nicht immer gleicher Meinung, was aber nicht weiter schlimm war.
Etwas erschrocken von ihren mordlustigen Vorschlägen, sie lachte zynisch, nahm ich einen Schluck frisch aufgekochten Tee zu mir. Meine Gedankengänge waren grausam, doch Ankes Anregungen übertrafen einfach alles.
»Wir könnten diesen Lappen in einen Hinterhalt lo-

cken. Meinem Opa gehört eine Schreinerei. Kreissäge, Schwanz ab. Fertig. Oder … Wir hängen ihn kopfüber an einen Baum, reiben seine Augenlider mit Larven und zerknetschten Käfern ein, Krähen lieben das; und dann schauen wir aus sicherer Entfernung gespannt dabei zu, wie die schwarzen gefiederten Friedhofswächter die Arbeit vollenden.«
»Das klingt alles so …, Anke.«
»Soll es auch, Fredi. Wichtig ist aber, dass du bei der App angemeldet blcibst. Schreib dem Christian Profil weiterhin. Spiel die Verliebte, die Nichtsahnende …«
»Du, Anke, ich habe da echt meine Probleme mit.«
»Ich weiß, mein Schatz. Er darf aber keine Lunte riechen!«
»Ja, hast ja recht!«
»Und wenn wir ihn so weit haben, Fredi, dann schneiden wir dem Wichser sein kleines Würstchen ab und schieben es ihm tief in seinen Arsch.«
Natürlich hatte ich verstanden, worum es ging, was mir Anke damit sagen wollte; doch teilte ich ihre Sichtweise nicht so ganz. Wir kannten uns schon sieben Jahre, und Ankes Ausdrucksweise war mir nicht fremd, doch gewöhnte ich mich nicht daran.
Die Gedanken drehten sich. Ich musste mich *echt* überwinden, dem Schmierlappen nette Worte zu schreiben. Jeder getippte Buchstabe war eine Höllentortur.
Ankes Worte lagen mir ständig in den Gehörgängen. Ihre Fantasien hatten mich *auch* nicht wirklich beflügelt, obwohl ich mir bei meinen Gedankensprüngen auch therapeutische Hilfe hätte nehmen müssen.

Meine Schöpferkräfte waren nicht zwingend verstörender oder harmloser als die von Anke, aber ich fühlte mich etwas besser mit meinen Gedankensprüngen.
Jedes Mal, wenn eine Nachricht aufploppte, wusste ich genau, wer mir diese schrieb. Der Gedanke daran, dass er das auch mit anderen unwissenden Frauen abzog, ich nicht sein erstes Opfer war, dass er versucht hatte zu vergewaltigen, widerte mich einfach nur an.
Die Vorstellung daran, Michael auf irgendeine Art und Weise zu töten, war für mich ein Befreiungsschlag. Er war nicht mein Partner, aber dieser eine Vorfall hatte uns vereint. Ohne dass ich es wollte. Und ich musste es irgendwie hinbekommen, dass wir keine siamesischen Zwillinge mehr waren.
Die versuchte Vergewaltigung hatte uns zusammengeschweißt. Anke war für mich wie eine Schwester. Sie war rund um die Uhr für mich da gewesen. Und nun musste er seinem Schicksal in die Augen blicken.
Ihm etwas Böses anzutun, war ein guter Gedanke. Anke hatte mich zum Schluss doch tatsächlich inspiriert. Frauen kommen sowieso eher als Männer mit einem blauen Auge davon. Damals, in der Schule, hielt ich einen Vortrag darüber, warum es mehr Täter als Täterinnen gibt; und ich bin während meiner Recherchen zu dem Urteil gekommen, dass der Grund, warum mehr Männer angezeigt werden, in der typischen Geschlechterrolle liegt.
Männer, die von ihren Frauen geschlagen, vergewaltigt werden, selbst versuchter Mord, gehen damit nicht hausieren. *Männer sind doch das stärkere*

*Geschlecht!*
Frauen seien aber im Bereich des Pflegerischen wie Erzieherischen stärker überrepräsentiert.
Der häusliche Zweig gehört noch heute in den meisten Fällen den Frauen. Daher sind in diesen Bereichen wir Frauen mehr vertreten, leben einige von uns Frauen dort allerdings auch ihre kriminelle Ader aus. Gelegenheiten machen Diebe.
Nur gibt es hier auch weniger Anzeigen, da Kinder und pflegebedürftige Menschen weniger bis gar nicht zur Polizei gehen. Manche noch zu jung sind, um zu reden. Oder schon zu alt.
Wortlos saß ich auf dem Balkon, klammerte mich an dem Henkel der gelben Tasse fest und schwelgte innerlich feixend in Gedanken. Ich tötete Michael mehrmals. Wieder und *wieder*. Der Arsch weinte wie ein Baby. Jammerte wie ein Schlosshündchen.
In einer Wiese eingerammt, zeigten sich im größeren Abstand befindend dicke Holzpfähle, an denen die Extremitäten des Wichsers an vier verschiedenen Seilen festgebunden worden waren. Wie ein hölzerner Kasper lag er mit ausgestreckten Armen und weit gespreizten Beinen vor mir auf dem Rasen. Es fehlte jetzt nur noch die Schnur zwischen seinen Beinen, an der man ziehen konnte.
Gedanklich tauschte ich die zwei Plastik-Trimmerfäden mit zwei dünnen, stacheligen Fäden aus, schmiss den Rasentrimmer an und marschierte lächelnd auf seine kleinen, schrumpeligen Eier zu.
Aber auch diese Wunschvorstellung hatte es in sich. Weinend hockte Michael über einem Scherbenhaufen, die Glasscherben waren scharfkantig nach oben

am Boden festgeklebt. Zwischen den Scherben geschmiert, schimmerte der bräunlich, schwarze Katzen- und Hundekot hervor.
In meiner Fantasie stellte ich mir vor, wie der hässliche Drecksack vor Krämpfen in den Beinen kraftlos zu Boden plumpste, direkt mit seinem blanken Arsch auf die spitz nach oben ragenden Glassplitter und Scherben. Die Hinterlassenschaften der Tiere, würden in den frischen Fleischwunden ihr Übriges tun.
Auch super.
Sein Penis steckte in einem Loch eines Acrylkastens fest. Vor ihm auf einem großen Bildschirm lief laut ein Pornofilm, rauf und runter. Versaut und schmutzig, wie Michael das gerne hatte.
Seine Hände waren auf dem Rücken festgebunden. Im Kasten selbst befanden sich ohne sein Wissen, eine brasilianische Wanderspinne, zwei Trichterspinnen aus Australien und eine Schwarze Witwe.
Fertig.
Anke wollte wissen, an was ich gedacht hatte, warum ich so grinsen musste. Doch behielt ich meine Gedankensprünge für mich. Immerhin glaubte ich fest daran, mittlerweile ekelhafter als meine Freundin zu sein. Und das musste sie nicht wissen. Außerdem war mir das Spirituelle nicht fern. Ich glaubte fest den Wunsch. Denk ehrlich und zielorientiert an eine Sache, und sie wird irgendwann, in naher oder weiter Zukunft, in Erfüllung gehen.
Irgendwie waren die mordlüsternen Gedanken für mich wie kleinere Einträge in meinem Tagebuch. Sie gehörten mir und waren auch nur für mich bestimmt. Kein Schamgefühl. Ich fühlte mich wie

neugeboren.
Das gemeinsame Brainstorming auf dem Balkon war super. Die Sonne lachte uns an und die gemeinsame Zeit mit Anke tat mir gut.
Wir entschieden uns dafür, mich komplett umzugestalten. Anke hatte sich auf YouTube schlau gemacht, wie man mit Masken und Make-up einen Menschen neu erstellt. Ich war verblüfft von dem Ergebnis und war gespannt, wie ich mit blonder Perücke und braunen, statt grünen Augen aussah.
Anke rannte runter zu ihrem Auto, schnappte sich einen silberfarbigen Koffer, flitzte wieder hoch in die Wohnung und zeigte mir ihr Arsenal an Schminkartikeln und Kostümen. Als wäre sie ein Leben lang auf diesen einen Moment vorbereitet gewesen.
»Du schaust super aus mit den blonden Haaren. Richtig sexy, Miss Hexy.«
»Meinst du? Ich will nicht erkannt werden, Anke. Das muss wirklich funktionieren.«
»Mach dir keine Gedanken, Fredi. Du wirst den Idioten vom Hocker hauen. Niemals wird er dich erkennen.«
Zugegeben, ich sah schon heiß aus und auch ich hätte fast geglaubt, im Spiegel vor mir stünde eine völlig andere, doch zottelte ein und derselbe Gedanke an mir: *Was, wenn er mich doch erkennt?*
Dieses Gefühl, wenn man von einer Sache überzeugt ist und zugleich Zweifel einhergehen, kann ich nicht beschreiben. Ich wollte es so sehr, nur hatte ich Angst vor dem Warum-Moment.
Michael hätte mich sofort plattgemacht. Davon ging ich aus. Aber meine liebe Anke war für mich da und

nahm mir letztendlich jede Negativität. Zugegeben, sie war eine wahre Zauberin.
Mit dem neuen Ich legten wir eifrig ein Profil bei der Dating-App an und schrieben im Namen des Fake-Profils Melanie S. dem Christian-Profil sofort ein paar nette Zeilen.
Waren noch irgendwo Restzweifel gewesen, dann verschwanden diese spätestens dann, als ich sah, wie echt das Internetprofil aussah. Keine zehn Minuten waren vergangen, und die ersten hundert Besucher wurden mir angezeigt. Mein Fake-Profil kam an.
Getippt und abgeschickt.
Ich wollte keine Zeit verstreichen lassen. Es musste einfach klappen. Parallel schrieb ich als Frederike ebenso Christians Profil an. Immerhin wollten wir uns am Freitag treffen. Nur noch vier Tage. Und ich überließ nichts mehr dem Schicksal. Nichts durfte schiefgehen. Unser Plan musste aufgehen.

# 22.

Svenja spazierte durch den Park und zog eine leichte Alkoholfahne hinter sich her. Sie hatte mal wieder zu tief ins Glas geguckt, entschied sich jedes Mal für eine Kur, doch blieben die Worte nur ausgesprochen. Ihr Leben war von Alkohol bestimmt worden. Die dünne Frau mit den ausgeprägten Wangenknochen setzte sich fröhlich grüßend zu Frederike auf die Bank und fütterte die Vögel mit altem Toastbrotscheiben. Dabei pfiff sie leise ein Liedchen und wackelte im Takt mit dem Kopf.
Die junge Heilpädagogin las unbehindert vom Getue der Fremden den neuen Thriller „**IN IHREN GEDANKEN**" ihres Lieblingsautors und war völlig gefesselt von der Story. Die Welt um sie herum war verschwommen, existierte teils gar nicht.
Frederike bemerkte nicht einmal, dass sich die Frau mit den Vögeln unterhielt. Unbewusst nahm sie etwas wahr. Doch steckten all ihre Sinne in dem Roman.
Es war ein schöner Morgen an diesem frühen Tag. Die Sonne presste sich durch die dichten grünen Baumkronen, der im Park stehenden hölzernen Riesen und die Vögel zwitscherten hell am Himmel. Einige suchten sich auf den saftigen Wiesen ihr Frühstück zusammen oder schnappten sich die Brotkrumen, die die Frau vor der Bank verteilt hatte.

Zu dieser Stunde war der Park schon recht gut besucht. Hundebesitzer scheuchten ihre Vierbeiner über die Wiesen, und die Leute von der Stadtreinigung erleichterten die vom Wochenende überfüllten Mülleimer.
Zwischen all dem Gewusel blätterte Frederike Seite um Seite um, als sie plötzlich erschrocken das Buch zuschlug und kurz aufzuckte. Sie schaute zu ihrer Linken und nahm die auf die junge Heilpädagogin wirkende etwas verwahrloste Person wahr, die sich am Telefon mit einem Mann zu streiten schien.
»Ja, Michael, ich habe es verstanden. Ich bin nachher bei dir!«
»Nein, du brauchst dir keine Sorgen zu machen wegen dem komischen Internet-Christian. Ich komme nachher zu dir, Michael, und dann klären wir das.«
Verwundert über diesen komischen Zufall, griff Frederike ihr Handy und zeichnete das Gespräch von der Frau unbemerkt auf. Bei den Namen Michael und Christian klingelte es bei ihr. Es triggerte die junge Frau.
Die dünne Dame beendete laut fluchend das kurze Telefonat und drehte sich langsam zu Frederike um.
»Männer, hää …«
Frederike zuckte verwundert mit den Schultern, suchte weder das Gespräch noch Augenkontakt. Sie fühlte sich unwohl und wollte nur noch weg.
»Mein Michael macht sich Sorgen wegen meinem Ex Christian. Beide hassen sich bis auf den Tod. Doch kommt der scheiß BMW ins Spiel, dann sind die beiden plötzlich beste Freunde.«
Frederike riss die Augen weit auf. Voller Angst steckte sie das Buch zurück in ihre Handtasche,

stand auf und ging schnellen Schrittes wortlos davon. Sie drehte sich nicht um und sprach auch nicht mit der dünnen Frau.
»Halt, warte doch mal«
Svenja rannte Frederike hinterher. Sie hatte zu tun, ihr folgen zu können. Frederike lief schnell. *Der scheiß Alkohol!*
»Du, falls ich dich erschreckt habe oder ähnliches, dann tut es mir leid. War was falsch?«
»Nein, alles gut. Ich muss nur zur Arbeit. Bin schon viel zu spät.«
»Hey, warte kurz. Du kannst ja reden!«
»Nun lauf doch nicht ständig weg.«
»Warte doch mal, Menschenskinder«
Frederike blickte nach links und nach rechts. In alle Richtungen. Sie scannte die gesamte Parkanlage nach eventuellen Helfern ab. Die Grünfläche war groß, aber übersichtlich.
»Gehen Sie weg. Ich habe keine Zeit.«
Frederike lief rückwärts und versuchte, die dünne Frau mit ein paar Handbewegungen zu verscheuchen.
»Ich bin doch kein dummer Hund! Nimm die Hände runter, Mädchen!«
»Gehen Sie bitte weg. Ich kenne Sie nicht. Hauen Sie ab.«
»Jaja, bist wohl auch nur so eine eingebildete Schlampe, die glaubt, was Besseres zu sein.«
»Gehen Sie weg!«
»Ja, o. k.! Frederike …«
Erschrocken blieb die schöne Rothaarige stehen.
»Wie haben Sie mich gerade eben genannt?«

# 23.

Michael hockte wortlos in dem alten Sessel, die Stofflehnen waren abgenutzt und ranzig und blickte wieder und *wieder* auf das ausgedruckte Gesicht seines Arbeitskollegen. Er hielt das Foto in den Händen, verzog die Augenbrauen und zerknüllte es letztlich wutgeladen.
Dabei schrie der Altenpfleger laut aus, er entblätterte das Foto wieder und zerriss das Gesicht in tausend Fetzen. Wut und Neid zerfraßen ihn in diesem Moment.
Die Gedanken gingen mit ihm durch. Eifersucht breitete sich immer weiter aus und übernahm die Kontrolle seines Handelns.
Michael hatte seinen dummen Kollegen gehasst, obwohl sie auch irgendwie Freunde gewesen waren.
Er war perfekt. Narbenfrei und witzig. Sein Kollege war wie eine Art Magnet, der die Frauen nur so angezogen hatte. Und Michael wollte auch so sein. Frei von lästigen Narben, die seine eine Gesichtshälfte verunstaltet hatten. Einfach leben.
Mit einem Taschenmesser in der rechten Hand, die Klinge war sieben Zentimeter lang, popelte Michael wutentbrannt die Augen auf einem weiteren Fotodruck seines Arbeitskollegen aus. Dann stellte er sich vor den riesigen Spiegel, der an der linken Schlafzimmerschranktür hing, hielt sich Falkos Fotogesicht vor sein eigenes und flüsterte leise vor sich

hin.
»Martin? Nein! Sven … Nee! Mirko oder Paul …«
Er brauchte unbedingt einen passenden Namen, der zu diesem dämlichen Gesicht gepasst hätte. Falko war keine Option für Michael *gewesen*. Er mochte den Namen nicht. Der Klang dieses Namens war nicht gut genug für den Psychopathen.
Lange hatte er vergeblich nach der schönen Rothaarigen gesucht. Und schließlich hatte er Frederike nach so vielen Monaten wieder gefunden. Nichts durfte untergehen. Dieses Mal musste alles perfekt sein.
»Weißt du, du hängst jetzt schon eine Weile bei mir ab, doch bist du mir keine gute Hilfe, Falko. Mal abgesehen davon, dass wir noch keinen passenden Namen für mich gefunden haben!«
Michael stand vor seinem Arbeitskollegen im Schlafzimmer. Er konnte seine Empörung über die schleppende Suche nach einem perfekten Namen kaum in Zaum halten. Die Ader auf seiner Stirn pulsierte wild und wurde immer dicker.
»Nun gib mir doch endlich einen guten Rat! Ich brauche einen Namen, Menschenskinder noch einmal.«
Mit dem Zorn im Bauch ballte Michael eine Faust, holte aus und boxte Falko mit voller Wucht in die Magengrube. Einmal, zweimal, dreimal.
»Da siehst du, was du angerichtet hast. Ich dachte, wir wären sowas wie Freunde.«
Auch keine Antwort.
Falko hing seit zwei Tagen kopfüber an einem an der Decke befestigten Seilzug. Entkräftet, manch-

mal bewusstlos, doch noch lebendig. Nur war er Michael einfach keine Hilfe.
>>Was ist los, alter Freund? Warum bist du heute so wortkarg?<<, lachte Michael bärbeißig.
Sein Ziel war es, Falko zu beobachten. Er wollte wissen, was mit einem Menschen kurz vor dem Tod passiert. Sterben ist das eine, zu wissen, welche Funktionen zuerst aussetzen, war reine Wissenschaft für ihn.
*Als Erstes wird kein Blut mehr in die Finger gepumpt, so kurz vor dem Sterben, weil es anderswo dringender benötigt wird.* Das weißt du aber sicherlich schon, nicht wahr, alter Freund?
Sein Notizbuch steckte voller Wissenschaft. Es war gefüllt mit anatomischem Zeug. Doch wollte Michael jedes Detail ganz genau wissen und seine eigenen Beobachtungen schriftlich festhalten.
Niemand in seinem Umfeld sprach gerne über dieses Thema. Stattdessen schlichen sie sich heimlich davon, was Michael nicht verstehen konnte. Schließlich ist es ganz natürlich. Wir werden geboren und sterben.
Manchmal, wenn ihm langweilig war, pikste Michael Falko mit einer Gabel in die Haut, oder streichelte dessen Arme. Er biss auch in die blässliche Haut hinein. Und leckte daran.
Die meisten Sterbenden fallen in eine Bewusstlosigkeit, doch nehmen sie noch Berührungen wahr. So las er es. Michael war konzentriert bei der Sache.
Er wollte seinem Arbeitskollegen zu spüren geben, dass nicht er selbst, sondern Michael, sein Peiniger entscheide, wann Falkos Zeit gekommen sei; er aber Hoffnung verspüren sollte. Michael quälte gerne

seine Opfer. Spielte mit ihnen und seinen Empfindungen.
Letztendlich suchte er noch immer nach einem passenden Namen, doch hatte er keine Fotos mehr von Falkos Gesicht. Aktuell wäre dies auch nicht mehr möglich gewesen. Also entschloss sich Michael schnell dazu, Falkos echtes Gesicht auf das seine zu legen. Ein Name musste dringend her.
Das Schönste am Morden war für Michael nicht das Töten, sondern die Jagd und das darauffolgende Foltern. Gerne war er der sich heranschleichende Wolf auf der Weide.
Michael spielte gerne mit der Furcht seiner Schlachtopfer. Er ergötzte sich daran, wenn die Zitternden vor Angst weinten, bettelten oder sich in die Hose machten. Ekelgrenzen hatte er kaum.
Das Schlafzimmer war verschmutzt und sehr unordentlich. Michael wollte reinlich sein, doch schaffte er den Sprung nicht. Eigentlich war er sehr genau, was Dekoration anging. Wie fast alle anderen, mochte auch er die Sauberkeit. Eigentlich.
Zwischen all den geplanten Entführungen und Morden legte er keinen großen Spagat mehr hin. Wichtig war ihm, dass seine Klamotten gebügelt und geschniegelt in einem Schrank hingen. Er legte natürlich auch großen Wert auf Sauberkeit. Allerdings war es ein gigantischer Kopfkampf, die Wohnung verlottern zu lassen, mit dem er sich auseinandersetzen musste.
Doch nichts war verzaubernder als das Morden selbst. Es gab keine bessere Therapie. Für ihn gab es nichts Schöneres, als einer sterbenden Person tief in die verglasten Augen zu schauen. Er hatte sich oft

die Frage gestellt:
*Was passiert jetzt mit der Person? Ist schon jetzt nur eine Hülle vor mir?*
Gerne flüsterte er in solch einem Moment böse Dinge seinen Opfern zu. Sie sollten mit Negativität und Angst von der Welt scheiden.
*Gleich wirst du deinen letzten Atemzug tätigen, deswegen möchte ich dir sagen: Ich werde deine ganze Familie ausrotten und dein kleines Kind aufschlitzen wie ein Schwein.*
*Lebwohl, alter Junge. Wir werden uns sicherlich bald wiedersehen, Falko.*

# 24.

Zu meinem siebzehnten Geburtstag schenkten mir meine Eltern nach langer Diskussion mein erstes Tattoo. Eine kleine Palme oberhalb des linken Knöchels. Nicht wirklich groß. Eher so ein kleines, unscheinbar wirkendes Tattoo. Doch gehörte es mir. Ich hatte meinen Willen bekommen und war sehr stolz darauf.
Meine Mutter war kein Fan dieses Körperschmuckes. In ihren Augen trugen nur Asoziale und Knastis Tattoos. Meine Mutter hatte eine falsche Vorstellung von Kunst gehabt. Manchmal war es vorgekommen, dass sie sich hatte von Opa herumkommandieren lassen.
Mit strenger Zunge versuchte meine Mutter, mir den Gedanken aus dem Kopf zu streichen. Doch ohne Erfolg. Ich ließ mich von meinem Vorhaben nicht mehr abbringen.
Anders war es da bei meinem Vater. Er hatte nichts dagegen und war auch nicht abgeneigt von meiner Idee, mir ein Tattoo stechen zu lassen. Selbst trug sein linker Arm schwarze und bunte Bildchen.
Bei einem Piercing jedoch hätte die Geschichte eine andere Wendung genommen, da bin ich mir ziemlich sicher. Papa fand das nuttig und billig; außerdem auch gefährlich.
Für meinen Vater war ich immer sein kleines Mädchen geblieben. Auch die Jugendweihe hatte nicht

dazu beigetragen, dass ich erwachsen werden konnte. Klar, ich war älter geworden, hatte auch an Erfahrungen gewonnen; doch blieb ich immer Papas Prinzessin.
Es hatte gedauert, bis sich meine Mutter letztlich durchsetzen und ich mit vierzehn meinen allerersten Rock tragen durfte. Warum sie gegen Tattoos war, hatte ich nie verstanden.
Die Körperkunst gefiel mir so gut, dass ich mir mit achtzehn ein weiteres Tattoo stechen lassen ließ. Nur dieses Mal waren sich meine Eltern einig gewesen und hatten mir von weiteren Tattoos abgeraten.
*Zu spät!*
Meiner Mutter blieb das Ding fern. Sie konnte sich schon nicht mit der kleinen Palme anfreunden. Nur davon zu wissen, war die Hölle für sie. Doch meinem Vater zeigte ich den riesigen Schmetterling, mit ausgebreiteten Vorder- und Hinterflügeln auf meinem Rücken.
Ich mochte dieses Insekt. Für mich stand ein Schmetterling für Freiheit und Neuanfang. Sie haben eine kurze Lebenserwartung, doch sind es wunderschöne Geschöpfe.
Mit den Tattoos auf meiner Haut hatten sich mein Selbstwertgefühl und mein Selbstbewusstsein zum Positiven gebessert. Anfangs war ich schüchtern und traute mir nichts zu. Ich war ein Landei, wie meine Beste immer sagte.
Die Jungs aus den Parallelklassen fanden mich alle toll, doch gab mir das längst nicht die Selbstachtung, welche ich in mir trug und ich es nur nicht nutzen konnte. Auch meine langen schwarzen Haare peppten mein Ego nicht auf.

Das Abi hatte ich in der Tasche, und nun wollte ich leben und die Sau rauslassen. Meine Freundinnen hatten alle schon einen Freund, und fast täglich sprachen sie über Sex. Ich wollte mitreden können, tat ich doch all die Jahre, was meine Eltern von mir verlangt hatten.
Nun war es an der Zeit, eigene Wege zu beschreiten. An einem Wochenende, an dem meine Eltern zu Besuch bei Freunden waren, lud ich meine beste Freundin Silvia zu mir ein. Wir hatten uns Liebesfilme angeschaut, sprachen über Jungs und durchforsteten das Internet.
Dort zeigte sie mir gleich Christian. Einen wirklich hübschen Kerl. Silvia schrieb mit ihm auf einer Dating-App und hatte ihn auf Instagram geaddet.
Silvias Profile waren auf jeden Fall vielversprechend. Die reichlichen Nachrichten, die täglich reinflatterten, sprachen für sich.
»Doch … Glaube mir! Mein letzter Freund war von da. Der Hammer.«
»Silvia, ich will nichts sagen, aber du wechselst die Typen wie andere ihre Unterwäsche.«
»Na und, wenigstens date ich Kerle, du prüde Nuss.«
Wir lachten herzhaft an diesem Abend und hatten jede Menge Spaß zusammen. Oft zog sie mich wegen meiner Schüchternheit auf. Auch sei es nicht normal, wenn man mit achtzehn Jahren noch Jungfrau sei, sagte sie. Manchmal trafen mich ihre Worte.
Auf Silvias Vorschlag *hin*, schrieb ich Christian an. Damit wollte ich *auch* Silvia verstummen, da sie mich den ganzen Abend extrem genervt hatte. Ich

war ihr Gequatsche leid. Und Christian sah schon heiß aus. Das muss ich wirklich zugeben.
Der Typ war echt interessant. Laut dem Profil war er sechsundzwanzig Jahre alt, selbstständig, fuhr einen BMW und liebte das Reisen. Christian war groß, dunkelblond und sehr sportlich.
Lautes Gegacker und Gelächter. Der Typ sah echt gut aus. Silvia und ich lachten und kamen aus dem Kichern nicht mehr raus. Die Zeilen schrieben sich von allein, und irgendwie hatte ich beim Schreiben so ein komisches Bauchgefühl verspürt. Es fühlte sich wohlig-warm an. Als wäre Christian der Richtige.
Ohne mit der Wimper zu zucken, schrieb ich diesen Mann an. Mein erster Gedanke war: *Meldet sich eh nicht.* Der Zweite: *Hoffentlich doch, er ist so süß!*

# 25.

Am Wochenende, vor der Verabredung mit Frederike, schlich Michael zu später Stunde den von den Laternen angeleuchteten roten Kiesweg vor der Peißnitz entlang. Immer in seinen Gedanken dabei, das süße Mädchen mit dem kleinen Palmen-Tattoo am Knöchel.
Der Abend gehörte den Joggern, sonst war der tagsüber so belebte Platz menschenleer. Ein guter Treffpunkt für ruhige Minuten.
Michael wartete nervös auf eine achtzehnjährige Schülerin, die sich Hals über Kopf in das Dating-Profil des Christian verguckt hatte, ihn so lange anschrieb, bis er letztlich einem Treffen zugestimmt hatte. Das Tattoo war ausschlaggebend für ihn gewesen. Eigentlich hatte er sich auf das Date mit Frederike vorbereitet. Die Neue war nur Zeitvertreib.
Wie im Chat verabredet, stand die schwarzhaarige Schönheit um genau einundzwanzig Uhr am vereinbarten Treffpunkt. Der orange schimmernde Schein der alten Straßenlaterne, stellte die Schülerin in ein für ihn annehmbares Licht.
Sie wirkte aufgescheucht, etwas unsicher, wie ein Rehkitz auf dem Feld, welches dem Mähdrescher entkommen war. Michael gefiel, was er sah. In ihm brodelte es.
Die zischende Glut ihrer brennenden Zigarette

fauchte leuchtend in der immer dunkler werdenden Dämmerung auf. Ihr Parfüm, ein sehr blumiger Duft, schwebte durch die Luft. Die Zigarette sollte ihr die Nervosität nehmen. Das viele Parfüm versprach dem Irren, dass sie mehr von ihm wollte.
Michael hielt sich weiterhin hinter einem riesigen Busch versteckt, fasste sich immer wieder in den Schritt und beobachtete das ahnungslose, junge Ding aus sicherer Entfernung.
Die Schülerin, hübsch und naiv, bettelte ihn förmlich an in ihren Nachrichten, sich mit ihr zu treffen. Sie war für alles zu haben. Die schwarzhaarige Schönheit sendete ihm Fotos und schrieb zu jeder freien Minute einen kleinen Text.
Sie war verliebt und schwebte auf Wolke 7. Christian hatte ihr es angetan. Ihre Körpersprache beflügelte ihn in seinem perfiden Vorhaben, der Schülerin etwas Schlimmes anzutun. Sie hatte sich in Christian verguckt und hatte keine Ahnung, dass sie in Michaels Falle getappt war.
Die Atmung wurde schwerer. Michael versuchte, die Luft anzuhalten, doch das funktionierte nicht. Der Puls raste schneller und sein Herz sprang im Dreieck.
Kontrolle zu übernehmen, war nicht einfach in diesem Moment. Bei dem Versuch flimmerten immer wieder grausige Gedanken hoch. Er hätte bei ihr machen können, was er wollte. Aus einem unerklärbaren Grund war jede Vorstellung mit ihr grausig und pervers.
Michael wusste ganz genau, was er dem jungen Mädchen antun wollte. Er war sich nur nicht einig darüber, mit was er anfangen würde. Es gab so viele

Methoden und Macharten.
Seine Top Five waren sehr kreativ und wohl durchdacht. Und nun stand er da, in diesem grünen Versteck und dachte darüber nach, ob er ihr erst die Zehen und dann die Fingerkuppen abschneiden sollte oder doch als Erstes die Brustwarzen. Aber auch ihr die Zähne ausschlagen, blieb in seinem Gedankennetz hängen. Sie hatte ein bezauberndes Lächeln und wunderschöne Zähne. Das missfiel ihm.
In Michaels Vorstellungen schlug er abermals auf dieselbe Stelle des Gesichts der Schülerin ein. Seine Fäuste bluteten. Abgebrochene Zähne bohrten sich in seine Haut. Er konnte das Blut riechen und den Schmerz spüren. Es erfreute Michael.
Auch wollte er wissen, ab wann man bewusstlos wäre oder sogar sterben würde. Mit einem Hammer ging das schnell und es war effektiv, doch glaubte er an die Macht der körperlichen Kräfte.
Mittelalterliche Foltermethoden standen ebenso ganz weit oben auf seiner Liste. Die Gabel, sein liebstes Werkzeug der Qual.
Eine zweizackige Gabel an jedem Ende, vertikal zwischen Kinn und Brustbein mit einem Gürtel um den Hals befestigt. Man durfte nicht einschlafen, denn sonst würde die Gabel Kinn und Brustbein zu gleich durchbohren.
Doch auch am Holzbottich erfreute er sich. Zugern hätte er eines seiner Opfer bis zum Hals in diesen Bottich gestopft, Gesicht und Hals mit Honig und Milch eingeschmiert und dann ganz langsam dabei zugesehen, wie Fliegen ihre Eier in Mund, Nasen und Augenhöhlen ablegten, und die geschlüpften

Maden sich dann langsam durch den bewegungslosen aber noch lebenden Körper fraßen. Allerdings wollte er das Mädchen nicht länger als geplant bei sich behalten.
Gedankenverloren schüttelte er sich kurz und konzentrierte sich wieder auf das Wesentliche. Das Mädchen war so schön und so jung. *Unschuldig und dumm!* Mittlerweile rauchte sie die dritte Zigarette. Kribbelig und etwas misstrauisch von ihrem Schwarm versetzt worden zu sein, zückte sie ihr Telefon und rief ihre beste Freundin an.
Die schwarzhaarige Schönheit ging auf glühenden Kohlen. Sie lief den Kiesweg auf und ab. Nervosität machte sich breit.
Die junge Frau heulte sich aus, weil Christian sie augenscheinlich verarscht hatte. Mittlerweile brannte die vierte Kippe. Sie hatte Angst davor gehabt, versetzt zu werden. Oder, im schlimmsten Fall, auf ein Fake-Profil reinzufallen.
Im Gestrüpp wütend werdend, fluchte Michael leise. Ihn störte das Telefonat. Sie durfte nicht verschwinden.
Nach reiflicher Überlegung kam er aus seinem Versteck heraus. Schließlich wollte er nicht, dass die Hübsche wieder geht. Mit sicherem Fuße marschierte er auf die Wartende zu und tippte der gutriechenden Achtzehnjährigen von hinten auf die Schulter.
Dabei verließen seine Augen nicht ihren wohlgeformten Po.
Gedanklich sabberte er. *Ein toller Arsch, in einer extrem engen Jeanshose.* Ihm war nicht klar, warum sie sich im Internet meist leichtbekleidet zeigte. Ihre

Posts waren super, doch hätte das hübsche Mädchen auch mit nur einem Kartoffelsack bekleidet viele Follower erhalten.
»Hi! Du musst Sarah sein …«
»Ähm … Ja! Und du bist?«
»Keine Sorge. Ich bin nicht Christian. Er ist aber mein Mitbewohner und bester Freund. Ich soll dir sagen, dass er dich da vorne bei der Kneipe treffen möchte. Christian stand bis eben in Leipzig im Stau.«
»Ah, o. k.! Du bist also sein Kumpel. Er hatte viel von dir geschrieben. Und du bist sein Nachrichten-Überbringer?«
»Ja, wir helfen uns aus. Wir sind sehr dicke Freunde. Sein Handy gab auch den Geist auf. Komm. Komm mit. Los, gehen wir vor.«
Auf dem Weg zur Bar, erzählte Michael die tollsten Dinge über Christian. Er wollte erreichen, dass sich das junge Mädchen sicher fühlte. Ihm war es wichtig, dass sie keinen Verdacht schöpfte. Er war witzig und sehr freundlich. Sie sollte sich auf Christian freuen.
»Weißt du, was ich an Christian mag, Sarah?«
»Nein, erzähl!«
»Christian hat Charakter. Er steht zu mir, egal wie ich aussehe. Christian hängt ständig in meinem Zimmer ab. Er guckt mir beim Zocken zu, hilft mir auch ab und an bei der Klamottenwahl, wenn ich mal wieder hilflos vor dem Schlafzimmerspiegel stehe. Er ist auch für mich eine große Stütze, wenn es mir vom Kopf her mal wieder nicht so gut geht. Er ist einfach da. Hängt sehr oft in meinem Zimmer mit mir ab. Und das Beste, ich darf ihn als Boxsack

nutzen, wenn ich mal wieder einen schlechten Tag hatte.«

»Das klingt alles so super, was du über Christian erzählst. Und du bist auch ein Hübscher, der sich nicht verstecken muss. Ich bin froh, deinen Freund kennengelernt zu haben.«

»Ja, wenn da mal nicht die lästigen Narben wären. Aber danke für die Blumen.«

Freudig überrascht über diese Worte, beugte Sarah sich nach vorne, um ihre Schnürsenkel zuzubinden. Sie wollte perfekt sein für ihren Schwarm. Noch einen Kaugummi gegen den schlechten Zigaretten-Atem. Fertig.

Im selbigen Moment ging es mit Michael durch. Etwa zehn Meter von der Kneipe entfernt, zögerte Michael nicht lange, zog sich den Schlagring über die Finger und schlug einmal kräftig auf den Hinterkopf der Schwarzhaarigen ein. Beherzt und ohne jegliche Reue.

Es knackste kurz. Wie ein nasser Sack krachte sie zu Boden. Um ihn herum die düstere Stille der Nacht.

Mit einem geübten Hieb griff er der ein Meter neunundfünfzig kleinen Frau unter die Achseln und schleifte die Abiturientin eine kleine Böschung hinunter, wo er sich auf sie stürzte wie eine wilde Bestie.

Michael war akribisch genau, doch übersah er, dass sie einen Schuh oberhalb des Kieswegs verloren hatte.

Nachdem er mit ihr fertig war, schmiss er die noch immer bewusstlose Frau in den Kofferraum seines BMWs, wischte sich das Geschmiere von der Hose

und fuhr ungesehen mit seiner Errungenschaft davon.
Während der Autofahrt zündete er sich eine Kippe an und schaltete das Radio ein. Michael atmete erleichtert durch und blickte in den Rückspiegel, gedankenverloren, was er mit ihr machen sollte.
*Der Sex war gut, nicht perfekt, aber gut.* Von ihr wollte er aber keine Erinnerungen haben. Ihm gefiel ihr Aussehen aber die Vagina war ihm zu groß und ihre Brüste zu unförmig. Ein netter Zeitvertreib. Mehr aber auch nicht. Keine Erinnerung wert.
Erwacht mit dröhnendem Kopf und erschrocken über den dunklen und kleinen Raum, Sarah dachte, in einer Truhe gefangen gehalten zu werden; schlug sie um sich. Sie hämmerte und trat mit den Füßen aus.
Blind von der Dunkelheit des Kofferraums, trat sie mit dem linken, nackten Fuß gegen das von innen rechte Rücklicht und schnitt sich dabei die Haut an der Ferse auf. Der Adrenalinfluss, der durch ihren schmächtigen Körper schoss, half ihr nur bedingt. War sie gerade noch wie im Rausch und wollte überleben, verließ sie nach und nach der Mut.
Vor dem Haus parkend, stellte Michael sofort den Motor aus und guckte sich erregt um. In den Nachbarhäusern brannte noch in fast jeder Wohnung Licht. Der Zeitpunkt war ungünstig, doch musste er schnell mit der schwarzhaarigen Schönheit verschwinden. Bevor ihr beigefügter Lärm jemanden auf ihn aufmerksam gemacht hätte.
Im Schutze der schwärzer werdenden Dunkelheit kletterte er auf die Rückbank seines Autos und zog

die gepolsterte Rücklehne zu sich. Im selben Moment sprang das Mädchen Michael an, kratzte ihrem Entführer übers Gesicht und schrie wie am Spieß.
Michael holte aus und schlug ihr auf den Kopf, so lange bis sie wieder bewusstlos in sich zusammensackte. Mit schnaufender Atmung zottelte er sie aus dem Wagen raus und tat so, als wäre sie etwas angetrunken. Prüfend, ob sie noch lebt, hielt er dem Mädchen einen kleinen Spiegel unter die Nase.
Mit schweren Schritten glitt er mit ihr über den gepflasterten Gehweg. Holte immer wieder Schwung, um sie aufrecht zu halten. Michael war sauer und kochte vor Wut. Er hatte sich das etwas leichter vorgestellt.
Oben in der Wohnung angekommen, holte er erst einmal tief Luft. *Geschafft!* Michael warf sein Opfer auf eine alte Matratze und ging ins Badezimmer, um sich frisch zu machen. Als er zurückkam, sich mit dem Handtuch das Gesicht abgetrocknet hatte, saß Sarah mit starken Kopfschmerzen in einem ihr völlig fremden Zimmer. Seinem Zimmer.
Es war eklig und schmutzig. Die Fenster waren von innen mit Sichtschutzfolie abgeklebt. Es stank nach Vanille und Verwesung. Die Aschenbecher waren nicht geleert worden und die Wasserflaschen, voll mit Urin, stapelten sich.
Michael fühlte sich wohl. Es war sein Schaffensraum, wie er gerne sagte. Dort ließ er seinen Fantasien freien Lauf. Sein Spielzimmer.
Michael liebte diesen Raum. Verbrachte oft Stunden in dem Zimmer. Es gab nichts, was er dort noch nicht gemacht hatte. Allein oder mit Anwesenden.
Faulheit war nicht gerade eine Tugend. Dazu stand

Michael mittlerweile auch. Musste er das Bad aufsuchen, hatte aber keine Lust aufzustehen, nutzte er den Mülleimer oder leere Flaschen, um sich zu erleichtern.
Selbst ekelte er sich davor, die Flaschen oder den Eimer zu leeren und dann zu säubern. Michael suchte aber ungerne in einem Schaffensmoment den gekachelten Raum auf.
Orientierungslos blickte die Abiturientin in alle Richtungen und erschrak, als sie einen jungen Mann vor sich von der Decke herunterbaumeln sah. Dieser wirkte auf sie puppenhaft. Sie musste drei Mal hinschauen, bis sie verstand, dass ein echter Mensch vor ihrem Gesicht baumelte.
»Na, bist du endlich aufgewacht!«
»Lass mich gehen. Ich will hier weg.«
»Gehen willst du? Vielleicht, wenn du mir hilfst!«
»Was willst du von mir? Wo ist Christian?«
»Ich will eine Menge von dir, Schlampe. Und Christian hängt doch da. Genau vor dir!«
Die schwarzhaarige Schönheit schauderte erneut hoch und hielt sich kurz die Hände vor die Augen. Vor ihr auf dem Nachtisch lag ein Gesicht. Tränen der Angst pressten sich zwischen den Fingern durch.
»Du krankes Schwein!«
»Nein! Krank ist, was ich mit dir vorhabe …«
»Ich denke, du lässt mich gehen? Was willst du von mir?«
Das junge Ding hoffte auf Gnade. Sie wollte weg von diesem schlimmen Ort und wünschte sich zugleich, sich niemals im Internet angemeldet zu haben.

»Sex! Ich will mit dir schlafen, dich riechen und schmecken. Danach werde ich dich töten. Ganz langsam.«
Dieser süßliche, brennende Geruch in der Luft reizte ihren Magen. Ihr war schlecht. Hatte sie noch nie vergammeltes Fleisch gerochen, wusste sie genau, was das für ein Gestank war, der ihr so übel nachgespielt hatte. Die Worte ihres Peinigers taten weh. Sie realisierte zunehmend ihre Lage.
Michael hingegen konzentrierte sich nur auf sein Vorhaben, dem Mädchen das bleibende Stück Leben zu vermiesen. Mit dem abgeschnittenem Gesicht fuchtelte er vor der Verängstigten herum. Dabei lachte er gruselig und sabberte vor Erregung.
Anfangs hatte sie sich gewundert, warum der Typ eine glänzende Nase gehabt hatte. Sie wusste ja nicht, dass sich Michael eine Salbe unter die Nase rieb, da dieser selbst von den vielen Gerüchen angewidert schien. Einst ein Geruchsfreund.
Er liebte die verschiedensten Parfümgerüche, Blumen und Kaffeenoten. Doch seit einiger Zeit mochte Michael gar nichts mehr riechen. Daran war nur einer schuld. Falko, sein Arbeitskollege. Dieser stank anders als die zuvor in der Wohnung versteckten Leichen.

# 26.

Hämisch feixend saß Michael in seinem Zimmer vor dem hellen Bildschirm seines Handys in dem abgedunkelten Schlafzimmer auf dem Bett und antwortete zwei Frauen gleichzeitig. Die Dating-App blieb selten still. Instagram meldete sich nun auch zu Wort. Eine Nachricht folgte der nächsten.
Ungestört vom süßlichen Geruch des Todes, der in der Luft lag, tippte der Altenpfleger freudig drauf los. Ihm war klar, jemanden zu töten sei eine ernste Sache, doch störte er sich nicht daran, dass er diese Last ein Leben lang mit sich trug. Er hatte seinen Therapeuten und verließ sich auf sein Talent.
Standen die Nachrichten der beiden Frauen doch im Vordergrund. Eine neue Liebschaft namens Melanie S. und die alte Flamme Frederike.
Die einzelnen Zersetzungsprozesse, die zum Abbau organischer Substanzen führen, hatten sich längst über Falkos Körper hergemacht. Wo einst ein muskulöser junger Mann, gefoltert an den Beinen von der Decke hing, war nur noch ein eingefallenes Etwas zu sehen. Die gelbliche Haut, die sich eng um jeden sichtbaren Knochen schmiegte, glich der einer frischgetrockneten Kerze.
Mitleid war ihm fremd. Nun war der Körper perfekt. Michael hatte seinen ehemaligen Kollegen in Frischhaltefolie gewickelt. Schließlich wollte er

noch etwas von ihm haben.
Die schwarzhaarige Schönheit lag auf einer ausgebreiteten Plane und gammelte ebenso vor sich hin. Wo einst das blühende Leben an der naiven Schale des Mädchens kratzte, haftete nur noch eine ekelhafte Kruste. Die Tattoos hatte er säuberlich herausgeschnitten.
Gerne wusch er ihren Körper, studierte jede Veränderung und hielt diese schriftlich fest. Das Diktiergerät war ihm nicht mehr so wichtig wie damals, als er die Technik für sich neu entdeckt hatte.
Doch mit der Zeit verlor das Gerät in Michaels Augen an Gewicht. Seine Ejakulationsflüssigkeit über der Toten zu verteilen, war ihm auch nicht mehr wichtig. Es machte ihm keinen Spaß mehr. War sie lebend eine wahre Augenweide, sah sie mittlerweile fies und hutzelig aus. *Christians Profil* war weiterhin beliebt. Zum Glück hatte er anfangs mehrere Fotos von Falko geschossen.
Michael, der Verfasser der zahlreichen Texte, gezielt formuliert, schmeichelnd umgarnt und innerlich voller Hass, wurde von der Damenwelt verehrt. Hätten die Frauen doch gewusst, wer sich hinter dem perfekt durchdachten Profil versteckt hielt.
Er freute sich über jede Nachricht, die im Postfach eintrudelte, wusste er jedoch, dass die empfangenen Liebeszeilen nicht wirklich für ihn bestimmt waren.
*Hi Christian, ... Hallo, schöner Mann ... Na, Du! ... Hi, wie kann man nur so verdammt heiß aussehen?* ...
Er verschlang die Nachrichten mit einem breiten Grinsen in seinem teuflischen Gesicht und war in dem Moment des Lesens nicht Michael, sondern

sein alter Ego Christian – und das fühlte sich gut an. Doch schnell holte ihn die Realität wieder ein.
Die letzte Chatpartnerin ging ihm mit der Zeit auf die Nerven. Augenrollend scrollte er die Zeilen herunter. Nur sporadisch bis gar nicht antwortete er ihr. Sie fingen zu streiten an. Die Frau, die sich hinter dem Pseudonym HotDevil283 versteckt hielt, warf ihm betrügerische Absichten vor: *Niemals bist das du auf den Fotos. Ein Mann würde keine so schönen Texte schreiben.*
Die Frau ließ nicht locker und verlangte immer wieder Fotos von ihm, trotz zertifiziertem Profil. Als Michael den Spieß umdrehte und von ihr Fotos verlangt hatte, wurde er ohne Vorwarnung und Erklärung blockiert.
Gefrustet von ihrer arroganten und vorwurfsvollen Art schlich er eines nachts in die Wohnung von HotDevil283 und legte sich dort auf die Lauer. Es war ein Leichtes für Michael, ihren aktuellen Wohnort herauszufinden. *Der Hintergrund eines Fotos verrät so einiges.* Ohne, dass sie es mitbekam, verbrachte er viele Stunden unter ihrem Bett, geisterte in der Dunkelheit durch die Räumlichkeiten und stöberte in ihrer Privatsphäre herum.
War ihm langweilig, schaltete er zu nachschlafender Zeit, wenn HotDevil283 alias Sandra Gärtner längst im Traumland schlummerte, den Fernseher oder das Küchenradio ein und aus, bis sie erschrocken erwachte.
Er versteckte manchmal ihre Schlüssel und räumte in der Wohnung um. Doch am liebsten roch er an Sandra, während sie schlief. Auch wenn er keinen echten Draht zu ihr hatte.

Michael verabreichte ihr manchmal eine niedrige Dosis Propofol, um sie dann gegen ihren Willen zu vergewaltigen. Er spritzte ihr den Cocktail in den Fuß.
Ihm war bekannt, dass bei einer niedrigen Konzentration im Blutplasma der Wirkstoff einschläfernd und gedächtnisausschaltend wirkte. Der Fuß war eine willkürliche Wahl, da Sandra sehr reizende und gepflegte Füße hatte. Eigentlich stand er nicht auf Füße. Doch bei ihr machte er eine Ausnahme.
Mit einer versteckten Kamera, die auf ihr Bett gerichtet war, ergötzte er sich an den morgendlichen Wachphasen nach der Propofol-Verabreichung. Wenn sie mit dickem Schädel und zweifelndem Blick durchs Zimmer schaute, dabei durchfuhren ihre beiden Hände in regelmäßigen Abständen ihr von der Nacht zerzaustes Haar, fast hasengleich suchend und verwirrt in jede Ecke sprang, erst dann ging es Michael super.
Gerne schrieb er mit den Frauen im Internet, gaukelte ihnen vor, was sie hören wollten. In Michaels Augen waren die meisten Frauen nichts weiter als Bumsobjekte. Besonders die Feministinnen triggerten ihn.
Frauen, die sich über das Ampelmännchen beschwerten, aber die Frau mit Kind auf dem Verkehrsschild Geh- und Radweg war für sie normal. Frauen waren für ihn dumme Lebewesen, vergleichbar mit Hunden. Und er hasste diese sabbernden Viecher.
Als Kind ist er von einem Schäferhund in die Wade gebissen worden. Noch bevor er sich an den Hunden *überhaupt* verging. Michael mochte keine Tiere.

Michael verspottete Menschen, die um ihre verstorbenen Haustiere trauerten.
Er selbst hatte eine Katze von seiner Oma geschenkt bekommen. Da war er gerade neun Jahre alt. Sie sollte über die Trauer um den Verlust seiner verstorbenen Eltern helfen, wusste seine Oma jedoch nicht, dass der Junge nicht trauerte und die Katze kein gutes Ende in den Armen des Kindes finden würde.
Michael schaute sich das kleine Wollknäuel an, doch hatte er keinerlei Verwendung für das Kätzchen *gehabt*. Er konnte damit nichts anfangen. Der große Stein, der zusammen mit dem Kätzchen im Teich landete aber schon.
Noch einmal kurz in Erinnerungen schwelgen. Blutbeschmiert lag die schwarzhaarige Schönheit auf einer versifften Matratze und jammerte leise wirres Zeug vor sich hin. Speichelspuckendes Gejurze ertönte. Sie war blass und entkräftet. Die Lippen spröde und rau vor Durst. Ihr Körper schmerzte, der Intimbereich juckte und brannte.
Konzentriert auf die Tastatur hämmernd, drehte sich Michael genervt von den undeutlich ausgesprochenen Worten der Achtzehnjährigen um, schlug mit beiden Fäusten vor Wut auf die Tischplatte und warf dem Mädchen einen Aschenbecher gegen den Kopf.
*Der Knebel muss wohl fester gezogen werden?*
»Du sollst dein Maul halten, dumme Kuh!«
Michael war außer sich vor Wut. Er tippte mehrmals ein und denselben Satz. Seine Konzentration ging flöten, als ihm plötzlich Melanie S. ein Foto von ihrem nackten Hintern schickte. *Bitte melde dich bei mir. Du machst mich scharf.*
Mit dem Erhalt des Pics war sein Gemüt wieder

ganz oben, und den nervigen Störenfried im Nacken konnte er auch wieder ausblenden. Mit dem Mädchen war er durch. Die Konzentration war wieder bei einhundert Prozent.
So gerne er der Schülerin auch nahe war, lag sein Fokus nun auf Melanie S., und die schöne Schwarzhaarige hatte ausgedient.
Mit einem Foto seines besten Stücks antwortete er Melanie S. und teilte ihr mit, dass er sie gerne treffen würde. Dabei spielte es für ihn eine enorme Rolle, dass sein bestes Stück noch nicht gewaschen war und noch etwas von Sarah an ihm haftete.
*Schreiben ist o. k., doch möchte ich gucken, ob es live auch passt.* Melanie S. war nicht abgeneigt, schickte Herzchen-Augen als Antwort auf das empfangene Penisbild. Sie schrieb hinzu: *Gerne möchte ich dich treffen. Sehr gerne sogar.*
Siegessicher klatschte Michael in die Hände, als es wieder ploppte. Eine Nachricht von Frederike trudelte fast zeitgleich ein.
Sie schrieb ihm, dass sie sich auf Freitag freuen würde und es kaum noch abwarten könnte. Michael schickte ihr ein Herz und widmete sich schnellstmöglich wieder der Neuen.
Lautes Gestöhne ertönte erneut. Das junge Mädchen erwachte erneut mit mörderischen Kopfschmerzen. Sie weinte und flehte. Der Knebel in ihrem Mund scheuerte an den Mundwinkeln. Sie wollte gehen. Versprach ihrem Peiniger, dass sie niemandem etwas verraten würde.
*Ich sag niemanden etwas. Versprochen ...*
Michael erhob sich von seiner ledernen Sitzgelegenheit, stützte sich dabei mit beiden Händen auf der

Schreibtischplatte ab, streckte sich in alle Richtungen und trabte schweren Schrittes zum Bett rüber, wo die Achtzehnjährige auf einer Plane lag.
»Ich werde dich jetzt befreien.«
Sie nickte, legte ein Lächeln auf und grinste vor Erleichterung mit ihren Augen.
Michael hingegen schmiedete nichts Gutes in seinem Kopf. Er zog das Mädchen zum Bettende hin, spreizte ihre Beine weit auseinander, um sie ein weiteres Mal zu vergewaltigen.
»Gleich bist du frei. Ein letztes Mal noch!«
Müde und erschöpft ließ sie einen weiteren Übergriff über sich ergehen. Sie hoffte so sehr auf seine Worte und wollte nur noch da raus. Die Abiturientin wollte zu ihren Eltern und zu ihrer jüngeren Schwester, als sie plötzlich einen brennenden und kurzen Schmerz an ihrem Bauch verspürte.
Während des nicht einvernehmlichen Geschlechtsverkehrs schnitt Michael wahllos mit einem Taschenmesser auf ihrer Haut herum. Ihm war langweilig. Kannte er doch den Sex mit ihr schon zur Genüge.
Erst waren es leichte Schnitte, dann folgten welche mit mehr Druck.
Sein Gedanke lag der Öffnung der Bauchdecke des Mädchens nahe. Er wollte seinen Penis sehen. In ihrem Innersten. Michael hatte noch nie eine Gebärmutter offen liegend erblickt.
Der Altenpfleger hielt Wort und schenkte seinen Gedanken die Freiheit. Die schwarzhaarige Schönheit stieß kurz auf. Sie konnte nicht mehr weinen. Die Stimme blieb ihr weg.

In Michael passierte in genau diesem Moment etwas. Ein unbeschreibliches Gefühl durchströmte seinen angespannten Körper. Wo er einst seine Zwänge, Kindern nichts anzutun, beiseite, in weite Ferne, drängte, hatte er diesen Kopfsalat nun akzeptiert. Michael hinterfragte nichts mehr. Die schöne Schwarzhaarige war aus genau diesem Grund in sein Leben getreten. Da war er sich zu einhundert Prozent sicher.
Ein leises Aufstöhnen, dann erlosch ihr letzter Atemzug in Michaels Gehör.
Er hielt ihr Gesicht fest und atmete tief ein. Mit einer Inbrunst saugte er ihren letzten Duft auf.
»Ich habe dir versprochen, dass ich dich gehen lasse. Es ist leider nur etwas schade um deine Tattoos.«

# 27.

Heinz war ein schwer schuftender und ehrlicher Mann, der seinen beiden Frauen im Leben eine glückliche Oase auf dem Bauernhof ermöglicht hatte. Für ihn gab es nichts Wichtigeres als das Familienleben. Seine Frau und seine Tochter waren ihm das Liebste und Teuerste auf der Welt.
Auf der Farm am Rande der Stadt Halle lebten vier Kühe, zwölf Hühner, vier Schweine und sieben Hasen. Neben dem Getier hatte Heinz Kartoffeln, Möhren sowie Birnen, Kirsch- und Apfelbäume gepflanzt.
Ein großer Teich, auf dem ein Angelboot an einem kleinen Steg befestigt auf der weichen Wasseroberfläche schunkelte und unzählige kleine Katzenjungen, die über das Gelände streiften. Das Paradies auf Erden.
Schulklassen aus der Stadt und aus dem Umkreis konnten auf dem Gut Projekttage abhalten oder Klassenfahrten verbringen. Naturbewusste Klassenfahrten, wo die Kids am Tage auf dem Bauernhof arbeiteten und mit anpackten und ab dem Nachmittag die Freizeit auf dem Anwesen genossen. Heinz erfreute sich an den lebhaften Gelache und Gemache.
Mit den Jahren spazierten hunderte Schüler über seinen Bauernhof und als es endlich so weit war und

seine mittlerweile erwachsene Tochter einen gesunden und wohlgenährten Jungen zur Welt gebracht hatte, vermachte er seinem Enkel, ohne auch nur mit der Wimper zu zucken, den Hof.
Sein Wunsch war es, dass Michael eines Tages den Hof übernehmen und bewirtschaften würde. Ein guter und treuer Nachfolger, der das Erbe anträte.
Seine Tochter lebte einen anderen Weg und stieß damit ihrem Vater vor den Kopf. Doch lange hielt die Enttäuschung nicht an. Heinz war überglücklich und legte all seine Energie und Hoffnungen auf seinen Nachfahren. Doch spielte das blöde Schicksal in seine Karten.
Es war ein warmer und bunter Herbstnachmittag, als die Polizei bei Heinz und seiner Frau mit schlimmen Nachrichten aufschlug. Beiden Eltern war sofort klar, dass etwas mit Michael oder ihrer Tochter passiert sein musste. Als die Hof- und Gutsbesitzer von dem tödlichem Verkehrsunfall ihrer Tochter und dem Schwiegersohn erfuhren, brach eine Welt zusammen.
Die Eltern fielen in ein tiefes Loch. Die Tochter, in der Blüte ihres Lebens stehend, ist den beiden von der einen auf die nächste Sekunde genommen worden.
Die Frage, wer für Michael aufkäme, stellte sich nicht. Heinz und seine Frau nahmen den kleinen Jungen zu sich und zogen ihn wie das eigene Kind auf. Doch Heinz fand nie wieder in das Leben so richtig zurück.
Der Griff zur Flasche war nicht selten. Heinz ertrank seine Trauer im Alkohol. Mit der Zeit hatte

sich sein Zustand verschlimmert. Anfangs ohne größere Beschwerden. Zumindest keine, die auf einen schnellen Arztbesuch hingedeutet hatten.
Heinz war kein Schisser und erst recht kein Arztgänger. All die Jahre hatte er den Schmerz und die Ohnmachtsanfälle, sowie das häufende Urinieren bei Nacht ignoriert und als harmlos abgetan. Sein Freund der Alkohol hatte gut auf ihn aufgepasst.
Die Jahre vergingen und die Gesundheit von Heinz ließ stetig nach. Auf Drängen seiner Frau und von Michael hin, begab sich der sture Bock nun doch zum Arzt und bekam die Quittung für seine Engstirnigkeit. Man hatte ihm die Diagnose Prostatakrebs gestellt. Eine Welt zerbrach, doch wollte Heinz nicht kampflos aufgeben.
Geistesabwesend latschte Heinz mit schweren Schritten über die Flure des Krankenhauses. Mit der Hiobsbotschaft im Gepäck hatte sich Heinz kurz fallen lassen, doch stand er ebenso schnell wieder auf und wollte nicht dabei zusehen, wie der scheiß Krebs seinen Körper zerstörte.
Mittlerweile war der einst so stolze Besitzer eines Bauernhofes siebenundsiebzig Jahre alt und hatte sich nach mehreren gescheiterten Chemos mit dem Schicksal KREBS IM ENDSTADIUM abgefunden. Er wollte nur noch genießen und die Zeit, die ihm blieb, sinnvoll verbringen; als an einem Mittwochmorgen erneut der Sensenmann an Heinz' Zimmertür geklopft hatte.
Wie gewohnt trank er seinen Kaffee und aß sein geliebtes Spiegelei in der Küche, als ihm plötzlich schwindelig wurde, und der Kopf stach. Es füllte

sich so an, als hätte man mit einem Akkubohrer tausend kleine Schrauben in seinen Schädel gebohrt. Heinz' Sprache war verwaschen und er konnte nicht mehr mit seinem Gesicht spielen, so wie er es sonst immer tat.
War seine Frau fertig mit dem Kochen, dann hatte Heinz immer diese komischen Grimassen gezogen. Verzogene Gesichter, die seine Frau auf den Tod nicht leiden konnte.
*Du siehst dadurch so hässlich aus!*
Gedankenkontrolliert ließ Michaels Oma die Bratpfanne zu Boden fallen und rief sofort den Notarzt. Michael war ebenfalls informiert worden und kam im selben Moment wie seine Oma, die ihm die schlimme Nachricht mitgeteilt hatte, ins Krankenhaus.
Für alle Beteiligten war das eine furchtbare Zeit. Michael ließ sich freistellen und unterstützte seine Oma auf dem Hof. Er kümmerte sich um die noch wenigen Tiere und übernahm die pflegerischen Aufgaben bei seinem Opa. Heinz war es wichtig, dass er zuhause leben und die letzten Wochen und Monate verbringen durfte.
Es lag ihm fern, in ein Pflegeheim zu ziehen. Schließlich war sein Enkel ein gelernter Pfleger, und so lag es in dem Ermessen seines Opas, dass er sich auch um ihn kümmern würde.
In der Nacht von Sonntag auf Montag hatte Heinz wilde Geschichten gestammelt. Er lief am Stock durch das dunkle Haus, doch nicht lange, da die Kraft fehlte. Die Bewegungsmelder im Flur des alten Gutshauses sprangen an. Seine Frau ist von dem Gepolter und Gerede wach geworden, suchte ihren

Mann vergeblich. Kaum hatte sie nachts durchgeschlafen. Die Angst um ihren Mann stahl ihr die ruhigen Minuten.
Michael, der unten im Wohnzimmer auf der Couch nächtigte, schrak hoch und rannte zu seinen Opa, der in der Küche neben dem Kühlschrank stand und in die Ecke gepinkelt hatte. Heinz war nicht mehr bei sich. Ständig sah er Waldtiere durch sein Haus spazieren oder sprach mit längst verstorbenen Freunden.
Diese Momente waren für Michael und seine Oma die gruseligsten.
Michaels Opa blieb meist mitten im Raum stehen und unterhielt sich mit einem unsichtbaren Freund. Beide waren sie stolz auf Heinz, dass er fleißig in Bewegung blieb, sich von der einseitigen Körperlähmung nicht einschüchtern ließ, doch bekamen sie es immer mehr mit der Angst zu tun.
Der körperliche Zerfall seines Opas machte etwas mit ihm. In Michael war etwas gestorben. Frühzeitig verlor der damals noch kleine Bub seine Eltern, das Liebste in Michaels jungem Leben, und dann seinen über alles geliebten Opa.
Jeder Mensch, der für Michael von großer Bedeutung war, verließ ihn. Seine Oma hielt nicht lange durch. Zwei Monate nach dem Tod ihres Mannes ging auch sie hinterher und verließ Michael.
Nun stand er da, vor dem Hof, der nun ihm gehörte und wusste nicht, was er damit anfangen sollte. Geld musste her. Michael liebte die Natur und war sehr gerissen, was das Umbauen, das Dekorieren anging. Der Keller des Haupthauses war tief unter der Erde. Ein Nutzen für diese dunkle und von Spinnenweben

befallene Räumlichkeit war schon bald gefunden.

28.

Zu Sarahs siebzehnten Geburtstag schenkten wir unserer Tochter nach langem Gesabbel dieses komische Tattoo. Ich war dagegen, doch hatten sich mein Mann und meine Tochter verbunden und meine Stimme erdrückt.
Ihre Argumente schlugen ein wie eine Bombe. Unsere Tochter wusste, wie sie mit uns reden musste. Ihren Papa konnte sie schnell bezirzen. Bei mir hatte sie da etwas schwerere Karten. Sarah zeigte uns mehrere Tattoo-Vorlagen und nach stundenlangem Gesuche hatte sie sich dann für eine kleine Palme oberhalb des linken Knöchels entschieden.
Eine Tattoo-Erinnerung an den letzten Urlaub. Nicht wirklich groß. Es war klein, doch störte ich mich jeden Tag daran. Ich mochte die Bildchen einfach nicht.
Unsere Tochter war schließlich keine Heimatlose oder irgendein dahergelaufener Sträfling. Ich konnte nicht verstehen, wie man sich freiwillig die Haut verschandeln lassen will.
Anders war es bei ihrem Vater. Er hatte nichts dagegen. Er war recht entspannt, was das Thema Tattoo anging.
Hätte unsere Tochter aber von einem Piercing gesprochen, dann hätte die Geschichte eine andere Wendung genommen. Da bin ich mir ziemlich sicher.
Mit achtzehn kam dann ein weiteres Tattoo hinzu, welches wir jedoch nicht zu Gesicht bekamen. Es

war ein Schmetterling auf dem Rücken, mit ausgebreiteten Vorder- und Hinterflügeln. In einem ungesehen Moment konnte ich einen kurzen Blick drauf werfen. Mir gefiel nicht, was ich sah. Was aber sollte ich machen.
Sie war zu einer jungen Dame herangewachsen. Volljährig und wunderschön. Außerdem mochte sie dieses Insekt. Für unsere Tochter stand ein Schmetterling für Freiheit und Neuanfang. Sie haben eine kurze Lebenserwartung, doch sind es wunderschöne Geschöpfe. Dieser Spruch stand an der Tapete in ihrem Zimmer geschrieben.
Mit den Tattoos auf ihrer Haut hatte sich Sarahs Selbstwertgefühl und das Selbstbewusstsein zum Positiven gebessert. Anfangs war sie schüchtern und traute sich nichts zu, was sich dank der Tattoos änderte.
Die Jungs aus der Schule fanden unsere Tochter toll. Fast jeder Bub hatte Gefallen an Sarah gefunden. Sie lachte viel und war ein sehr aufgewecktes Mädchen. Auch mit der Schüchternheit. Doch gab ihr das längst nicht die Selbstachtung, welches sie längst in sich trug.
Oft saß sie in ihrem Zimmer, kämmte sich das schwarze Haar und malte in ihrem Buch herum. Ihr Traum war es, später einmal eine berühmte Malerin zu werden. Sarah zeichnete gerne und viel. Talent hatte sie besessen.
Mein Mann hatte ihr dabei kräftig unter die Arme gegriffen. Die Unterstützung war groß. Denn auch mein Liebster war ein begnadeter Künstler. Er jedoch liebte das Porträtieren von Menschen.

Das Talent ist ihr in die Wiege gelegt worden. Unsere Tochter war ein kleiner Sonnenschein, der sich nach und nach mehr im Internet befand als draußen im wirklichen Leben. Darüber hatten wir oft diskutiert und ich versuchte sie zu verstehen.
»Warum gehst du mit deiner Freundin nicht raus, vor die Tür?«
»Oh, Mama. Nerv nicht. Ich kann doch machen, wonach mir ist. Immer mache ich das, was ihr wollt. Jetzt habe ich mein Abi und möchte leben.«
»Ja, das verstehe ich. Doch was hat das mit dem Internet zu tun? Triffst du dich da mit Leuten, oder wie?«
»Mama, lass mich bitte in Ruhe. Was ich da mache und ob ich jemanden treffe, ist ja wohl bitte meine Angelegenheit.«
»Nein, ich möchte schon wissen, mit wem du verkehrst«
»Mama, du merkst gar nicht, wie dolle du mich einengst. Lass mich und gib mir doch bitte einfach nur mal Luft zum Atmen.«
»Was machst du? Triffst du dich mit Männern?«
»Mama, geh jetzt raus aus meinem Zimmer! Hau ab …«

## 29.

Michael war zwölf Jahre alt, als er zum ersten Mal in den Genuss der Jagd kam. Getötet hatte er schon, doch war ihm das Spiel um Leben und Tod *noch* fremd.
Ungesehen schnitt der damals Zehnjährige den Hühnern und später den Ziegen, die bei seinen Großeltern mit auf dem Hof lebten, die Kehlen durch. Der Junge wollte wissen, wie warm Blut ist und wonach es riecht.
Mit zwölf Jahren sah die Sache ganz anders aus. Er jagte keine Feldhasen oder Mäuse mehr. Michael hatte es auf seine Klassenkameraden und deren Freunde abgesehen. Dabei stieß ihm Jeanette, eine Freundin seiner Klassenkameradin Julia, ins Auge. Ein Mädchen, welchem er nicht nahe sein wollte. Nein. Er wollte es quälen.
Jeanette war ein freches Ding. Sie liebte die Aufmerksamkeit der massenhaften Augen der Jungs, alberte mit den Anhimmlern herum und erfreute sich an den giftigen Blicken der eifersüchtigen Freundinnen, derer, die sie anschmachteten.
Jette war vorlaut und wild. Das Mädchen aus Bruckdorf fiel auf. Sie wollte in aller Munde sein. Sorgte sie selbst für ihren verruchten Ruf. Viel musste das junge Unschuldslamm nicht dafür tun.
Einige Jugendliche aus den umliegenden Dörfern beschimpften sie hinterrücks als Schlampe und Nutte. Andere beleidigten sie als Dorfmatratze.
Jeanette wusste von ihrem Ruf. Ihre Freundin

Tatjana, ebenfalls eine Dorfschlampe, hatte mit den Beleidigungen schon mehr zu kämpfen.
Sie liebte es, mit den Typen durchs Feld zu gehen, doch wollte sie nicht beleidigt werden. Aber anders als ihre Freundin, sagte Tatjana ab und an auch mal *NEIN*.
Ihrem Ruf machte Jeanette alle Ehre. Keine Frage. Sie wusste von den garstigen Worten der anderen. Gerade die Weiber, die Jette als Nebenbuhlerin sahen, entwürdigten das Mädchen. Es war ihr aber egal.
Oft spielten die Mädchen der Dörfer der Eigenbrötlerin und ihrer Freundin Tatjana Streiche. Böse Witzeleien, die etwas mit der Psyche gemacht hatten. Sie bewarfen beide Mädels mit Eiern oder schlugen ihnen beim Vorbeilaufen mit den Fäusten ins Gesicht. Besonders Jeanettes Freundin, da sie mit ihrer arroganten Art jedem auf die Nerven ging.
Jeanette jedoch störte sich nicht an den Schlägen. Auch nicht an dem Gespucke und den Wutausbrüchen der anderen Mädchen, zahlte sie doch den Hühnern alles heim, indem sie mit ihren Freunden rummachte. Umso gehässiger die Hühner wurden, desto dreister ging Jeanette vor.
Jeanette war keine wirkliche Schönheit. Sie war nicht hässlich, zählte aber auch nicht zu den Top Ten. Nur nutzte sie ihre verführerischen Talente und erfreute sich teuflisch daran, dass sie den Dorfweibern eins reinwürgen konnte.
Ihre Kleiderwahl, lasziv und bot tiefe Einblicke, der Ruf, der ihr vorauseilte und den verbreiteten Gerüchten zufolge, sie würde auf Verhütung verzichten und alles machen, machten sie für den einen

oder anderen pubertierenden Jungen äußerst attraktiv.
Michael aber war es egal, ob sie beliebt war oder von allen gehasst wurde. Ob Jette hübsch oder weniger ansehnlich war. Ihm ging es nicht um Äußerlichkeiten. Ihm war wichtig, dass er ihr Vertrauen gewinnen konnte. Koste es, was es wolle.
Jede gewonnene Errungenschaft, war ein weiterer Pokal für den höllischen Jungen. Mit Worten verzaubern, nahezu hypnotisieren, das konnte er sehr gut.
Mit seiner humorvollen Art schaffte es der narzisstisch veranlagte Kerl schnell, die Aufmerksamkeit von Jeanette zu gewinnen. Manipulativ und für ihn gewinnbringend.
Anfangs etwas zurückhaltend, näherte sie sich schließlich dem Schmeichler. Jeanette störte sich nicht an den Narben in seinem Gesicht. War er doch irgendwie süß, wie sie fand. Etwas anders als die anderen Idioten, die sie kennengelernt hatte.
Jeanette fand *sehr* schnell Gefallen an dem Typen aus der Stadt. Sie verbrachte gerne Zeit mit Michael. Viel Zeit. Sie investierte jede frei Minute. Vergaß sogar ihre beste Freundin.
Beide fühlten sich missverstanden und hassten teilweise die Welt, in der sie lebten. Beide waren sich sicher, anders zu sein als die anderen. Er musste es dem naiven, teils dümmlichen Mädchen nur immer wieder eintrichtern.
An einem lauen Sommer-Wochenende, Jeanettes Eltern waren in Thüringen bei einer Beerdigung, ließen es sich die zwei Teenager bei Jettes Eltern im Haus gutgehen.

Das junge Mädchen genoss das Interesse, welches Michael ihr schauspielerisch entgegenbrachte. Auch wenn sie es nicht offen zugab.
Michael war einen halben Kopf kleiner, schwätzte gerne und erzählte ständig Witze. Mit Worten überspielte er seine etwas dürftige Körpergröße. Doch das störte das Mädchen nur wenig.
Sie fand ihn niedlich und drollig. Ihre Augen strahlten. Noch nie zuvor hatte es ein Junge geschafft, sie so glücklich und zugleich verrückt zu machen. Michael hatte etwas an sich, was ihr imponierte, das sie sogar sexy fand.
Gemeinsam saßen die Freunde auf der grünen Ledercouch im Wohnzimmer von Jettes Eltern, schauten einen Horrorfilm und aßen Popcorn aus einer Glasschüssel. Die Geräuschkulisse des Films war enorm. Michael schmunzelte bei jedem Zusammenzucken seiner Auserwählten, als es plötzlich am Hoftor schepperte.
Es klopfte drei Mal laut gegen das hölzerne Einfahrtstor. *Rumms …*
Erschrocken von dem Lärm vor dem Haus, schalteten sie den Ton am Fernseher leiser und linsten vorsichtig durch die halb heruntergelassene Jalousie hindurch.
Michael war etwas angefressen, da der Krach ihn aus seinen Gedanken gerissen hatte.
»Das sind nur Kai und Bommel«, stieß Jeanette erleichtert aus.
»Was wollen die hier?«, wunderte sich Michael.
»Keine Ahnung! Sollen wir zum Tor gehen und fragen, was sie wollen, Michael?«

Der Junge hockte auf der knautschigen Couch, genoss zeitgleich die Nähe seiner neuen Freundin und fuhr ein gedankliches Karussell.
»Klar! Holen wir sie rein …«
Kai und sein Kumpel Bommel betraten leicht angetrunken den Hof von Jeanettes Eltern und fielen dem jungen Mädchen ungefragt um den Hals.
Bommel küsste ihr ständig auf die Wange und seine Hände ließen nicht von dem jungen Mädchen ab. Besonders angetan hatte es ihm ihr Po.
Sein Kumpel Kai hingegen wuschelte Michael ständig mit der Faust über den Kopf und schikanierte den Jungen wegen seiner Narben. Er hatte ja gut lachen.
Kai war mit seinen vierzehn Jahren deutlich größer gewachsen als seine Freunde. Schon mit dreizehn Jahren maß er einen Meter dreiundachtzig, was ihn dazu beflügelt hatte, auf Kleineren herumzuhacken.
Oft nannte er den Jungen aus der Stadt Falten-Pfirsich, oder, auch beliebt, Landkartengesicht. Spitznamen, um die Michael nicht gebeten hatte. Er selbst hätte sich auch nicht für diese abstrusen Namen entschieden.
Genervt von den beiden Störenfrieden, saß er launisch und frustriert im dunklen Wohnzimmer auf der Couch, angestrahlt von dem flimmernden Fernseher. Die beiden Eindringlinge nervten und quatschten nur dämliches Zeug.
Michael schmiedete einen wilden Plan, wie er die Typen loswerden würde.
Er verstand nicht, weshalb Jeanette diese Idioten mit ins Haus einlud. Noch dazu hatten sie nur Flausen im Kopf und waren sicher nicht in guter Absicht

vorbeigekommen.
*Ich hasse sie. Alle drei, wie sie da sitzen!*
Ohne dass die anderen es mitbekamen, schlich sich Michael später während des Films aus dem Haus raus und verschwand im gegenüberliegenden Scheunengebäude des Grundstückes. Diesen verlassenen Bau nutzten Jettes Eltern als Unterschlupf für sämtlichen Müll und Krempel.
Der Mond stand günstig.
Der helle Riese am Sternenhimmel leuchtete die ehemalige Scheune nur dünnhäutig aus. Aber ausreichend für Michael. Jedoch schlecht für die drei.
Er konnte sich im weißen Licht, welches durch die kaputten Fenster der alten hölzernen Scheune und durch die von Witterungen entstandenen Löcher in den Holzwänden schien, orientieren und leichtfüßig bewegen. Als wäre er schon einmal dort gewesen.
Der Junge aus der Stadt fühlte sich sicher in der erdrückenden Dunkelheit. Hier konnte er loslegen und für Chaos und Entsetzen sorgen.
Das langgezogene Depot mit dem kaputten Dachstuhl war aus den frühen zwanziger Jahren. Es roch modrig, und überall hingen vom Staub schwarz gefärbte Spinnenweben von den Decken herunter. Mäuse, Käfer und anderes Getier hatte sich dort heimisch eingefunden.
Das alte Klo und eine Schlafkammer, beides bis zur Unkenntlichkeit verrottet und vergammelt, drückte der Scheune einen ganz besonderen Stempel auf.
Im unteren Bereich waren drei alte Kammern, die in den letzten Jahren als Abstellabteile herhalten mussten. Einst für Pferd und Schwein gedacht, erinnerte nichts mehr an Damals.

Von den guten alten Zeiten war nichts mehr zu sehen. Die kleinen Tore hingen an verrosteten Scharnieren und die Mauern standen schief, der Putz war brüchig und dünn.
Unter dem Dach des spröden Gebäudes, zwischen dem ganzen Gerümpel und dem wenigen Heu, versteckte sich Michael in einer größeren Nische und verursachte lauten Krach. Gewollten Terror für die Ohren der im Haus sitzenden Nervensägen.
Lange musste er in dem Versteck jedoch nicht ausharren. Die erhofften Opfer betraten recht zügig mit einer Taschenlampe bewaffnet die alte Scheune. Dabei drehten sich die beiden Jungs fast furchtlos in alle Richtungen; wussten sie doch nichts von ihren heimlichen Bewunderer.
Noch immer leicht angetrunken und denkend, sie seien Supermänner, stampften Bommel und sein Kumpel ziellos durch die Scheune. Grillengezirpe und nächtliches Gezische waberten durch die Luft. Die Ahnungslosen wollten dem Mädchen imponieren.
Die Sterne funkelten am schwarzen Himmel hell und der gruselige Mondschein streifte über die Köpfe der Jungs.
»Ich glaube, das kommt von dort«, flüsterte Bommel leise in Kais Richtung.
»Eine Katze? Ein Marder?«
»Ich habe keine Ahnung, Kai. Doch wo ist nur dieser kleine Spinner hin?«
»Ja, Michael ist schon seit einer ganzen Weile weg! Ob er Verstopfung hat und auf dem Klo sitzt?«, scherzte Kai lachend.
Mit pochendem Herzen und der angestauten Wut in

der Magengegend blieb er mucksmäuschenstill in seinem Versteck, hielt den Atem an und wartete auf den richtigen Zeitpunkt. Er hasste es zutiefst, wenn man sich über ihn lustig machte.
Während die beiden Jungs durch die riesige Scheune latschten, mit der Taschenlampe wild in der Gegend herumfuchtelten, warf Michael mit Steinchen.
Er wollte die Jungs an eine ganz bestimmte Stelle locken. Sie mussten nur noch die alte Treppe hinauf unters Dach steigen. Mehr nicht.
Langes Warten blieb Michael an diesem Abend zum Glück erspart. Endlich in der Mitte des alten Heubodens angekommen, Kai und Bommel standen vor einer uralten Kiste, sprang Michael mit einem Seil in der Hand aus seinem Versteck hervor, schrie die beiden Jungs laut an, alle drei guckten sich in die Augen, und dann zog er kräftig an dem rauen Strick. Bommel und Kai schauten entgeistert nach oben und wurden von einem rostigen Betonmischer erschlagen.
Grinsend stand Michael vor dem Mischgerät, Bommels Gliedmaßen zuckten noch etwas, die Blutlache breitete sich aus und vermischte sich mit dem vom Staub bedeckten Holzfußboden, als Jette oben angekommen war und jämmerlich mit Schreien anfing.
Blitzschnell reagierend, drehte sich Michael um, griff nach einer von Schmutz und Spinnenweben befallenen alten Heugabel, der schmierige Ruß haftete an seinen schmalen Fingern, und rammte diese dem Mädchen mit voller Wucht in die Brust. Es knöchelte kurz und eine feine Wolke aus klitzekleinen Blutstropfen benetzte sein Gesicht.

Das Mädchen stolperte schmerzverzerrt rückwärts die kurze Treppe herunter, schaffte es, sich unten wieder aufzuraffen und kroch auf den Hof. Dort tastete es sich langsam und voller Schmerzen in Richtung Elternhaus, kippte nach hinten und fing sich an der rauen Wand des Hauses ab.
Angelehnt an der frisch renovierten Fassade des Hauses, erlosch ihr Lebensfunke schnell. Michaels Stich war präzise gewesen. Verblüfft wie verwundert hatte ihn die Willensstärke des Mädchens.
Geistesgegenwärtig rannte er nun ins Haus und suchte Zettel und Stift. Er wollte nicht ohne ein Wort verschwinden. Es lag ihm fern, ihre Eltern unwissend zu lassen. Er kannte sie nicht, doch wollte er zu der ohnehin schon traurigen Nachricht etwas Salz in die Wunde streuen.
Mit glückerfülltem Blick stand er unter dem hellen Mondesschein, der zu Boden schlich, blickte auf sein Meisterwerk herunter und knipste schnell ein Foto von diesem. Jette mit der Heugabel in der Brust steckend zu sehen, war für ihn eine große Freude. Der Fotoapparat durfte nicht fehlen, er war sein ständiger Begleiter.
Auf einem weißen A4-Blatt standen die Worte WILLKOMMEN ZUHAUSE geschrieben.
Der Zettel selbst, mit Sekundenkleber an Jeanettes Gesicht gepappt.
In der Scheune schnappte er sich Müll und anderes Zeug und überdeckte die Leichen von Kai und Bommel damit. Dann zündete er ein Streichholz an und fackelte das alte Gut ab.
Die Jungs würden gefunden werden, das war ihm klar. Doch wollte Michael etwas Zeit gewinnen und

seine Spuren so gut es ging verwischen.
*Brennt ihr Loser. Brennt.*
Durstig nach Wissen, blieb Michael vor dem stärker werdenden Feuerchen kurz stehen, schloss die Augen und roch beherzt an den größer werdenden Flammen. Michael wollte unbedingt festhalten, wie verbranntes Menschenfleisch roch.
Im Haus selbst hatte der Junge mit einem Lappen alle Spuren von sich entfernt. Türklinken und Oberflächen gründlich gereinigt.
Die Würstchen im Kühlschrank blieben von den hungrigen Augen nicht unentdeckt. Michael wärmte sich das Fleisch in der Mikrowelle auf, währenddessen er saubermachte. Man sollte meinen, er hätte wortwörtlich mit der Zeit und dem Feuer gespielt.
Aufgeregt standen Nachbarn auf der Straße und alarmierten die Feuerwehr. Einige hatten versucht, über das brennende Tor auf das Grundstück zu gelangen.
Der Brand war also entdeckt, die lauten Rufe vor dem Tor nicht zu überhören, doch Michael ließ sich von dem Treiben auf der Straße nicht irritieren. Noch schnell einen Ring aus Jeanettes Zimmer gestohlen.
Das Glas, aus dem er getrunken hatte, auf dem Grundstück in tausend kleine Teile zerdeppert. Anschließend vergrub er die Scherben seelenruhig unter einer Hecke bis er endlich in der schützenden Dunkelheit verschwand.

# 30.

Auf dem Revier angekommen, fühlte sich Frederike unwohl, umarmt von Kälte und Negativität. Längst vergessene Bilder zeichneten sich neu in ihrem Kopf. Ungern betrat sie eine Polizeidienststelle. Die versuchte Vergewaltigung wühlte verdrängte Emotionen erneut bei der jungen Frau auf.
Stillschweigend stand Frederike vor der riesigen Glastür und schaute in den Anmeldebereich des Reviers hinein, sammelte sich kurz und ballte ihre Hände zu Fäusten. *Langsam und ruhig. Einatmen und Ausatmen.*
Die Scheibe war versehen mit fettigen Hand- und Fingerabdrücken. Frederike war sich unsicher darüber, welcher der richtige Weg sei.
Zeigt sie den schmierigen Arsch erneut an, schließlich hatte sie jetzt einen konkreten Hinweis, oder holt sie sich nur einen wertvollen Tipp ab.
Bei der Anmeldung blickte sie einem kuchenkauenden und krümelspuckenden Beamten ins Gesicht. Dieser machte einen leicht genervten Eindruck, als er Frederike sah, was für die junge Frau nicht förderlich war. Fühlte sie sich ohnehin schon missverstanden. Das fette, vom Kuchen erfreute Gesicht trug nicht dazu bei, dass die Ängste bei der jungen Frau schwanden.
Zum Glück dauerte es nicht lange und ein großer, bulliger Beamter betrat den Wartebereich des Reviers.
>>Sie möchten eine Anzeige aufgeben?<<
Frederike folgte seinem gigantischen Schatten in ein

karg eingeräumtes Zimmer, wo er die junge Frau noch einmal für kurze Zeit allein ließ.
Mit angespannter Körperhaltung nahm Frederike auf einem abgeranzten Stuhl Platz und schaute sich verschüchtert im Raum um. Ihre Finger verknoteten sich ineinander. Die Füße wippten nervös auf und ab.
Das Büro war klein. Tagsüber musste das Licht in dem Zimmer eingeschaltet bleiben, da wenig Sonnenlicht durch die dichten Bäume vor dem dreistöckigen Revier eindringen konnten. Im Winter war dieser Raum eine beliebte Zelle für Depression und Kühle.
An den Wänden hingen mehrere Kalender und Bilder, die ein Kleinkind gemalt haben musste. Anscheinend hatte der Beamte Familie. *Vielleicht ist er schon Opa?*
>>So, Frau Voigt, da bin ich wieder<<, trat der Polizist in das kleine Büro hinein.
>>Hallo!<<, antwortete Frederike etwas eingeschüchtert.
>>Sie sind jetzt hier, weil Sie eine Anzeige erstatten wollen, ist das richtig?<<
>>Nein. Oder vielleicht doch? Ich wollte fragen, wie ich mich verhalten kann, wenn ich dem Mann begegne, der mich vor zwei Jahren versucht hatte zu vergewaltigen?<<
Der Polizist hatte sich in seinen Bürostuhl gequetscht, tippte etwas auf der Computertastatur herum und spitzte immer mal wieder die Lippen.
>>Wissen Sie, solange er Sie jetzt nicht angegriffen hat oder Schlimmeres, können wir leider nichts unternehmen. Ich rate Ihnen aber, sich von dem Mann

fernzuhalten.<<

>>Das ist leichter gesagt als getan. Der hat ein Internetprofil, wo er mit jungen Frauen schreibt. Ein Fake-Profil. Ich bin darauf reingefallen und habe mich letztens mit dem Fake Christian treffen wollen und da stand er plötzlich …<<, sprach Frederike in einem aufgebrachten Ton.

>>Es ist schon schwer für mich, hier bei Ihnen im Büro zu sitzen. Ich fühle mich seit dem Vorfall nicht wirklich verstanden und sicher. Und jetzt sitze ich hier und gebe mir diese Blöße.<<

>>Das allein, Frau Voigt, reicht aber nicht aus, um ihn festzunehmen. Viele haben ein gefälschtes Internetprofil irgendwo angelegt.<<

Der Polizist hatte sich bei der jungen Frau mehrfach entschuldigt und mit beruhigenden Worten versucht, auf sie einzureden.

Frederike saß auf dem grau gepolsterten Stuhl in dem blumenüberladenen Büro und schämte sich in Grund und Boden. Sie wünschte sich ihre Freundin in das Dienstzimmer, die ihr zur Seite stand.

>>Das weiß ich auch. Ich wollte nur einen polizeilichen Rat haben, der mir vielleicht im besten Fall über die Angst hilft.<<

>>Sie brauchen doch aber keine Angst zu haben. Wenn sich der Mann Ihnen in der Stadt oder anderswo nähern sollte, dann rufen Sie laut um Hilfe. Wenn Sie schreien, schreckt das die meisten Straftäter ab. Somit haben Sie Zeit gewonnen und können die Polizei rufen. Sollten immer noch keine Passanten auf Sie aufmerksam geworden sein, dann rufen Sie laut FEUER. Da wird meist immer reagiert<<

Angepisst von der für sie nutzlose Hilfe des Polizisten, saß Frederike mit verschränkten Armen auf diesem ekeligen Stuhl. Mit wütendem Blick schaute sie zum Fenster heraus und pustete durch die Mund-Nasen-Maske laut aus.
>>Werden Sie gar nichts wegen diesem Schwein unternehmen, verstehe ich das jetzt richtig?<<
>>Doch! Ich habe mir den Profilnamen notiert und Ihre Aussage hier in meinem Computer festgehalten. Meine Kollegen, werden sich gegebenenfalls bei Ihnen melden, sollte noch etwas unklar sein, Frau Voigt. Ansonsten lege ich Ihnen nahe, gehen Sie diesem Menschen aus dem Weg. Überlegen Sie auch gut, was Sie machen. Nicht dass Sie sich noch womöglich eine Anzeige einholen.<<

# 31.

Mit großer Gespanntheit und ein wenig Nervosität fieberte Michael dem Date mit seiner Auserkorenen entgegen.
Mit den Beinen zappelnd und voller Vorfreude wie ein kleines Kind zu Weihnachten, saß der Mann in seinem BMW und tippte stürmisch auf dem Handy rum. Die Gefühle gingen mit ihm durch.
Willkürlich tanzten die von den stinkenden Zigaretten gelbgefärbten Fingerkuppen über das leuchtende Display.
Die Kippe, der Filter, war schon an seiner Unterlippe angetrocknet, glühte langsam vor sich hin und der kleine Aschenbecher in seinem Wagen füllte sich mit jeder weiteren Stunde, die er auf sein Date gewartet hatte. Es war nicht seine erste Kippe. Der Husten hatte sich auch verschlimmert.
War er aufgeregt, dann rauchte Michael eine Zigarette nach der anderen. Sie wuchsen ihm sprichwörtlich aus den Fingern. Er wollte nicht qualmen, doch sah er die Kippen als beruhigendes Laster an. Andere griffen zur Flasche und Michael quarzte wie ein Räuchermännchen.
Das Wetter war perfekt. Die Sonne schien hell am Himmel und die weißen Schleierwolken formten die lustigsten Tiere. Vogelgesänge, soweit man hören konnte. Die saftig grünen Baumkronen spende-

ten ein wenig Schatten und boten Eichhörnchen sowie Vögeln Schutz.
Die Hilfe, die Michael bekam, er nannte es Unterstützung, schien sich ausgezahlt zu haben. Er konnte sich über all die Jahre auf seine Partnerin verlassen. Sie war ihm gegenüber loyal und ehrlich, was Michael wichtiger als alles andere auf der Welt war. Er hatte seine Prinzipien und lebte nach den für ihn wichtig scheinenden Prioritäten. Seine schlanke Freundin half ihm stets aus der Patsche…

Seit den Kindheitstagen kannten sich die Freunde. Michaels Großeltern waren mit ihren Eltern seit Jahren gut befreundet. Beide Kinder waren sich vom Charakter fast ähnlich.
Sie hassten die anderen und liebten einander. Keine leidenschaftliche, eine freundschaftliche Liebe. Schon früh zeigte sich, dass für Michael weniger die Freundschaft als mehr der Zweck im Focus stand. Doch sie waren ein eingespieltes Team.
Zusammen hatten sie nur Blödsinn im Kopf. Sie bewunderte ihn, doch verschwieg sie ihre Gefühle. Sie unterdrückte diese und akzeptierte die Freundschaft. Wenn auch nur widerwillig.
Schnell hatte sich *auch* die Rangordnung gefestigt. Sie unterwarf sich Michael und fühlte sich sehr wohl in der Rolle des Bringers. Sie mochte die Anweisungen und auch den Ton, den ihr Kumpel stets an den Tag gelegt hatte.
Hauptsache die beiden konnten zusammen Zeit miteinander verbringen.
Sie war seine Augen und seine Ohren. Michael konnte sich blind auf seine Freundin verlassen.

Wusste sie *auch* ganz genau, was ihr bevorstünde, wenn sie ihrem Freund widersprochen oder im schlimmsten Fall ihn verärgert hätte. Dafür hatte Michael gesorgt.

Angst schüren und verbreiten. Sein liebstes Hobby.

Die Schulzeit war für die Freunde anstrengend und nicht immer leicht. Beide Kinder sind einander Freund gewesen, hatten aber Schwierigkeiten gehabt, woanders Anschluss zu finden. Aber nicht weil die anderen sie nicht mochten. Beide hatten *einfach* kein Interesse an den anderen Mitschülern.

Oft waren sie zu Geburtstagen eingeladen worden. Klassenkameraden versuchten, sie bei Teamarbeiten mit einzubinden, doch drangen sie bei keinem der beiden durch.

Sie, anders als ihr Kumpel Michael, hatte sich geehrt gefühlt. Sie freute sich über das Interesse der anderen, nur zeigte sie das nicht. Michael hätte das nicht gefallen und das wusste sie.

Ihm war es jedoch egal, wer von seinen Klassenkameraden Kontakt zu ihm gesucht hatte.

Er hörte auf die Stimmen in seinem Kopf und folgte ihnen blindlings.

Beide Freunde verbrachten viel Zeit miteinander, was nicht ungesehen blieb. Jede Sekunde. Jede Minute. Andere scherzten hinter den Rücken der beiden, sie seien ein altes Ehepaar. Nie hatte man einen der Freunde allein angetroffen.

Getuschel stand bald an der Tagesordnung. Seine Kumpeline war verletzlich und fiel nach und nach in sich zusammen. Michael nutzte ihren Gemütszustand schamlos aus und machte sie zu seiner persönlichen Sklavin.

Wo Verbindung wachsen und gedeihen sollte, hegte nur einer der beiden die Freundschaft. Der andere wollte herrschen und besitzen.
Michael manipulierte gerne und war ein Meister darin. Er hatte sich ein Mädchen aus der Schule ausgeguckt, welches er unbedingt haben wollte, und sie musste es für ihn in die Falle locken. Ein super Team, wenn da nicht ihre Gefühle für Michael gewesen wären.
Er war ein stiller Beobachter. Hing sein Kopf meist runter, das Gesicht zum Papier gerichtet, dachten die anderen in der Klasse, er würde nur doofes Zeug in seinen Block kritzeln. Dass jeder Einzelne von ihnen aber höchst sorgfältig beobachtet worden ist, davon bekamen sie nichts mit.
In der achten Klasse stieß während des ersten Halbjahres eine neue Schülerin dazu. Eine Schülerin, die ihm sofort ins Auge fiel. Sie kam vom Gymnasium, schaffte den schweren Unterrichtsstoff nicht und sollte in der Klasse wieder Ansporn finden.
Der Wechsel auf die Sekundarschule fühlte sich für die Neue gut an, wusste sie jedoch nichts von ihrem besonderen Klassenkameraden, der schon sehnsüchtig auf sie gewartet hatte.
Penny war eine sportliche Schönheit, die mit ihrer arroganten Art bei Michael sofort gegen eine Mauer lief. Sie dachte von der ersten Minute an, als sie das Klassenzimmer betrat, dass sie etwas Besseres sei, da sie vom Gymnasium kam und ihr die vielen Blicke der Jungs nicht unentdeckt blieben.
Überheblich und selbstverliebt. Michael bekam das große Kotzen. Hochnäsig stolzierend lief sie durch den Raum, als hätte sie einen Catwalk betreten. Sie

gab sich Michael und den anderen Jungs sehr offen, erzählte unüberlegt drauf los. Den Mädchen gegenüber drehte sie oft den Rücken zu. Mit denen wollte sie nichts zu tun haben. Mit den Jungs aber schäkerte sie.
Die Neue erzählte von ihrem eifersüchtigen Freund und flirtete mit den Jungs der Klasse. Ein verruchtes Ding. Sie zwinkerte und fasste jeden, mit dem sie sich unterhielt, an. Mal tätschelte sie die Beine, dann die Arme der Zuhörer.
Ihr Typ, so sagte sie, wäre zwar ihr Freund, doch verkündete sie gleich, dass sie noch jung sei und sich nicht fest binden wollte.
Oft hatte Michael versucht, ihren Worten zu folgen, dem Gequassel zuzuhören, doch bluteten ihm die Ohren bei ihrem dummen Gequatsche. Noch dazu mochte er ihre Klangfarbe nicht leiden. Sie war hübsch, doch hasste er ihr Getue.
Michael liebte die vollklingende Stimme in mittlerer Tonlage. Zu tief oder in dem Fall der neuen Klassenkameradin zu hoch, empfand er als grausam. Für Michael musste eine schöne Stimme resonanzreich und klangvoll sein.
Ihr verstelltes Erscheinungsbild glich einer Schlampe und passte zu ihr. Nicht nur einmal hatte er diese Worte vor sich her gemurmelt. Unechte Fingernägel. Falsche Wimpern. Das Gesicht, als wäre sie in einen Farbtopf gefallen. Diese Stimme.
*Die Alte sieht aus wie ein Clown!*
Die ganzen Unterrichtsstunden über hatte er sie nicht mehr losgelassen. Michael musterte die neue Schülerin und folgte ihr gedanklich auf Schritt und Tritt. Dabei wuchs eine Wut in ihm heran.

Nach der Schule traf sich Michael mit seiner Kumpeline und gab ihr klare Anweisungen. Er schickte sie vor, und sie lockte die Neue in vorgegaukelten freundschaftlichen Absichten nach der Schule in eine abgelegene Hütte.
»Das ist euer Clubhaus?«
»Ja!«
»Sieht ein bisschen schäbig aus, meinst du nicht.«
»Ach, Michael und mir gefällt es hier ganz gut.«
»Der Narbentyp und du? Echt?«
Sowie die Neue die letzten Worte ausgesprochen hatte, sprang Michael aus seinem Versteck hervor und fiel wie ein wildgewordenes Tier über die braunhaarige Mitschülerin her. Der Plan ging auf.
Wutgeladen und unkontrollierbar. Ihm stand der pure Hass ins Gesicht geschrieben. Seine Augen wurden größer und waren blutunterlaufen.
Michael schlug immer wieder auf die Klassenkameradin ein, brach ihr gezielt beide Arme mit dem Stiel eines alten Spatens. Doch der Rausch war noch längst nicht beendet.
Mit spukendem Zorn zwang er seine Freundin, die Schülerin festzuhalten. *Drück die Arme fest zu Boden.* Das Mädchen schrie vor Schmerzen. Er holte aus und rammte ihr das Spatenblatt immer wieder tief ins Fleisch, bis die Arme abgetrennt neben ihr zu Boden fielen.
*Geht doch! Voll geil ...*
Vor Freude tanzend, sprang er um sein Opfer herum und schnipste ihr gegen den Kopf. Er hasste die Neue. Wieder und wieder rammte er die scharfe Schneide des Spatens in ihren Körper. Der Speichel

schäumte. Heftige Emotionen brachen aus und legten einen impulsiven und aggressiven Schatten nieder.
Sie war überheblich und ekelig in ihrer Art. Er hatte ihr keine zweite Chance geben müssen, wusste er genau, dass sie dachte, sie würde über jedem stehen. Und diesen Zahn musste er ihr einfach ziehen.
Erschrocken von Michaels Brutalität ließ seine Freundin plötzlich von der halbtoten am Boden liegenden Schülerin ab, trat einen Schritt zurück und hielt sich die Augen zu. Sie hatte realisiert, doch war es zu spät.
Michael bekam gar nicht mit, dass seine Kumpeline von seiner Seite wich. In der Hütte konnte er ungestört seinen Neigungen nachgehen.
Das kleine Haus stand weit oben auf seiner Liste der Lieblingsorte. Dort konnte er machen, was er wollte.
Im Zornesrausch schmiss er den blutbeschmierten Spaten in die Ecke, seine Handinnenflächen waren durch den hölzernen Griff ganz wund und offen gerieben, hob einen der beiden abgetrennten Arme vom Boden auf und schlug die Schülerin damit tot. Den anderen Arm trat er weg.
Er und seine Freundin waren ein eingespieltes Team. Das hatte sich über all die Jahre nicht verändert. Sie tat, was Michael wollte. Und Michael blieb, wie er war. Bösartig und manipulativ…

Bei den ganzen Frauen war es nicht leicht für ihn, die Richtige unter den vielen zu finden. Die Profilbilder waren klein und rund. Doch lange musste er

nicht suchen. Seine Freundin hatte ihn auf eine bestimmte Person hingewiesen.
Da war sie. Seine Errungenschaft. Seine Frederike. Sein ein und alles tauchte auf einmal in der Liste der User auf und trat erneut ungewollt in sein Leben.
Er konnte Frederike nicht vergessen, musste sie sofort anschreiben. Und dabei passierte etwas in ihm, als er erkannt hatte, wer ihm da geantwortet hatte.
Dass nun ein Date im Hause stand, die Ahnungslose nochmals in seine Falle tappen würde, geilte den Irren auf.
Vergebens hatte er nach der gefloppten Vergewaltigung nach einer anderen Frederike gesucht. Eine Frau, die ihr ähnlich war. Optisch wie vom Charakter, leichtgläubig und naiv. Michael störte sich daran, dass er seinen Plan damals nicht umsetzen konnte. Sie war die erste und einzige Frau, die sich gewehrt hatte.
Und das sollte nicht noch einmal passieren.
Voller Vorfreude auf ein für ihn freudiges jedoch für Frederike weniger schönes Aufeinandertreffen schrieb er ihr schnell noch eine Nachricht.

Hey Schöne. Sitze im Auto und warte auf dich. Ich freue mich auf dich und warte schon sehnsüchtig auf dich.

Natürlich hatte Michael dieses Mal einen Plan B in petto.
Hätte sein Date erneut abgesagt, dann gäbe es noch ein paar weitere Damen, denen er das Herz im wahrsten Sinne des Wortes brechen hätte können.

Sie hätten den Kopf für Frederikes Handeln hinhalten müssen.
Michael überließ ungerne dem Zufall alles. Er hatte jedes Detail genau geplant. Seine Gedanken kreisten. Ihm lag es fern, sich über Frederike herzumachen, wie bei den anderen Frauen. Mit der rothaarigen Schönheit wollte er spielen. Wie ein Löwe mit der verängstigten Antilope.
Viele Stunden hatte er im Internet verbracht. Michael nutzte sein Talent, Menschen zu manipulieren. Verabredete sich mit den Frauen und hatte seinen Spaß.
Belangloser Sex, manchmal auch mehr. Die Frage: *Wie reagiert sie auf mich?* – ging ihm nicht mehr aus dem Kopf. Immerhin hatte sich Frederike auf ihn gefreut, also auf Christian.
Keiner der Damen war klar, welchem Monster sie die Tür geöffnet und welches sie hereingebeten hatten. Nicht jeder Frau hatte er etwas angetan. Nur bei den Auserwählten schlug er erbarmungslos zu und haftete sich wie ein Schatten an deren Fersen.

# 32.

Frederike saß in der Straßenbahn und telefonierte mit ihrer Freundin Anke. Sie brauchte guten Zuspruch, war sie sich doch noch sehr unsicher und die Angst begleitete die junge Heilpädagogin noch immer.
»Du brauchst keine Angst zu haben, Fredi.«
»Ich will das durchziehen. Aber irgendwie ist mir komisch im Bauch, Anke«
»Das liegt an dem Vergangenen. Vertrau mir. Es wird alles gut werden.«
»Hoffe ich doch. Dieses Schwein wird mit dem Christian-Profil keiner Frau mehr Schaden zufügen.«
»Eben, Süße. Triff ihn und bleib ruhig. Und außerdem wird er dich niemals erkennen mit der Verkleidung. Ich bin auch bald da.«
Mit den positiven Worten ihrer Freundin im Ohr, fuhr Frederike zum vereinbarten Treffpunkt und knaupelte an dem Nagelfalz nervös herum. Sie war aufgeregt und in freudiger Erwartung, dem Wichser gleich etwas anzutun. Das Knaupeln war ein unschöner Zwang. Schon einmal war sie wegen des entzündeten Perionychiums im Krankenhaus. Hatte sie sich damals als kleines Mädchen die Haut am Fingernagel blutig geknabbert.
Gefasst, dem Arsch nach der langen Zeit das Handwerk zu legen, ging sie noch einmal den Plan durch,

den sich die Freundinnen zusammengesponnen hatten. Frederike holte sich die Negativität hervor, die sie in den letzten beiden Jahren kontrolliert hatte.
Sie fühlte sich wohl mit der blonden Perücke. Die Sonnenbrille passte zum Rest des Outfits. Alles war perfekt abgestimmt. Nichts konnte schiefgehen.
Anke war durchtrieben in der Hinsicht und hatte ihrer Freundin Frederike gut zureden können. Da die Polizei nichts unternommen hatte, blieb der hübschen Rothaarigen nichts weiter übrig, als Selbstjustiz zu verüben. Frederike war von Worten gestärkt und von Taten beflügelt worden.
Plötzlich erschien eine Nachricht von Christian auf dem Handy. Eine Message, die alles ändern sollte und Frederike tief in die Magengrube schlug.
Versteinert saß sie auf der rot gepolsterten Sitzgelegenheit in der Straßenbahn und starrte stumm auf das Display. In ihrer Brust krampfte sich alles zusammen. Das Herz schlug schnell und der Puls raste.
Es gab nur einen Menschen in ihrem Umfeld, der sie mit diesem Namen angesprochen hatte. Niemand sonst hatte sie Fredi genannt.
»Ja, Hallo!«
»Anke, ich bin es. Du, hier läuft gerade etwas …«
»Was ist los, Fredi? Bin schon fast auf dem Weg zu dir.«
»Michael schrieb mir gerade von dem Fake- Profil aus, dass er schon auf mich warten würde …«
»Und?«
»Warte! Er hat mich Fredi genannt.«
»Was? Wie das? Nur ich darf dich so nennen!«
»Stimmt. Aber.«

»Vielleicht hat er dich verfolgt, oder uns. Hat unseren Gesprächen heimlich gelauscht. Fredi, triff dich nicht mit ihm. Ich fahre sofort los. Wir stellen den Arsch gemeinsam zur Rede.«
Gesagt, getan. Frederike stieg an der Haltestelle Herrmann-Straße aus und wartete auf Anke. Im Getümmel der Menschen fühlte sie sich etwas wohler. Lange musste sie zum Glück nicht auf ihre Freundin warten. Anke hatte ihr schon von weiten gewunken. Beide Frauen henkelten sich ein und liefen gemeinsam zum Parkplatz, dem Treffpunkt vor der Skulptur: „Das Paar“ und konfrontierten Michael frontal.

# 33.

Mara war mir mit die Liebste, weil sie ein unkompliziertes Opfer war. Sie war jung und unschuldig. Ihre Haut so zart wie ein spanischer Pfirsich und die Seele rein wie eine weiße Rose.
Ihre Jungfräulichkeit konnte ich förmlich auf der Zungenspitze schmecken und fühlen. Ich hatte mich zu ihr hingezogen gefühlt. Wehren konnte ich mich nicht.
Die Gefühle für das junge Mädchen waren echt. Mara heimlich zu beobachten, ihr auf Schritt und Tritt zu folgen, hatte mir riesigen Spaß bereitet. Gerne war ich ihr Schatten. Mit Freude schlich ich hinter ihr her.
Sie bemerkte mich nicht. Mara hatte keine Ahnung von meinem Vorhaben. Sie sah mich auch nicht.
Ich roch an ihrem Haar und stellte mir gedanklich vor, wie es wohl wäre, wenn ich sie jetzt berühren könnte. Mara nahe zu sein, war für mich genauso wichtig, wie die schöne Frederike zu besitzen.
Frederike war ein Muss und Mara stand für junges Fleisch.
Beide Frauen waren etwas ganz Besonderes. In beiden Frauen wollte ich wohnen. In beide Frauen wollte ich schlüpfen und mich ausbreiten.
Der weibliche Busen war für mich etwas Animalisches. Mara hatte eine knackige C-Größe. Ihre Haut war weiß und rein und die Warzenhöfe sowie die

Nippel leuchteten in einer cremigen Mandelfarbe. Anders als bei Frederike. Aber nicht schlimmer anders. Beides war wunderschön.
Ein Therapeut sagte mir vor vielen Jahren, dass ich an dem Fetisch erotische Laktation leide – und das nur, weil ich mich gerne stillen ließ und auf Brüste und Brustwarzen abfuhr.
Seit meiner Kindheit fuhr ich auf die weibliche Brust ab, dabei war mir egal, ob die Möpse groß oder klein waren. Brüste hatten für mich seit jeher etwas Erotisches, aber auch zugleich etwas Künstlerisches.
Der Busen durfte nur nicht ungleich sein. Das machte mich verrückt. Ich mochte es immer gleich. Akkurat und ordentlich.
Mir entgingen keine Brüste und ich nutzte jede Chance, auch damals, bei den Lehrerinnen in der Grundschule, sie absichtlich-unabsichtlich berühren zu können.
Gerne spielte ich an den Busen herum. Für mich, später spielte es eine große Rolle, macht es keinen Unterschied, ob die Frauen lebendig oder schon längst tot waren.
Allerdings hasste ich den Begriff Nekrophilie. Ich sah mich nicht als Monster, welches an einer Sexualpräferenz litt. Für mich war es etwas ganz Normales. Ob lebendig oder schon verstorben. Mensch war für mich Mensch. Kalt oder warm. Mir egal.
Wenn ich in mich gehe und etwas genauer nachdenke, muss ich schon zugeben, dass mir Mara etwas leidtat, als ich das junge Ding in den kleinen Hundekäfig eingesperrt hatte. Aber auf der anderen Seite hatte es mich gefreut, Mara nackt in dem Käfig

eingesperrt zu wissen.
Diese Haut und dieser Geruch.
Ich kann es gar nicht mehr zählen, wie viele Male ich mir vor dem Handy einen von der Palme gewedelt habe, während ich die schöne nackte Mara in dem Käfig beobachtet hatte. Ich durfte sie einfach nicht mehr anfassen. Nie wieder.
Die Entführung war ein Leichtes für mich. Mara war mit ihren Freunden unterwegs und nahm das Drumherum nicht wirklich wahr. Das junge Mädchen war sehr zutraulich und neugierig. Und mit ihrer Neugierde konnte ich sehr wohl etwas anfangen. Es war aber auch ihre Leichtgläubigkeit, die es mir so einfach gemacht hatte. Mein Gewissen war rein. Ihre Dummheit war die Freikarte für mich, meine Neigungen zu befriedigen.
An dem Nachmittag der Entführung hatte ich mich zu Mara an den Tisch gesetzt. Ihre Freunde hatten längst das niedliche Café verlassen und sie saß allein aber wartend an dem runden Tisch vor dem riesigen Fenster.
In dem kleinen Lokal auf dem Marktplatz war es sehr ruhig. Wenig Gäste. Sehr überschaubar, schon fast idyllisch. Und doch war man nicht wirklich ungestört.
Sie wollte sich in dem Café mit ihrem Freund treffen, der aber niemals auf dem Weg zu ihr war; das wusste sie nur nicht. Der Kerl weilte längst nicht mehr unter den Lebenden.
Ihren Freund auszuschalten war noch leichter, als einem Kindergartenkind den Lutscher zu stehlen.
Maras Freund war eine Sportskanone. Groß und

sehr bewusst lebend. Er spielte in der Nachwuchsmannschaft des Halleschen FC, doch versprach ich mir viel zu viel von der Vorstellung eines Athleten. Die Enttäuschung auf keine große Gegenwehr zu stoßen war mir ins Gesicht gemeißelt worden. Für einen angehenden Profifußballer, jung und dynamisch, war er nichts weiter als eine kleine Pussy.
Wie er jammernd vor mir hockte, wie ein Schlosshund heulte er. Niemals hatte er mit mir gerechnet. Er wollte nur zu seiner Freundin und musste mit mir vorlieb nehmen. Einen völlig Fremden.
In der Wohnungstür stehend mit dem Hammer in der einen Hand und dem siebzehnjährigen Nachwuchsspieler mit der anderen Hand gegen die Wand gedrückt, schaute ich ihm lächelnd in die Augen, zählte gedanklich bis drei, sprach die Worte HEUTE NICHT aus und schlug kräftig mit dem Hammer wieder und *wieder* auf seinen Schädel ein. Das Blut spritzte in alle Richtungen und der Typ sackte immer wieder in sich zusammen. Die Kopfhaut zerfetzt und der Schädel zerschmettert. Der Todesblick war jedoch sehr angenehm für mich. Ich hasste allerdings Blut. Blut stinkt widerlich. Und sein Blut roch sehr intensiv.
Im Café hatte ich mich zu Mara an den Tisch gesetzt und stellte mich als einen angehenden Psychologen vor. Mir war bewusst, dass Mara von dem Beruf ihrer Mutter angetan war. Was also lag mir ferner als mich als engagierten Psychologiestudenten vorzustellen? Ich kannte Mara. Sehr gut sogar. Auch ihre bescheuerte Mutter.
»Hi! Darf ich mich setzen? Ich bin neu hier in Halle.«

»Ähm, eigentlich … ähm. Ja klar, warum nicht.«
Schnell kamen wir ins Gespräch.
Ich erzählte Mara, dass ich gerne in einem Gefängnis arbeiten würde. Mit Inhaftierten zusammenzuarbeiten, sei für mich eine wünschenswerte Arbeit, so sagte ich es der hübschen Jugendlichen.
Ohne dabei rot zu werden, log ich ihr die Taschen voll. Dabei lächelte ich stets freundlich und suchte immer wieder den Augenkontakt. Denn Augen waren Mara sehr wichtig.
Mara hatte mir erzählt, dass ihre Mutter eine erfolgreiche Psychologin sei. Ich musste nicht einmal nachfragen, wo ihre Mutter ihre Praxis hatte; und sie erzählte mir einfach alles. Mara quatschte drauflos. Mein Geheuchel trug Früchte. Aber auch die Praxis war mir nicht fremd.
Nachdem wir einen Kaffee getrunken und ein Stück Kuchen gegessen hatten, bezahlte ich die Rechnung und lud Mara ein, mich ein Stück zu begleiten.
Ohne darüber nachzudenken, kam sie meiner freundlich ausgesprochenen Einladung nach. Ihr dämlicher Freund ließ sich *schließlich* nicht blicken. Sie erreichte ihn auch nicht auf dem Handy. Die Sitzengelassene war erbost und traurig.
Unterwegs hatte ich ihr erzählt, nachdem sie mich über ihren Freund im Bilde hielt, dass dieser nicht gut für Mara sei. Mara sollte sich von diesem Typen trennen. Ich hatte ihr bewusst eingeredet, dass ihr Lover selbstverliebt und ein typischer Sportler-Arsch wäre.
Natürlich wollte sie diese Worte anfangs nicht hören, doch machte es bei ihr schnell Klick, als ich ihr absichtlich gesagt hatte; würde ihr

Freund es in die Herren-Profimannschaft des HFCs schaffen, dann würde er sie für eine viel bessere eintauschen.
Selbstverständlich sagte ich Mara im gleichen Zug, dass es keine Bessere gebe. Nur ihr Typ würde das nicht sehen, weil er blöd war. Ein dummer Ochse voller Testosteron.
Mara war neugierig und verlor sich in meinem Gequatsche. Dass ich toll reden und Menschen manipulieren konnte, das wusste ich natürlich. Sie vergaß den Spinner schnell und schlich mir nach.
Blind von meinen Worten, wollte Mara, dass ich weitererzähle und ihr meine Sichtweise vom Leben nahelege. Selbst hatte sie Vorstellungen, wie ihre Zukunft aussehen sollte, doch fand sie meine Denkweise sehr interessant. Ich hatte gemerkt, dass ich Mara mit jedem weiteren Wort einfangen konnte – und es bereitete mir so viel Spaß.
Wir spazierten eine Stunde lang durch die Gassen der Stadt. Ich erzählte und quasselte ihr das Blaue vom Himmel, bis ich sie ohne Vorwarnung gegen eine rotbraune Hauswand gedrückt hatte. Die Lust in ihren Augen war kaum zu übersehen, weshalb ich Mara einfach geküsst hatte.
Niemals hätte ich gedacht, dass dieses Mädchen schon so weit war. Dieses unbändige Verlangen in ihren grünlichen Augen war erschreckend positiv für mich. Sie war fünfzehn Jahre alt, intelligent, liebevoll und etwas leichtgläubig und willig.
Dass mir ausgerechnet dieses junge Mädchen den Kopf verdrehen würde, damit hatte ich nicht gerechnet. War es doch Frederike, die mir mein Herz stahl.

Nett, wie ich vorgab zu sein, hatte ich mich natürlich für diesen Kuss bei Mara entschuldigt, doch hielt das Mädchen diese Entschuldigung nicht für nötig. Sie zog mich zu sich heran und steckte mir ihre Zunge tief in den Hals.
Dabei durchströmte ein Kribbeln meinen ganzen Körper und ich stieß sie in das verlassene Haus hinein, wo sie mir voller Lust in den Schritt gepackt hatte.
Mara war gespannt und doch sehr unerfahren. Mehrfach hatte ich versucht, sie davon abzuhalten, doch Mara wollte unbedingt, dass ich ihr Erster sei. Irgendwann gab ich einfach nach und hörte auf die Stimme in meinem Kopf. Das Mädchen wollte von mir entjungfert werden. Mara wollte auch noch viel mehr Dinge mit mir machen, die sie in einigen Porno-Filmen gesehen hatte.
Das junge Ding hatte falsche Vorstellungen und war vollkommen durcheinander gewesen, was allerdings nicht mein Problem war. Schließlich war ich nicht ihr Daddy.
Mal abgesehen von dem schmutzigen Ort, wo wir uns befanden, war es dennoch sehr leidenschaftlich und wild um uns geschehen. Die Scheu und der Scham, es mit einer Fünfzehnjährigen zu machen, quasi noch einem Kind, legte ich schnell ab. Die Stimme tat mir gut. Ich fühlte mich mächtig und wusste genau, wo die Reise hingehen sollte.
Nach dem Sex gab ich vor, sie nach Hause zu fahren, doch da kamen wir niemals an. Ich wusste, wo es hinging und der Schock in ihren Augen, als Mara bewusst war, dass ich sie nicht nach Hause fahren würde, übertraf alles zuvor Erlebte.

Ich kam mir vor wie ein Raubtier auf der Jagd, nur dass ich meine Beute längst bei mir hatte. Unzählige Male hatte mir Mara auf dem Weg zum Versteck die Ohren vollgeheult. Sie hatte gebettelt und geweint. Mara wollte, dass ich sie aus dem Auto lasse, und im Gegenzug würde sie der Polizei nichts von mir erzählen. Anscheinend hatte das Mädchen gedacht, ich sei doof oder etwas unterentwickelt. Diesen Zahn zog ich der Göre mit den blutbeschmierten Innenschenkeln *aber* schnell.
Wenn mich jemand für dumm verkaufen wollte, konnte ich ein jähzorniges Biest werden. Ich selbst mochte mich dann auch nicht leiden. Mir war es aber nicht egal, wie mich meine Mitmenschen, für die ich Interesse hegte, sahen.
Als wir beim Versteck ankamen, stieß ich auf eine unerwartete Gegenwehr von dem Biest. Ich war erschrocken und entzückt zugleich. Mara hatte mehr Power als ihr Freund. Sie war wild wie Feuer und stark wie ein Orkan.
Mit speichelspuckender Wut versuchte sie, mich zu schlagen. Mal mit den Fäusten und dann mal wieder mit den offenen Handflächen. Der erbarmungslose Kampf ums Überleben imponierte mir.
Mara schrie und kreischte laut. Das junge Mädchen bangte um ihr Leben, was sie immer stärker werden ließ. Sie baute enorme Kräfte auf, die eine neue, bis zu diesem Zeitpunkt nicht bekannte sexuelle Lust in mir entfachten.
Zornig über dieses immer wilder werdende Theater, packte ich sie an den Haaren, schlug ihr zweimal mit der eigenen Faust in das Gesicht und zog sie in das

verlassene Versteck hinein, wo ich mich ein weiteres Mal über sie hergemacht hatte. Nur dieses Mal, wollte sie nicht mitspielen.

# 34.

Ein kühler Wind peitschte mir ins Gesicht. Mir fielen fast die Finger ab, so unterkühlt war ich. Die geringe Temperatur drückte mir auf die Brust. Die Haut schmerzte. Mir brummte der Kopf und meine Sehkraft hatte mich immer mal wieder verlassen.
Mit viel Kraft kniff ich die Augen zusammen, um etwas zu erkennen. Irgendwas. Panik brach in mir aus. Ich sah überhaupt nichts. Keine zehn Zentimeter weit.
Man hatte mich halb nackt auf einem Lederstuhl festgekettet. Ich wusste nicht, wo ich war oder wie mir geschah. Bewegen konnte ich mich keinen einzigen Zentimeter. Wie ich an diesen Ort gelangt bin, war mir ebenfalls schleierhaft *gewesen*.
Die Handgelenke juckten und brannten. Um mich herum reine Schwärze. Kein Fenster. Keine eindeutigen Geräusche, die mir verrieten, wo ich mich befand, oder was um mich herum geschah. Ich war vollkommen orientierungslos.
Die vorübergehende Beeinträchtigung der Ereignissituation spannte mich komplett ein. Die Angst wuchs heran.
Das Herz raste in meiner Brust. Mir war übel und der stechende Schmerz in der rechten Schläfe war unerträglich. Als hätte man mir ein Messer in den Kopf gerammt.
In der Dunkelheit sitzend, nach Antworten suchend,

vernahm ich plötzlich zu meiner Linken zwei unterschiedlich klingende Stimmen. Es ist erstaunlich, wie schnell die Ohren in der Dunkelheit die Augen übernehmen. Die wahrgenommenen Stimmen schienen weit weg zu sein, kamen aus dem Nichts.
Mit anhaltendem Atem versuchte ich, dem Geschehen zu lauschen. Es klang nach einem Streit oder einer hitzigen Diskussion, die zwei oder mehrere Personen geführt hatten. Allerdings verstand ich kein Wort.
Meine Lippen waren spröde und die Kehle trocken vor Durst. Ich musste dringend etwas trinken. Der wenige Speichel in meinem Mund schmeckte widerlich bitter.
In Ketten gelegt, wie ein Tier, saß ich auf diesem kalten Stuhl inmitten der fremden Räumlichkeit. Ich musste pullern und mir schmerzte der Bauch. Irgendjemand hatte mich niedergeschlagen.
Mein einziger Gedanke war, dass ich dem grausigen Martyrium entkommen wollte. Während ich der Situation schutzlos ausgeliefert war, mich in Gedanken längst von meinen Lieben verabschiedet hatte, sprang auf einmal eine quietschende Tür auf. Das Geräusch der Scharniere klang wie das teuflische Lachen.
So wie die Tür aufging, schoss ein heller Blitzschlag in den dunklen Raum und hellte diesen auf. Ich hatte Probleme gehabt, mich zu orientieren. Die plötzlich veränderten Lichtverhältnisse irritierten mich. Die Adaption an das helle Licht dauerte nur wenige Sekunden, doch hatte ich zu tun, etwas zu erkennen.
Blinzelnd blickte ich in alle Richtungen, in der

Hoffnung etwas zu sehen. Auch wenn es nur Umrisse gewesen wären. Ich versuchte, mir ein Bild zu machen. Etwas Brauchbares. Ich hoffte auf ein Detail, was mir sagte, wo ich mich befand.
Es zeigte sich mir ein weiß gekachelter und fensterloser Raum. Von der Decke hingen eiserne Ketten herab und das Röhrenlicht über mir zischte laut. Die Fliesen waren teilweise vergilbt und kaputt.
Zu meiner rechten Seite erblickte ich einen rostigen Wasserhahn, der etwa einen Meter über dem staubigen Boden aus der Wand herausragte. Unter ihm stand eine Zinkwanne mit einer übelriechenden Flüssigkeit darin. Überall liefen alte, graue Rohre entlang. Es war ekelhaft und schmutzig.
Ein maskierter Mann betrat pfeifend den Raum, stellte einen tragbaren Laborwagen aus Edelstahl neben mir ab, ignorierte mich und spazierte zur Wanne rüber.
Seine Schuhe sahen sehr schwer aus. Von Weitem hatte ich geglaubt, er würde festes Wanderschuhwerk an seinen Füßen tragen. Die Jacke wie die Hose waren schlicht in Schwarz gehalten. Nichts Auffälliges.
Die unbekannte Person trug keine Uhr oder anderen Schmuck. Gesicht wie Haare waren komplett von dieser hässlichen Hexen-Maske verdeckt. Nichts, was mir geholfen hätte. Kein Anhaltspunkt oder ähnliches.
An den Händen trug er schwarze Gummihandschuhe, die mit Klebeband am Jackenärmel festgeklebt worden waren. Das war auffallend, da ich so was zuvor noch nie gesehen hatte. Auf dem Tablett

des Beistelltischs neben mir befand sich Operations-Besteck, eine kleine Säge und zwei Hämmer, mehrere Messer, eine Nagelpistole und zwei Tüten. Der Typ mit der grünlichen Hexen-Maske kippte einen Eimer über der Wanne aus. Danach kam er zu mir, stellte sich breitbeinig vor mich hin, hielt sich einen kleinen Kasten vor den Mund und sprach mit verzerrter Stimme zu mir.

»Du möchtest bestimmt wissen, wo du hier bist und vor allem warum …«

Ich schaute diese unbekannte Person nicht an. Ich hatte Angst und wollte ihm nicht das Gefühl geben, dass er die Macht über mich habe.

Auch sollte er nicht glauben, dass ich Angst vor ihm hatte.

»Du musst mir nicht antworten. Ich möchte dich nur herzlichst in meinem Wunderland willkommen heißen.«

Er fummelte hastig in seiner Hosentasche herum und holte ein Handy raus.

»Das bist doch du? Schau mal, wie öffentlich deine Beiträge sind. Ich werde dir zeigen, was es bedeutet, Angst zu spüren. Ich will dir wehtun. Die Gegenstände auf dem Tisch hier, werden dich lehren, was es heißt, dumm und naiv zu sein.«

Der Maskierte streifte mir durch das Haar und tupfte mir das angepappte Blut mit einem Tuch ab. *Die Wunde muss nicht genäht werden.*

Dann ging er wieder pfeifend zur Tür rüber, holte einen weiteren Wagen herein, auf dem ein Fernsehgerät stand, schaltete dieses ein und ließ mich mit diesem aufgezeichneten Videomaterial allein zurück.

Auf dem Fernseher zeigten sich mir zuvor ausgeübte Gewaltverbrechen an Frauen. Brutal ausgeführt. Frauen, die ihr Leben ließen.
Doch nichts war in diesem besagten Moment schlimmer für mich, als ich sah, dass die Frauen in dem Video auf genau diesem Stuhl, in diesem Zimmer saßen, wo ich mich befand.

# 35.

Zwei Streifenpolizisten fuhren zu einem Einsatz und hielten vor einem Hochhaus in Neustadt, Nähe Frauenbrunnen. Ein belebter Ort. Auch kein unbekannter.
Gegenüber lag eine Halfpipe für Skater in einem kleinen angelegten Park, direkt neben dem Jobcenter von Halle. Dort vor der Behörde wie dem Frauenbrunnen, trafen sich Hinz und Kunz, Jugendliche, Säufer und Drogenabhängige täglich. Ein Sitz der miesen Schicksale und Verbrechen.
An diesen Plätzen gaben sich die Alten und die Neuen täglich die Hand. Kriminalität spielte zu jeder Tageszeit eine wichtige Rolle an diesem Standpunkt.
Der Frauenbrunnen war einst ein schöner Platz. Dieser Brunnen ist vom Künstler Gerhard Lichtenfeld 1974 ins Leben gerufen worden.
Es zeigen sich vier überlebensgroße, nackte Damen, die das Wasserspiel sichtlich genießen. Sie räkeln sich und zeigen ihre weiblichen Reize. Auf der Spitze des Brunnens badet eine fünfte Frau im Sommersonnenlicht.
In den Sommertagen ist der Brunnen von den Anwohnern und dessen Kindern als Spielplatz genutzt worden. Die Kinder spielten, badeten und schrien vor Freude in dem kühlen Nass. So sorglos wie es in diesen wenigen Momenten schien, war es jedoch

nicht immer.
Die Kriminalität nahm jeden Tag zu.
Am helllichten Tage sind Kinder und Jugendliche auf offener Straße verprügelt und ausgeraubt worden. Einen Jungen hatte man mit brennbarer Flüssigkeit übergossen und angezündet. Man sprach von Bandenrivalität. Jedoch gab es einen Beamten, der sich den ganzen Schicksalen annahm. Luke Steiner war ein gern gesehener Polizist.
Die beiden Streifenpolizisten stiegen aus dem Dienstwagen aus und schauten sich etwas genauer um. Beide waren nicht zum ersten Mal vor Ort, kannten sich gut aus und wussten auch um die Gewaltbereiten, die in ihren Verstecken lauerten.
Die Polizei war dort kein gerngesehener Gast. Ebenso wenig wie die Männer der Feuerwehr und der Rettungsstellen.
Oft kam es vor, dass man die Rettungseinsätze und Fahrzeuge bewusst behindert hatte. Die Leute dort machten sich einen Spaß daraus, nur um etwas Leben in den trostlosen Alltag zu bringen.
Die Polizisten sorgten für Abwechslung, und es machte schnell die Runde, dass die Polizei mal wieder im Viertel war.
Von den meisten gehasst, freuten sich auch ein paar Bewohner über die Rettungskräfte und versuchten, für Ruhe zu sorgen. Eine Bewohnerin aus dem Block 34 rannte, mit den Händen wedelnd, auf die Beamten zu.
»Ich habe Sie gerufen. Kommen Sie schnell mit.«
»Beruhigen Sie sich erst einmal, Frau …«
»Mein Name ist Koch. Silvia Koch.«
»Dann erzählen Sie uns bitte, weswegen wir hier

sind.«

»Unser Nachbar, so ein komischer Kauz. Namen weiß ich nicht, der hat oft Besuch bei sich. Dann wird es laut und Boom.«

»Was meinen Sie mit laut und Boom?«

»Na, mein Sohn sagte zu mir, als die Musik lauter gedreht worden war, die machens jetzt, doch dann hörten wir Schreie und Gemecker.«

»Nicht das erste Mal. Es stinkt auch sehr eklig seit ein paar Monaten aus seiner Wohnung. Meine Freundin wohnt direkt neben ihm und sagte mir, dass es auch an der Wohnungstür so widerlich müffelt.«

Die Polizisten spazierten um das Hochhaus herum, schauten sich auf dem Hinterhofspielplatz etwas um, durchsuchten die Kellerräume und statteten der Mietwohnung 207 einen Besuch ab.

Drei Mal hatten sie geklopft, doch niemand öffnete die Tür. Auch auf ein mehrfaches Klingeln war nicht reagiert worden. Leise Musik verließ die Wände. Es stank jämmerlich fies und den Beamten schwante nichts Gutes.

Der Hausmeister des Komplexes hatte von jeder Wohnung des 20-Stöckers einen Schlüssel. Auf den Wunsch der Beamtin hin, öffnete er die Wohnung, damit sie sich mit ihrem Kollegen einen Eindruck verschaffen konnte.

Die Musik war beruhigend und schön. Moderne, aber auch klassische Musik fegte um die Ohren der Polizisten.

Ein süßlicher Gestank schlug den Streifenbeamten ins Gesicht, als die verklebte Wohnungstür aufging. Angewidert von dem Geruch, tastete sich einer der

beiden Polizisten voran und schaltete die nervige Musikanlage aus. Die Opernmusik hallte noch Minuten später durch die Gehörgänge der Polizisten und der schaulustigen Nachbarn.
Nachdem sich die Beamten umgeschaut hatten und eine zwei Meter lange Rolle Plastikfolie und einen am Boden liegenden blutbeschmierten Hammer vorgefunden hatten, riegelten die Polizisten den für sie ersichtlichen Tatort ab und überließen den Kollegen der Kriminalpolizei das Feld.
Erschreckend war für die beiden Streifenpolizisten das abgetrennte Bein, das in der Küche neben den Mülleimer stand, als wäre es ein dekoratives Stück Möbel, das zur Kücheneinrichtung gehörte.
In der verwahrlosten Wohnung fanden die Beamten der Kriminalpolizei Halle zwei Sägen, mehrere Hämmer, eine Machete und drei Schlachtermesser sowie eine Nagelpistole und haufenweise Müll.
Die Wohnung glich einem versifften Loch. Es war stinkig und modrig. Der Teppich von altem Blut besudelt, ließ die Beamten erahnen, welche grausigen Morde in dieser Wohnung verübt worden sein mussten.
In der Küche stapelte sich das von Fliegen eingenommene Geschirr mit den schimmeligen Essenresten dran. Auf dem Tisch standen alte Kaffeetassen, benutzt und schwarz vom angetrockneten Satz. Noch immer kamen die Beamten nicht über das abgetrennte Bein hinweg. *Was für ein Monster muss hier wohl wohnen?*
In den Tassen sind Kippen ausgedrückt worden. Der Herd wurde noch nie geputzt. Dafür aber der Kühlschrank. Dieser glänzte neu, wurde behandelt wie

ein Baby.
Der Gestank in der Wohnung war unausstehlich und hing fest in der Luft. Die Polizisten hatten damit zu tun, die Schaulustigen vom Tatort fernzuhalten.
Schnell sprach sich herum, dass in der Wohnung ein vermeintlicher Serienmörder gehaust hatte. Heimlich sind Fotos gemacht worden. Leute wollten sich bis zur Wohnungstür vor- schmuggeln, um schwätzerische Eindrücke einfangen zu können.
Wie der Polizeisprecher später in einer öffentlichen Stellungnahme berichtet hatte, fanden die Beamten einen menschlichen Kopf im Badezimmer in einer Kühlbox unter dem Waschbecken.
In einer weiteren dunkelblauen Kühlbox, die im Schlafzimmer der 3-Raum-Wohnung unter dem Bett aufbewahrt worden ist, fand man ein in einem Cellophan-Beutel eingepacktes Herz, fünf säuberlich abgeschnittene Frauenbrüste, ein unsauber abgetrenntes männliches Gesicht, sowie vier Schamlippenpaare und einen Penis, der in einem Gurkenglas steckte.
Auch hatte man Michael *nun* mit den Morden an den Psychologen Herrn Schmidt, dessen Frau und dem gemeinsamen Kind in Verbindung bringen können. Michael hatte alle drei Leichen in mehrere Teile zerstückelt und mit zu sich in die Wohnung geschafft.
Aus irgendeinem unerklärlichen Grund behielt er die Genitalien der Mutter und von der kleinen Paulina im Kühlschrank im Keller versteckt.
Im Kellerabteil stand eine alte, ein Meter fünfundsiebzig in der Länge, massive Werkbank mit vier Schraubzwingen daran befestigt, zwei an jeder

Seite. Von der Polizei gut beäugt.
Mit einer Höhe von sechsundsiebzig Zentimetern und den stämmigen Beinen, war die in die Jahre gekommene Arbeitsbank robust genug, um ein ausgewachsenes Pferd tragen zu können.
Das Ausmaß war gigantisch. Schnell hatte sich ein Bild des Grauens über die Beamten niedergelegt. Es war nicht auszuhalten. Eine erdrückende Wut durchströmte jeden einzelnen Polizisten, der zurzeit zur Aufklärung am Tatort zugegen war.
Mit Hochdruck hatte man nach dem Altenpfleger gesucht. Computer und weitere Videobänder sind beschlagnahmt worden. Außerdem trugen die Beamten mehrere Säcke voll mit Leichenteilen, Knochen und unzähligen Handtaschen, Portemonnaies und Kleidungsstücken raus auf die Straße.
Das Ausmaß war enorm. Zum ersten Mal sind die Rettungskräfte nicht gestört worden. Im Gegenteil, die Bewohner des Hauses, aber auch die Nachbarn der angrenzenden Hochhäuser applaudierten laut und freuten sich darüber, dass man hier einem Mörder das Handwerk gelegt hatte.

# 36.

Auf der Straße herrschte Chaos. Ein schwerer Verkehrsunfall hatte für den wilden Lärm gesorgt. Man hörte Autogehupe und nahm die Laute der Sirenen der Rettungsfahrzeuge wie die Gespräche der Einsatzkräfte, die auf dem Gehweg vor dem alten Haus standen und sich unterhielten, wahr.
Mittlerweile war die Abenddämmerung eingezogen und hatte einen schwarzen Schatten über die Dächer der Stadt gelegt. Der laue Sommerwind schlängelte um die vielen Menschen, während nur ein paar Meter weiter, getrennt von einer dreißig Zentimeter dicken Hauswand, zwei Frauen von einem Psychopathen gefangen gehalten wurden - und um ihr Leben bangten.
Anke stand mit zugekniffenen Augen hinter Frederike in diesem kalten Raum. Sie hielt sich beide Hände vor das unterkühlte Gesicht und summte leise eine Lied. Ihre Finger waren dreckig und blutbeschmiert. Der kleine TV-Kasten flimmerte hell, und das flackernde Licht schmerzte in den Augen. Es fühlte sich wie Sand an.
Der Fernseher spielte ein Video ab, in dem junge Mädchen geschändet und grausam gequält wurden. Mädchen, teilweise noch Teenager, die um ihr Leben bettelten; winselten und jammerten.
In den Augen der Geschändeten erkannte man den

Schmerz und das Leid, welchem sie ausgesetzt waren. Der Filmer hatte großen Spaß daran gehabt, seine Opfer zu schikanieren.
Die Herzen weinten laut. Der Folterer liebte die Macht, zoomte oft die gepeinigten Gesichter der Mädels heran. Sein damaliges Lieblingsopfer, die fünfzehnjährige Nachbarstochter, ist wochenlang von ihm beobachtet und heimlich verfolgt worden. Sie merkte es nicht, doch war er *auch* in der Nacht keinen halben Meter von der niedlichen Schülerin entfernt.
Er war der unsichtbare Eindringling, der besessen von der Schülerin war. Eine Kreatur, welche nichts unversucht ließ.
Meist hielt er sich unter ihrem Bett versteckt, auch dieses Mal, wartete er auf den einen Moment und drückte der Schlafenden ein in Chloroform getränktes Tuch ins Gesicht. Sie sollte überrascht werden.
Nach der Entführung ging es gleich zur Sache. Er verlor keine Zeit und überfiel das junge Mädchen. Machte sich über sie her, wie ein hungriger Löwe über ein kleines Antilopen-Baby. Das Mädchen mit den Sommersprossen im Gesicht hatte keine Chance. Die Jugendliche war ihrem Peiniger schutzlos ausgeliefert.
Vier lange Wochen hatte er ihren Geist auf die widerlichste Weise penetriert und sie Machtlosigkeit spüren lassen. Er liebte sie. Auf die verschiedensten Weisen. Nur war er sich seiner Gefühle nicht ganz sicher. War es falsch oder doch richtig.
Es waren nicht nur die Sommersprossen, die ihn verrückt machten. Er fühlte sich ebenso von ihren braunen Locken, die im schönsten Bronzeschein

schimmerten bei Sonnenlicht, ihren blaugrünen Augen und ihren sinnlichen Lippen angezogen. Lippen, wie er sie bei noch keiner Frau gesehen hatte. Ein weiches und sehr zartes, geschmeidiges Rot. Für ihn war es der rote, saftige Teil ihres süßen und noch jungen Gesichts. Zusammen mit ihren wunderschönen Augen bildete es das Hauptmerkmal ihres Antlitzes.

Wenn sie ihren Mund geschlossen hielt, Ober- und Unterlippe sich berührten, blieb in der Mitte ihres Munds eine klitzekleine Öffnung, was ihn sexuell erregt hatte. Die Augen waren für ihn das Fenster zur Seele und die Lippen der Spiegel der Persönlichkeit.

An einem Montagmorgen hatte der Hexenmann jedoch die Lust verloren und der vor Schwäche eingeschlafenen Nachbarstochter mit einem Hammer kräftig gegen die Stirn geschlagen.

Zuvor ist sie auf einem alten und quietschendem Metallbett abermals vergewaltigt worden. Immer wieder hatte er seine Ergüsse über ihrem Körper verteilt. Sie anzuspritzen, war die pure Kunst. Sie musste dabei zusehen und applaudieren; und wehe, sie lehnte ab.

Anfangs weigerte sie sich seinen ekelhaften Wünschen und Vorstellungen nachzukommen, dies änderte sich jedoch schnell. Das Mädchen schrie um Hilfe und wollte zu ihren Eltern. Doch mit der Zeit und den grausamen Stunden, die sie bei ihm in Gefangenschaft erleben musste, hatte sie sich mit der aktuellen Situation letztlich abgefunden.

Die Schülerin war *nur* froh darüber, dass sie sein

fieses Teil nicht berühren musste, er sie nicht vaginal misshandelte. Das Mädchen wollte überleben. Und dafür war sie zu allem bereit.
Die Kamera wackelte vor ihrem schönen Gesicht herum. Er zoomte die Miene und dann das linke Auge des Mädchens heran. Das rechte Auge blieb verschlossen. Das periorbitale Hämatom blutete stark.
Ihr schönes Auge jedoch, glänzend vor salzigen Zähren, erblasste schnell und war wie versteinert. Tritte und Schläge gegen das Gesicht taten ihr Übriges.
Den Kampf verloren, stieß die süße Sommersprosse ihren letzten Atemzug in die Luft.
Anke fauchte den flimmernden Fernseher an und tippte mit zittrigen Fingern ihrer Freundin von hinten auf die Schulter.
»Fredi, geht es dir gut?«
»Anke? Wo kommst du denn her, alles o. k.?«
»Ja. Ich lag hier hinten unter diesem abgeklebten Fenster oder was das auch immer darstellen soll. Mir brummt mörderisch der Schädel«
»Was machen wir hier, Anke? Ich habe Angst.«
»Das weiß ich auch nicht, Fredi!«
Bei dem Anblick der verstörenden Videoaufzeichnungen, waren beide Frauen froh darüber, dass der Ton nicht eingeschaltet war. Frederike mochte nicht hinschauen. Sie weigerte sich.
Es schmerzte sie, zu sehen, welcher Pein die Frauen ausgesetzt waren. Noch dazu der Gedanke, was der Unbekannte mit ihr und ihrer Freundin vorgehabt hatte.

Gleichzeitig wünschte sie ihm ein Leben im absoluten Elend. Er hätte sofort tot umfallen können. Lieber wäre sie in dem Raum erstickt als durch seine Hand getötet worden.
Die Zeit schlich langsam. Noch immer stand die Heilpädagogin unter Schock. Frederike dehydrierte und sabbelte wildes Zeug vor sich hin. Ihr ganzer Körper brannte wie Feuer.
Anke, sie war etwas gefasster, wollte ihre Freundin beruhigen, ihr mitfühlende Worte zuflüstern, als die Tür auf einmal aufsprang und der Mann mit der Hexen-Maske Anke an den Haaren aus dem düsteren Raum zottelte.
Mit wuchtigem Schwung zerrte er die sich wehrende Frau den Boden entlang, als würde diese nichts wiegen. Wie eine alte Sporttasche.
Die versuchten Schläge und Tritte in die Luft, begeisterten ihn wenig. Im Gegenteil; es geilte ihn auf, dass die Frauen vor ihm Angst hatten. Frederike schrie wie am Spieß. Sie fluchte und weinte, dann warf sie mit den derbsten Worten um sich.
Sie beschimpfte den maskierten Mann als Schlappschwanz und Mutterficker. Frederike betitelte ihn als kleines und impotentes Würstchen. Sie wollte erreichen, dass er von Anke losließ. Doch nichts passierte. Er würdigte die Heilpädagogin keines Blickes.
Plötzlich blieb der Mann stehen. Er bewegte sich, war *nun* getroffen von den Worten. Ruckartig packte er Anke am Nacken und warf sie auf den hell beleuchteten Flur, drehte sich zu Frederike um, rannte auf sie schnaufend zu und schlug ihr einmal

kräftig mit der Faust in das Gesicht. *Für jede Beleidigung wird deine Freundin hier leiden müssen.*
Lachend vor Schmerzen spuckte Frederike Blut. Sie feixte laut und unterdrückte sich jede einzelne Träne. *Dir gönne ich das nicht, du Schwein. Sie wird dich fertig machen, hörst du!* Die junge Heilpädagogin belächelte ihn und sein Vorhaben erneut und beschimpfte den Hexenmann wieder und *wieder*.
Sie warf mit ekelhaften Kraftausdrücken um sich, schlimmere Fäkalausdrücke als zuvor; und stocherte immer weiter in seiner Wunde herum.
Sie verstand nun, dass sie den Fremden mit Worten manipulieren und steuern konnte. War er unantastbar, haben ihn bestimmte Worte gefoltert.
»Hexenmann, hat es dir die Sprache verschlagen? Du kleiner Wichser!«
»Schiss vor einer Frau, die sich nicht von einem Mann, halt, du bist ja kein richtiger Mann, die Butter vom Brot schmieren lässt?«
Mit geballten Fäusten stand er mit dem Rücken zu ihr gedreht auf dem verdreckten Fliesenboden, schaute genervt zur Decke rauf und atmete gefrustet aus.
Er hatte sich die Desillusionierung und die Wut über ihre gezielten Worte nicht weiter anmerken lassen, schaltete den Fernseher laut, schloss die Tür hinter sich zu und knipste das Licht in dem Zimmer aus.
Auf dem Flur scheuchte er Anke auf und setzte sie in eine kleine Teeküche. Dabei pfiff er ein Lied, zündete sich eine Zigarette an und genehmigte sich einen kräftigen Schluck aus der Whiskyflasche.
Schnell das Handy gezückt und durchatmen.

Auf der halleschen Nachrichtenseite *Wir'-Sind-Halle.de* kursierte ein Bericht, der von einem grausigen Fund in einer Neustädter Wohnung berichtet hatte.
Nicht viele Informationen waren freigegeben worden, doch wusste er gleich, dass es sich in dem medialen Beitrag um seine Wohnung gehandelt haben musste.
Mit Zorn auf der Zunge, spuckte er feurige Bitterkeit. Schlug vor Wut gegen Türen und Wände. Alles, was er sich in den ganzen Jahren mühsam aufgebaut hatte, die vielen Stunden der Planung; all, das war das Klo heruntergespült worden.
Frederike blieb still sitzen. Sie fauchte im Kopf, doch rührte sie keinen Finger. Sie ließ sich nichts anmerken, hatte aber zu kämpfen. Dann schrie und stampfte sie wild.
Sie saß in dem ihr völlig fremden Raum, von der Dunkelheit eingekreist, starrte auf den Fernseher und schwor jedem einzelnen Mädchen, welches von dem Irren misshandelt und brutal ermordet worden war: RACHE.

# 37.

Wind jaulte laut durch die verlassenen Gänge des brüchigen Hauses. Es heulte ein an- und abschwellender dunkler Heulton durch die Räume. Das baufällige Gebäude glich einem Trümmerhaufen. Die getöteten Obdachlosen im Keller störten ihn nicht. Keiner der Morde würde auf ihn zurückzuführen sein. Menschen, die keiner vermissen würde. Nichtsesshafte, ohne Wohnsitz und Familie.
Michaels Großeltern gehörten viele Häuser und Gebäude in der Umgebung. Sie betrieben einen Bauernhof und vermieteten Wohnungen und Ferienwohnungen.
»Hast du noch alle Tassen im Schrank?«
»Wieso?«
»Du hast mir gesagt, dass es schnell gehen würde, Alter.«
»Ja, ich habe mich umentschieden. Na und!«
»Sie soll keinen Schmerz spüren. Du hast es mir versprochen, Michael!«
»Du kannst mir helfen oder nach Hause gehen. Ist mir egal. Wenn du keinen Bock hast oder Schiss im Schlüppi, dann verschwinde und geh mir nicht auf den Sack!«
»Nein! Ich will doch nur, dass es schnell geht. Verstehst du das nicht? Jahrelang war ich dir treu und habe alles gemacht, was du verlangt hast von mir …«

»Lass mich bitte meine Arbeit machen und heule hier nicht rum, Schandalle. Ich stecke so oder so bis zum Hals in der Scheiße. Mach du deinen Job. Ich mache meinen. Mach es nicht noch schlimmer.«
»Wie meinst du das, bis zum Hals …?«
»Hast du mal die verfickten Nachrichten gelesen? Die haben meine Bude hochgenommen.«
»Quatsch! Erzähl keinen Scheiß.«
»Ich erzähle keinen Scheiß. Bist du dumm? Mir geht hier der Arsch auf Grundeis. Doch eines sage ich dir: Bevor ich einsitze, nehme ich der blöden Fotze das Leben. Und da ist es mir egal, ob schnell oder nicht langsam. Ich hatte dir was zum Thema Gefühle gesagt!«
»Ich weiß …«
»Dann ist ja gut! Mach jetzt deinen Job und wir beenden das Spiel hier und jetzt.«
Eine ungewollte Unruhe zog in die Mauern ein und störte Michael beim Umsetzen seines Vorhabens. Tausende Gedanken schossen dem Typen durch den Kopf. Man war ihm auf den Fersen. Er wusste, jedes Handeln könnte sein letzter Schritt sein.
Die Zelte abbrechen und verschwinden, war einer seiner ersten Gedanken, aber nicht sein einziger und letzter. Über die Grenze, nach Kroatien, nur eine Idee.
Sich stellen und sich mit aller Macht in die Medien drängen, ein positiver Gedankensprung, an dem er festhielt. Noch besser, als im Warmen abzutauchen und ein neues Leben zu beginnen. Der Drang, gehört zu werden, war enorm.
Mallorca war für ihn ebenso eine Option. Michael hatte sich viele Türen offengehalten, und durch eine

wäre er gegangen, allein. Seine langjährige Freundin hätte er zurückgelassen.
So wie er geplant hatte, wäre zum Schluss, ganz zum Ende hin, alles auf sie zurückzuführen gewesen.
Das wusste er. Sie jedoch nicht. Sie spürte nichts von alldem. Sie dachte, sie würden beide untertauchen. Irgendwo, wo es schön und sicher sei. Sie liebte Michael noch immer.
Jede Frau, die durch seine Hand starb, war eine Frau weniger in ihren Augen. Jedes Mädchen, das er gebumst hatte, war eine weitere auf ihrer Liste, auf die sie eifersüchtig gewesen war. Doch nun hatte alles endlich ein Ende. Nahm sie an.
Michael ging es gut. Er wusste, wie sein Plan B aussah. Und wären alle Stricke gerissen, dann wäre er in die Medien gegangen, als die Bestie aus Halle. Gesteuert von einer Frau. Allein wäre er nicht untergegangen.
Seine Vorbilder waren amerikanische Straftäter, die lebenslang einsaßen, die weltweiten Ruhm genossen mit ihren diabolischen Taten. Bücher schrieben, eine eigene Serie bei Netflix bekommen hatten und Zeitungsartikel über sich sahen. Das war sein Wunschgedanke. Das wollte er auch erreichen.

# 38.

Es knallte und klatschte zweimal laut.

Anke ließ sich von Michael ein paar Mal mit der Faust und der Handinnenfläche in das Gesicht schlagen. Es sollte so authentisch wie nur möglich wirken.

Die beiden waren sich sicher gewesen, Frederike im Dunkeln tappen zu lassen. Die junge Heilpädagogin sollte glauben, dass ihre Freundin ebenfalls von diesem grausamen Monster gefangen gehalten wurde.

Mit den auffälligen Blessuren und der klaffenden Platzwunde unter dem linken Auge wurde Anke von ihrem Partner zurück in den gekachelten Raum gestoßen.

Er schrie die Fallende dabei an und war ihr gegenüber sehr respektlos. *Verpiss dich, du wertloses Stück.*

Auf allen Vieren krauchend, weinte Anke bitterlich und kroch zitternd in eine Ecke. Sie bot Frederike ein mörderisches Drama, spielte sie ihrer Arbeitskollegin jahrelang Freundschaft vor, fiel ihr diese mephistophelische Bühnendichtung nicht schwer.

Die Tür klackte ins Schloss.

Ohne mit der Wimper zu zucken, kroch sie, nachdem die Tür verschlossen worden war, mit einem schmerzverzerrten Gesicht zu Frederike rüber, die noch immer an den verschmutzten Stuhl gekettet war. Die Tränen kullerten zu Boden.

Anke tat so, als hätte sie unter dem Stuhl ein Taschenmesser gefunden.
>>Da, ein Messer, Fredi. Das muss der Spinner verloren haben.<<
>>Anke, es tut mir alles so unendlich leid, dass ich dich mit in diese Situation reingezogen habe.<<
>>Alles gut, Fredi, alles gut!<<
>>Nein, es tut weh, dich so zu sehen.<<
Anke schnitt mit dem Messer die Fesseln los und suchte nach dem Fernseherkabel, um die Glotze auszuschalten. Sie störte sich an dem Lärm der gequälten Frauen in dem Video und wollte sich das Material nicht weiter ansehen müssen. Anke wollte Ruhe. Die pure Stille.
>>Ekelerregender Feigling. Die armen Frauen. Was ist das nur für ein Arsch?<<
>>Ich weiß es nicht, Fredi. Ich weiß nur eins, und zwar, dass wir hier so schnell wie nur möglich verschwinden müssen.<<
Frederike zitterte am ganzen Körper und realisierte nur sehr langsam. Sie wusste, dass dies einer von diesen kurz innehalten und durchatmen Moment war.
Die junge Frau schnappte sich ihre Klamotten, die zusammen mit ihren Schuhen auf einem Haufen in der Ecke neben der Tür im Dreck lagen, zog sich an und suchte den Raum nach einer Fluchtmöglichkeit ab.
Sie klopfte gegen Wände und horchte daran.
>>Da, hier … <<
>>Nein, das ist das Fenster, von dem ich dir erzählt hatte.<<

Das mit schwarzem Gewebeband abgeklebte Fenster, unter dem eine alte Matratze lag, war ein Reinfall. Das Fenster ist nachträglich dort angebracht worden. *Ein Fake!*
Sie tastete sich weiter hoffnungsvoll durch den gekachelten Raum.
»Irgendeinen Weg hier raus muss es doch geben.«
»Ich weiß es doch auch nicht, Fredi«
»Hast du draußen was gesehen, Anke? Eine Tür oder ähnliches … «
»Nein. Ich bin zusammengeschlagen worden, wie du sehen kannst«
»Echt, dafür bist du aber verdammt gut drauf, Anke.«
»Wie meinst du das, was willst du mir jetzt damit sagen?«
»Ich? Nichts. Aber, weißt du, was komisch ist, Anke.«
»Was?«
»Michael hatte mir doch kurz vor unserem Treffen eine Nachricht geschrieben und mich Fredi genannt.«
»Ja. Und … «
»Und? Ich kenne nur eine Person, die mich so nennt und diese ist hier mit mir in diesem Raum. Genau jetzt.«
Kurz war es tonlos. Eine unheimliche Stille zog ein. Beide Frauen hockten in dem lichtabgeschwächten Raum und suchten den Blick der anderen.
»Frederike, willst du mich verarschen? Verdächtigst du etwa mich?«

# 39.

Mit gezielten Schritten spazierte Michael aus dem alten Haus heraus, zündete sich eine Kippe an, sprang in seinen BMW und fuhr zu seiner Wohnung, um nach dem Rechten zu schauen. Nur Gott weiß, was in ihm vorging in diesem Moment.
Michael konnte nicht glauben, was er im Internet über das Wohnhaus, in dem er eine Wohnung bezogen hatte, und dem riesigen Polizeirummel davor, welches alles abgesperrt hatte, gelesen hatte. Er war der Meinung, dass er alles erdenklich Mögliche getan hatte, um nicht aufzufallen.
Stets war er vorsichtig und behielt alles im Auge. Betrat er das Hochhaus, dann schaute er sich im Treppenhaus genauer um, bevor er in den Fahrstuhl stieg und zu seiner Wohnung hinauffuhr. Michael redete selten, hielt kaum Augenkontakt zu den Nachbarn und versuchte, so unsichtbar wie möglich zu sein.
Dass man ihn entlarvt hatte, störte Michael gewaltig. Grübelnd saß er in seinem Auto und hatte sich den Kopf darüber zermartert, welcher Mitbewohner ihn in die Pfanne gehauen haben könnte.
Dabei kam ihm sofort seine dumme Nachbarin ins Gedächtnis. Diese hatte sich immer in Sachen eingemischt, die sie nichts angingen. Wegen ihr war er besonders vorsichtig gewesen.

Schon oft hatte er sich mit dieser alten Krake herumgestritten. Beide gifteten sich gegenseitig an und spuckten Galle. Es verging kaum eine Woche, in der er sich nicht mit ihr herumärgerte. Sie war nervtötend und legte ihm gegenüber eine ekelhafte Art an den Tag.
Seine Nachbarin hatte Michael in den letzten zwei Jahren mehrfach bei der Hausverwaltung angeschwärzt, er würde den Müll im Treppenhaus herumliegen lassen und sie hätte Michael *auch* angeblich schon zweimal dabei beobachtet, wie er in einem betrunkenen oder bekifften Zustand in das Treppenhaus uriniert habe.
Daraufhin war er zwei Mal zu einem persönlichen Gespräch in die Geschäftsstelle der Verwaltung gebeten worden. Und jedes Mal hatte man Michael darauf hingewiesen, dass es Mieter im Haus gäbe, die sich über ihn und seine unmenschliche Art beschwert hatten.
Natürlich konnte Michael die Vorwürfe aus dem Weg räumen und dem Sachverhalt ein neues Gesicht geben. Die Hausverwaltung hatte sich bei ihrem Mieter schriftlich wie mündlich selbstverständlich entschuldigt und ihm nahegelegt, jegliche Konfrontation mit seiner Nachbarin aus dem Weg zu gehen. Doch war für ihn das Fass am Überlaufen. Eine Entschuldigung ihrerseits hätte die Wogen nicht mehr geglättet.
Selbst hatte er sich die alte Schachtel *auch* schon einmal vorgeknöpft. Dabei führte sie sich auf wie der hauseigene Sheriff. Es war ihm nicht möglich, auch nur ein ernstes Wörtchen mit ihr zu wechseln.
»Wenn Sie jetzt nicht gehen, dann schreie ich!«

»Ich will dir nichts tun, alte Schachtel. Du sollst dich nur aus meinem Leben heraushalten.«
»Ich mache, was ich will. Verstehst du!«
»Nein, ich verstehe nicht, du Drachen. Irgendwann kommt der Tag …«
»Jaja, du mich auch!«
Die Eule war der Grund, weshalb sich Michael mit einem anderen Bewohner des Hauses im Treppenhaus fast geprügelt hätte. Mit geballten Fäusten stand Michael vor Herrn Knoblich, einem ehemaligen Boxer, der mit seiner Sicherheitsfirma in ganz Deutschland unterwegs war; und wollte ihn umhauen.
Sein Nachbar war berüchtigt und stadtbekannt.
Beide Männer schubsten sich auf dem Treppenhausflur und warfen mit hitzigen Worten um sich, während der alte Drachen alles mit ihrem Handy festhielt. Dabei lachte sie hexengleich und animierte den Ex-Boxer dazu, Michael gehörig eine aufs Maul zu hauen.
Die Alte fühlte sich sicher und attackierte Michael mit giftiger Galle.
»Halten Sie sich an die Hausregel«, schrie sie Michael entgegen. Mit voller Wucht drosch sie auf den ungewollten Nachbarn ein.
»So macht man das, Herr Knoblich.«
Herr Knoblich ließ, erschrocken über ihr Verhalten, von Michael ab und fing an, die fluchende Nachbarin in die Schranken zu weisen. In seinen Augen wäre die alte Frau einen Schritt zu weit gegangen.
Ihm war nicht klar, warum sich die Alte eingemischt hatte.
Mit Wehmut in den Augen entschuldigte sich der

Nachbar bei Michael für die kleine handgreifliche Auseinandersetzung und warf der Alten Boshaftigkeit vor. *Du bist eine dämliche alte Hexe.*
Michael war froh, dass jetzt endlich, auch wenn es nur ein Mitbewohner des Hauses war, gesehen worden war, was die Alte für eine Furie war. Er hatte sie abermalig als Biest und schuppiges Ungeheuer beleidigt. Nur hörte ihm bis jetzt niemand zu.
Nicht zum ersten Mal hatte er die alte Koch dabei erwischt, wie sie mit ihren knorrigen Fingern die Post aus seinem Briefkasten fischen wollte. Er hatte sie auch dabei beobachtet, wie sie das Schloss seines Briefkasten mit Sekundenkleber verkleistern wollte. Sie ließ nichts unversucht, Hauptsache, sie konnte ihren Nachbarn verärgern und ihm etwas unterjubeln.
Frau Koch war neugierig und wollte mehr über die Nachbarn herausfinden. Sie musste alles kontrollieren und über jeden Bescheid wissen.
Michael war außer sich vor Wut, als er die Alte erneut bei dem Versuch, seine Post zu stehlen, erwischt hatte. Wutgetrieben und mit zorniger Zunge fragte er die Koch, ob sie sich mit dem Postgeheimnis anderer gut auskenne.
*Bist du noch ganz bei Sinnen, du dumme Fotze? Verpiss dich von meinem Briefkasten!*
In dem Altenpfleger brodelte es. Am liebsten hätte er seiner Nachbarin eine geschmiert und sie vergraben. Tief unter der Erde.
Es kam auch vor, dass sie von ihrer Wohnung aus guckend durch den Türspion linste, Michael beobachtete. Vernahm die Alte auch nur das kleinste Geräusch, drückte sie die Türklinke nach unten, riss

die Tür auf und steckte ihren Kopf hinaus. Die Frau musste im Bilde sein. Sie durfte nichts verpassen.
Michael, gar nicht auf den Kopf gefallen, wusste um die Marotten seiner Nachbarin und nutzte diese gerne aus. Absichtlich hatte er im Treppenhaus des Öfteren für Lärm und Unruhe gesorgt. Manchmal kam es auch vor, dass Michael in gehockter Position vor der Wohnungstür seiner Nachbarin lauerte und wenn er sie deutlich an der Tür vernahm, sie mal wieder durch den Spion guckte, er mit festen Schlägen gegen die massive Wohnungstür schlug. Die alte Kuh sollte sich erschrecken.
Hörte Michael dann ein lautes Aufschrecken von seiner Nachbarin, dann musste er sich das Lachen verkneifen. Nur zu gerne wäre er bei der Alten einen Schritt weiter gegangen.
Schon einmal hatte er sich in der Nacht unbefugt Zutritt zu ihrer Wohnung verschafft. Michael tat seiner Nachbarin aber nichts, krümmte ihr kein Haar, auch wenn sie es verdient hätte.
Doch nun hatte Michael ein gewaltiges Problem an der Backe. Seine gesamte Wohnung war von Polizisten auf den Kopf gestellt worden. In jedem Raum brannte Licht.
Frau Koch hatte für ein großes Aufgebot der Polizei gesorgt.
Jeder Einzelne der Beamten hatte nach dem Altenpfleger gesucht, was die Neugier und Aufregung bei den übrigen Hausbewohnern und Nachbarn in die Höhe trieb. Das Getuschel blieb nicht lange aus.
Auf dem Weg nach Neustadt hatte Michael den Wagen gewechselt. Zu unsicher war es ihm, mit dem auffälligen BMW durch die Stadt zu fahren. Jedoch

erfreute er sich an dem großen Polizeiinteresse an seiner Person. Endlich nahmen ihn die Leute wahr.
Die Nacht zog über die Stadt herein und Michael hoffte auf ein wenig Ruhe. Mit einer Flasche Desinfektionsmittel und einem frisch gekauften, in Folie verschweißten Tuch, wischte er das Auto von innen und außen gründlich ab.
Mit einem weinenden Auge hatte er sich von seinem heiß geliebten BMW verabschiedet.
Auf einer wenig beleuchteten Abzweigung Richtung Dölau, die von der Straße in den Wald führte, hatte er seinen Wagen abgestellt und mit einem Baseballschläger gründlich bearbeitet. Jeder Schlag schmerzte ihn. Jeder Schwung mit der Keule trieb weitere Tränen in seine Augen.
Was Michael auf der grünen Abzweigung nicht mitbekam, waren die feierfreudigen Jugendlichen auf der anderen Straßenseite, die das ganze Spektakel aus sicherer Entfernung beobachtet hatten. Die Halbstarken wunderten sich über den Lärm und waren neugierig.
Es dauerte keine zwei Minuten, da hatten sich die Jugendlichen schon auf dem Weg zu Michael gemacht. Sie waren von Testosteron gesteuert. Die drei Mädels der Gruppe waren etwas skeptisch und von Angst verfolgt.
Die Weiber hatten mehrfach ihren Freunden nahegelegt, sich nicht dem Ganzen zu nähern, da man sich nicht sicher sein konnte, auf was für Gestalten man des Nachts träfe. Doch ihre ängstlichen und mahnenden Worte blieben von dem Rest der Gruppe ungehört.
Mit einer Taschenlampe leuchtete einer der Jungs

den ramponierten BMW an und erschrak, als Michael plötzlich Keule schwingend aus der Dunkelheit in das Funzellicht trat.
Natürlich ließen sich die Jungs der Truppe nicht anmerken, dass sie Angst hatten. Waren sie doch richtige Kerle. Angst existierte in ihrer Welt nicht. Schließlich mussten sie die Starken heraushängen lassen vor ihren Freundinnen.
Michael erkannte die Situation und nahm den drei Jungs schnell den Wind aus den Segeln. Er fand es lächerlich, wie sich diese aufgespielt hatten vor ihren Mädchen.
»Verpisst euch, ihr kleinen Wichser!«
Einer der Jugendlichen warf mit seiner Bierflasche in Michaels Richtung und beschimpfte diesen wüst zurück.
»Was willst du? Machst hier den Großen, weil du 'ne Schwinge hast …«
»Neee! Ich nutze diesen Schläger auch. Deswegen markiere ich hier den Großen, Früchtchen.«
»Wen nennst du hier Früchtchen, Alter!«
Michael trat aus dem Lichtschein und rannte auf die Truppe zu. Er schrie laut und schwang den Baseballknüppel. Er wollte niemandem etwas antun. Er wollte nur etwas spielen und den Typen zeigen, wer den Längeren hat.
Wie von der Tarantel gestochen rannten die Jugendlichen in verschiedene Richtungen. Michael schrie weiter und wirbelte mit seinen Schuhen Staub auf.
Er fand es toll, wie sich die Kids in die Hose gemacht hatten, jedoch hatte keiner der Beteiligten damit gerechnet, dass einer der Jugendlichen blind vor Schreck über die Straße zu seinem Fahrrad rennen

und von einem heranrasenden Lkw erwischt werden würde.
Der Brummifahrer drückte auf die Bremsen und kam nach wenigen Metern zum Stehen. Als ihm klar war, dass er kein Wild, sondern einen Jungen angefahren hatte, fing er bitterlich mit Jammern an.
Michael pirschte sich langsam an den Lkw- Fahrer heran und erschlug diesen mit seinem Baseballschläger. Immer wieder drosch er auf dessen Schädel ein. *So ein Mist. Das darf doch nicht wahr sein!*
Der Junge lag bewusstlos auf der Straße. Michael stand über ihm, überlegte kurz, den Krankenwagen zu rufen, doch überließ er ihm seinem Schicksal. Den halse ich mir jetzt nicht auch noch auf.
Von den restlichen fünf Halbstarken kam nur einer zurück, um nach seinem Kumpel zu schauen, da dieser seiner Freunden nicht gefolgt war. Als er seinen Kumpel tot auf der Straße vorfand, rannte er unüberlegt in den Wald hinein. Dort wartete Michael schon auf ihn. Er erledigte den Jugendlichen mit zwei gezielten Schlägen gegen die Stirn und setzte ihn in seinen BMW.
Michael Vorhaben war ein gezielter Plan angehaftet. Er wollte, dass die Polizei von einem Autodiebstahl ausging. Der Verkehrsunfall kam ihm dabei nur zugute. Jugendliche, die sich die Kante gaben und im Suff mit einem geklauten BMW die Straßen unsicher machen wollten. Die Kollision mit einem Lkw fand Michael genial.
Alles war perfekt. Es sah so aus, als hätten die Autodiebe nach dem Unfall den verbeulten BMW samt totem Kumpel im Wald verstecken wollen. Das perfekte Alibi.

Vor dem Hochhaus angekommen, überkam Michael ein unwohles Gefühl. Ihm war nicht mehr ganz geheuer bei der Idee, in seine Wohnung einzusteigen.
Mit sicherem Blick auf das Haus, setzte er sich wieder in seinen Zweitwagen. Er zündete sich eine Zigarette an und spielte verschiedene Szenarien in seinem Kopf durch. Eine Festnahme blieb wohl sicher nicht aus, doch wollte er nicht aufhören zu spielen. Michael wollte den nächsten Schritt wagen und fuhr unauffällig in die dunkle Nacht hinein. Ungesehen und von den Sternen angestrahlt.
Ihm war klar, dass die Polizei längst nach ihm suchte.

# 40.

Ohne in den Rückspiegel zu blicken, fuhr Michael mit dem Auto davon. Es kümmerte ihn nicht, was gerade passiert war. Er war gefangen in einem Tunnel und musste verschwinden. Doch bevor er untertauchen konnte, hatte er noch einen Job zu erledigen. Denn eine Sache musste er noch beenden.
Dunkle Wolken zogen auf und es wurde blitzschnell finster. Die Nacht war erstaunlich ruhig, wenig Verkehr auf den Straßen. Leise Musik ertönte über die Zäune der Gartenanlage.
Michael fuhr langsam an eine Tankstelle heran und hielt ungesehen wenige Meter vor dieser am Seitenstreifen an. Dringend brauchte er neue Kippen, doch wollte er vorher abchecken, ob die Luft rein war.
Die Stimmen in seinem Kopf erzählten dem Altenpfleger, dass überall schon Fahndungsbriefe von ihm verteilt worden seien. Paranoia. Sie befahlen ihm sich zu beeilen. Selbstmord wäre auch eine gute Option.
Allmählich bekam es Michael mit der Angst zu tun. Er wollte unbedingt beenden, was er begonnen hatte. Es hätte ihm das Genick gebrochen, wenn er sein Spiel nicht hätte beenden können.
Im Kofferraum lag eine Waffe. Das von der Nacht geschwärzte Gras am Straßenrand tanzte vom Wind angetrieben um seine Schuhe herum. Wo am Tage das Durcheinander herrschte, war es in dieser Nacht

gespenstisch ruhig. Auf dem Feld zu seiner Linken war es gespenstisch still.
An der Tankstelle selbst ging es ebenso gelassen zu. Nur ein kleines silbernes Auto war zu sehen. Zwei Männer standen vor dem Wagen und unterhielten sich. Sonst war nichts Auffälliges zu erblicken. Michael glaubte sich sicher und stieg wieder in das Auto ein.
Mit langsamem Tempo fuhr er an die Tankstelle heran, schaute dennoch nervös in alle Richtungen, hielt an der Zapfsäule *3* und scrollte auf seinem Telefon wild herum. Eine Nachricht von Annika hatte ihn erreicht.
Sie war die Drittschönste nach Frederike und Mara, der er nahe sein wollte. Doch irgendwie konnte er keine geschriebene Zeile seiner Angehimmelten genießen.
Der Zeitpunkt war ungünstig, aber wie auch die anderen beiden Frauen vor ihr, schaffte es auch Annika, Michaels Verstand zu vernebeln. Ein paar nette Worte hier. Ein aufreizendes Bild da.
Annika war fünfundzwanzig Jahre alt, wirkte aber viel reifer, was Michael sehr attraktiv fand. Sie war Bankkauffrau von Beruf und lebte mit ihren drei Chihuahuas allein in einer Dreizimmerwohnung inmitten der Stadt.
Sie liebte ihre Hunde und die Ordnung in den eigenen vier Wänden. Dass sie von Michael des Nachts schon mehrfach heimgesucht worden war, davon bekam die junge Bankerin nichts mit. Auch nicht, dass Michael ebenso wie sie, sehr ordnungsverliebt war; hatte er des Öfteren in ihrer Wohnung umdekoriert sowie aufgeräumt.

Nicht selten hatte er in den Häusern und Wohnungen, in denen er eingestiegen war, für Ordnung gesorgt. Das war *irgendwie* seine Visitenkarte. Seine Handschrift.
Michael mochte kein großes Chaos vorfinden. Hatte er allerdings selbst für Wirrwarr gesorgt, dann war das etwas anderes.
Aus Spaß an der Freude hatte Michael Annika geantwortet. An der Tankstelle war es weitestgehend ruhig. Michael hatte Annika gefragt, wie sie reagieren würde, wenn sie nachts von ihm einfach besucht werden würde.
Annika war leicht geschockt, als sie diese Nachricht las. Sie wusste nicht, wie sie reagieren sollte. *War diese Frage ernst gemeint? War Christian in Wirklichkeit ein Perverser?*
Annika hatte mit sich zu kämpfen. Auf der einen Seite empfand sie etwas für den netten und gutaussehenden Chatpartner und auf der anderen Seite war sie ihm gegenüber manchmal vorsichtig.
*Christian* war herzig, höflich, nahezu perfekt; doch schrieb er in einer komischen Art und Weise mit ihr. Dies teilte Annika ihrer besten Freundin mit. Das gute Gefühl war von einem Schatten umkreist. Sie wusste nicht, was richtig war und was falsch.
Annika empfand die Nachrichten, die sie von *Christian* empfing, als wohltuend, doch las die junge Frau zwischen den Zeilen – so sprach dann plötzlich ihr Bauchgefühl zu ihr. Und dann gab es die Annika, die ihm trotz der Zweifel ungefragt Bilder von sich geschickt hatte. Ohne nachzudenken. Weil sie einfach nur Spaß haben wollte.
Michael hingegen hatte mit seinen gezielten Fragen

erreicht, was er schaffen wollte. Er hatte Annika verunsichert und in einen desaströsen Zustand versetzt. Nun wurde sie in eine Ecke gedrängt und hatte es nicht einmal bemerkt.
Die junge Frau, einst fröhlich und unbeschwert durch Leben tanzend, blickte *nun* jeden Abend, bevor sie zu Bett ging, unter selbiges. Sie hatte sich mehrfach in kürzester Zeit hintereinander davon überzeugt, dass die Wohnungstür auch wirklich zweimal abgeschlossen war. Ebenso verhielt sich das auch mit der Balkontür und den Fenstern in der Wohnung.
Durch die gezielten Fragen, die ihr Michael fast täglich zukommen ließ, fing Annika mehr und mehr damit an, komische Absonderlichkeiten an den Tag zu legen. Sie erkannte sich gar nicht mehr wieder. Begriff anfangs auch nicht, dass dies *Christians* manipulativer Art geschuldet war.
Es gab Nächte, an denen Annika bewusst eine leichte Mehldecke über den Dielenboden streute. Das hatte sie mal in einem alten Kinoschinken gesehen. Sie wollte sichergehen, dass niemand in der Nacht durch ihre Wohnung herumgeisterte und wer weiß was alles mit ihr anstellen würde.
Im Wohnzimmer wie auch in der Küche hatte Annika auf dem Fliesenboden vereinzelt kleine Fetzen doppelseitiges Klebeband befestigt. Sie wusste, dass ihr Verhalten nicht normal war, doch blieb der schönen Bankerin jedoch nichts anderes übrig, um ihre Angst in den Griff zu kriegen.
Versuche des Entkommens scheiterten kläglich. Michael hatte sie zu einhundert Prozent verunsichert und genau da, wo er sie haben wollte.

Von der Tankstelle längst verschwunden, genoss er im Auto sitzend die sehnlichst herbeigesehnte Zigarette.
Vor dem Versteck war es entspannt. Kein Wort. Kein Laut. Michael liebte die Einsamkeit der Nacht und lauschte dem Fauchen der glühenden Kippe.
Er war sich sicher gewesen, das Richtige zu machen. Michael war stolz auf sich und wusste, auch wenn er geschnappt werden würde, er hätte alles auf seiner Liste erledigt. Und nur darum ging es dem Altenpfleger.
Im Haus war es noch ruhiger als auf der toten Straße. Das gefiel ihm. Das Knacksen der zum Teil vergammelten Dielen hallte laut durch das brüchige Gemäuer. Manchmal erschrak er selbst von den geisterhaften Geräuschen und musste dann leise kichern.
Mit schwerem Luftzug öffnete er die Tür zum Folterraum und spazierte gezielt auf den Beistelltisch zu. Vergessend, was um ihn herum geschah. Ihm war alles egal. Zu verlieren hatte er nichts mehr.
Die Rothaarige saß zusammengesunken, den Blick zu Boden gerichtet, auf dem verdreckten Stuhl und keuchte leise. Kaum hörbar.
Zielsicher schnappte er sich ein Skalpell und stach blind vor Liebe zur schönen Frederike auf deren Kopf ein. Immer wieder zog er die scharfe Klinge aus ihrem Schädel und rammte sie erneut ins geschundene Haupt.
Es dauerte, bis er bemerkte, dass er mit dem chirurgischen Schneidwerkzeug nur die Hautschichten und wohl einige Nervenbahnen durchtrennt hatte. Zornig und wütend auf sich selbst, schnappte er sich

einen Eispickel und beendete sein Vorhaben, der schönen Rothaarigen das Leben zu nehmen.
Michael dröhnte und brüllte die Sterbende an. Speichel lief ihm aus dem Mund.
*Du hast es nicht anders gewollt, Frederike!*
In ihm tobte eine unbändige Wut. Das Messer schnitt tief in ihr Fleisch und zerfetzte es. Er ritzte wie ein Wilder auf ihrem Körper herum. Stach auf sie weiter ein als es hinter ihm plötzlich laut lachte. Erschrocken ließ er das Messer zu Boden fallen und drehte sich um. Er hatte nicht einmal bemerkt, dass er nicht mehr diese lächerliche Hexenmaske trug.
Vor ihm, in dem lichtabgeschwächten Raum, stand Frederike, die Michael mit hasserfülltem Blick direkt in die Augen starrte.
»Na, du Blitzmerker, wer sitzt denn da wohl auf dem Stühlchen?«
Michael reagierte nur sehr langsam. Seine Gerissenheit dümpelte davon.
»Es ist eine von Blut rotgefärbte Perücke, du Schwein. Du hast deine bessere Hälfte getötet.«
»Wie kannst du … Wer ist … Was?«
Bevor er auch nur einen Satz aussprechen konnte, hatte Frederike nach dem Schläger gegriffen und Michael mit einem gezielten Treffer gegen das Kinn ausgeknockt.
Michael lag am Boden und konnte die Schläge nicht abwehren. Frederike war wie von Sinnen. Sie war stumm, schrie keinen Ton aus, während sie auf ihren Peiniger einschlug.
Frederikes innere Stimme brüllte dafür umso lauter. Sie weinte in ihren Gedanken. Frederike schlug mit dem Schläger mehrfach auf Michael ein. Sie traf

nicht immer. Viele Schläge gingen daneben. Das störte sie aber nicht. Wie im Rausch. Wahllos drosch sie auf ihn ein. Und wenn sie traf, grinste sie unbemerkt diabolisch.
Die junge Heilpädagogin war froh darüber, dass der ganze Spuk nun ein Ende fand.
Aufheulende Polizeisirenen durchbrachen die Stille der Nacht. Sie kamen. Endlich.

# 41.

Ehrfürchtig und zugleich angepisst von dem Wichser, stand Frederike auf der frisch gemähten Wiese und spuckte unzählige Male auf den Stein, der wie ein Sessel aussah. Sie trat gegen den Minifelsen und fluchte innerlich wie eine Wildgewordene.
Mit einem in Gedanken verfassten Brief, später hielt sie schriftlich jedes Wort fest, entschuldigte sich die junge Heilpädagogin bei Michaels Eltern für ihr zeitnahes Tun; doch sprach sie *auch* Worte der Warnung aus, nachdem sie den imaginären Brief in zwei Hälften geteilt und auf das Grab seiner verstorbenen Eltern gelegt hatte.
Frederike hatte sich oft die Frage gestellt, ob Michael einen anderen Weg eingeschlagen hätte, wären seine Eltern nicht so früh verstorben. *Ist sein Dasein dem traurigen Schicksal geschuldet?* Sie glaubte immer an das Gute in einem Menschen und ging nicht davon aus, dass Michaels Eltern gefährliche Leute gewesen waren.

*Hallo Herr und Frau Horn!*

*Bitte seien Sie nicht böse auf mich. Ich möchte Ihnen nicht zu nahe treten, doch hat Ihr Sohn die Hölle auf Erden verdient. Anders kann ich das nicht sagen. Hier zu Papier bringen.*
*Nicht mehr und auch nicht weniger. Es tut mir sehr*

*leid, aber ich werde nicht eher ruhen, bevor ich diesen Bastard vernichtet habe.*
*Michael hatte mir die Lebensfreude genommen. Ihr Sohn hatte mich versucht, zu vergewaltigen. Im Internet wollte er mich sogar ein zweites Mal vernichten.*
*Es gab eine Zeit der Selbstliebe. Ich habe mir und auch Ihrem Sohn verziehen. Doch nun ist Schluss mit lustig. Ich kann und will nicht mehr.*
*Lange habe ich gedacht, dass die versuchte Vergewaltigung an mir das Schlimmste sei, doch nach und nach erfuhr ich, dass Ihr Sohn seit frühen Jahren Mädchen und später Frauen gequält und geschändet hat. Mich leider eingeschlossen.*
*Ich bin nicht neugierig. Ich möchte dennoch wissen, wie viele Frauen Ihr Sohn auf dem Gewissen hat. Ist er nur ein krankgewordenes Schwein oder erlitt Ihr Sohn einen Schaden, weil Sie Michael so früh verließen?*
*Bitte verzeihen Sie mir auch meine abgestumpften Worte. Ich bin eigentlich ein sehr emotionaler Mensch, nur habe ich keine einzige Träne mehr in mir.*
*Ihr Sohn hat mich gebrochen und mir die Zähren gestohlen.*
*Ich fand Bilder von Michael, wie er auf dem Stein saß. Aber auch Fotos, einfach nur von diesem kleinen Findling hier. Es war nicht schwer, herauszufinden, wo sich dieser befindet.*
*Nun bin ich hier und werde Michaels Anker zerstören.*
*Wie schon gesagt: Ich respektiere den Tod, ich habe nichts gegen Sie persönlich, wir kennen uns ja nicht*

*einmal, doch nehme ich Michael weg, was ihm anscheinend nach Ihnen das Teuerste ist.*

*Danke für Ihr Verständnis.*
*Ruhen Sie in Frieden.*

Frederike holte zwei Mitarbeiter des Friedhofes herbei, die mit einem kleinen Bagger den Stein von der Wiese entfernten. Allein hätte sie das niemals bewältigen können.
Die schöne Rothaarige hielt jeden Schritt der Arbeiter fotografisch fest. Eigentlich wollte sie den Stein zerstören, doch fand der sesselförmige Minifelsen im städtischen Pestalozzipark ein neues Zuhause.
Die Fotos hatte sie für Michael im Gefängnis abgegeben. Mit im Umschlag ein Abschiedsbrief, nur dieses Mal nicht gedacht, sondern zu Papier gebracht. Einen Brief, der Michael zeigen sollte, dass er verloren hatte – und Frederike gewonnen. Ein Brief des Abschieds.
*Auf nimmer Widersehen!*
Die stolze Frau wollte unbedingt, dass die Bilder zu Michael finden. Er sollte sie sehen. Immer wieder. Schade war nur, dass sie einen Blick auf sein Gesicht dabei nicht erhaschen könnte.
Gerne hätte sie bei dem Anblick der Fotos und dem Lesen des Briefes in seine toten Augen geschaut. Die Bilder, die sie sich ausgemalt hatte, schenkten ihr Genugtuung. Sie wollte verstehen und erkennen, was mit dem einst so niedlichen Kind passiert war. Die Befriedigung war natürlich nicht gegeben, doch konnte sie nun endlich mit dem Kapitel abschließen

und ein neues in ihrem Leben aufschlagen. Auch wenn es schmerzhaft war, sich einzugestehen, dass die eigene Freundin und Arbeitskollegin sie derart brutal ausgespielt hatte, so schaffte Frederike doch den rechtzeitigen Absprung aus diesem Elend.
Ohne die Sache mit dem Stein hätte Frederike niemals Ruhe gefunden.

# 42.

Michael saß in einem in beige gehaltenen Raum auf einem ungemütlichen Stuhl und regte sich innerlich über diese Ungemütlichkeit der Sitzgelegenheit auf. Er guckte sich nervös in dem Zimmer um und zappelte mit den Beinen. Am liebsten wäre er ungesehen aus dem Revier spaziert, jedoch hielt die Freude über diesen seltenen Tapetenwechsel Einzug.
Er war froh, dass er aus seiner Zelle konnte, mal etwas anderes sehen, als nur diese tristen Mauern, die ihn einengten. Michael hasste diesen kühlen Ort. Am liebsten wäre er geflüchtet. Darüber nachgedacht hatte er.
Nun saß er aber in einem Raum, der, so makaber es klingen mag, mehr nach Freiheit und Alltag aussah. Die Farbe an den Wänden war noch recht frisch, keine zehn Tage alt. Ferner roch es intensiv chemisch und etwas unangenehm. Für seinen Geschmack zu intensiv, aber nach Freiheit.
Das schlauchförmige Zimmer war etwa vierzehn Quadratmeter groß und *nur* mit einem Tisch und zwei Stühlen ausgestattet. Mehr Mobiliar war nicht geplant. Unter dem einen Fenster stand ein kleines Schränkchen, auf dem eine grüne Zimmerpflanze stand.
Im Zuge von Sanierungsarbeiten blieb dieser Raum für die Sitzungen bestehen. Kahl und ungemütlich für die Beamten, doch nicht für Michael. Das einzig

Neue war das Mikrofon auf der abgeranzten Tischplatte.
Die zwei kleinen Panoramafenster, jeweils ein Meter zehn hoch und achtzig Zentimeter breit, waren von innen verriegelt. Außen hatte man vor den Fenstern frisch lackierte Gitter montiert. Diese spendeten kein Wohlbefinden und keine Freude. Das sollten sie auch nicht.
Den Tätern sollte jeden Tag bewusst vor Augen gehalten werden, dass jeder Fluchtversuch vergeblich wäre.
Jede einzelne Wand in dem nackten Raum strahlte eine unheimliche Kühle aus, welche sich bei den Männern und Frauen auf die Schultern legen sollten. Wie ein erdrückender Seidenschal.
Mittlerweile, das lange Warten machte ihn nervös, erging es ihm ebenso. Es sah hier nun nicht mehr so schön aus in seinen Augen. Das Warten hatte ihn unruhig werden lassen. Es war nicht anderes als in seiner Zelle. Doch gab es trotzdem einen kleinen Unterschied zu den weiß gestrichenen Wänden, die er dreiundzwanzigstunden tag ein und tag aus anstarrte. Diese durften beklebt und behangen werden von den Beamten.
Im Gefängnis hielt sich auch nicht jeder an die Regeln. Dort waren die Wände ebenso behangen worden. Einige hatten Bilder von ihren Familien an den Wänden; und andere beklebten die Mauern mit Bildern von nackten Frauen. Frauen, die pornografisch posierten.
Es war nicht gewollt, doch duldete man diese Form von Erotik.
An der frisch gemalerten Tapete in dem schmalen

Raum hing ein *einziger* zehn Jahre alter Kalender mit landschaftlichen Motiven, welcher den inhaftierten Patienten die Schönheit der Natur aufzeigen sollte. Die Kalenderseiten waren vergilbt und schmutzig. Die Ecken des Papieres kräuselten sich, doch sie taten das, was sie tun sollten.
Allgemein schien die Zeit stillzustehen in dem Raum. Die Stühle wie auch der Tisch hatten ihre besten Zeiten längst hinter sich. Auf dem grauen PVC-Belag zeigten sich die vom Dreck gefärbten Abdrücke der Tischbeine.
Michael hatte sich gefragt, ob die Bauarbeiter nur spärlich renoviert hatten oder noch mitten in Arbeit steckten.
Frau Dr. Sabine Krimm war innerhalb des Justizvollzugs eine wichtige Bezugsperson für die Gefangenen. Aber auch für die Anstaltsleitung und die Vollzugsbediensteten war die Psychologin von Wichtigkeit.
Jeder hatte sein Päckchen dabei und trug es mit sich herum. Probleme gehörten zum Alltag in dem Gemäuer. Der eine schleppte mehr mit sich herum und der andere weniger.
Sabine Krimm liebte ihre Arbeit und war stets freundlich ihren Patienten gegenüber. Sie war gesonnen, es jedem recht zu machen. Dabei spielte es keine Rolle, weswegen die Männer und Frauen inhaftiert waren.
Es störte die Psychologin keineswegs. Jeder war erst einmal in ihren Augen gleich. Sicherlich, die Psychologin hieß keine Straftat für gut. Sie hinterfragte nur das WARUM. Allerdings verhielt sich die Freude über ihren Job bei der eigenen Familie in

Grenzen, was manchmal ihren beruflichen Alltag komplizierter machte.
Ihr Mann war keineswegs erfreut darüber, dass seine Frau dauernd mit dem kriminellen Abschaum in Berührung kam, doch hatte er sich damit abgefunden. Wenn auch nur sehr widerspenstig.
Nick war Chefredakteur bei der HZ, einer großen Zeitung, die für Halle und Umgebung sich seit elf Jahren die Finger wundschrieb. Täglich ist er mit schönen wie schlechten Dingen konfrontiert worden.
Das Unternehmen als solches war noch recht jung, doch florierte das Tageblatt. Und immer mittendrin, die Polizeimeldungen.
Beständig berichtete die HZ von Politik, Wirtschaft, Kultur, Sport und Lokalem; die wichtigsten Ressorts.
Ihr Mann saß an der Quelle und mochte seine Frau einfach nicht in einem Raum mit Gewaltverbrechern wissen. Er hatte kein gutes Gefühl dabei. Es war nicht so, dass er seiner Frau nichts gönnte oder ihr etwas verbieten wollte. Sie sollte nur nicht immer der Gefahr ausgeliefert sein.
Die Arbeit mit seiner Zeitung bereitete ihm Freude. Die täglichen Nachrichten hingegen waren weniger erfreulich, da er in solchen Momenten immer an seine liebe Frau denken musste. Auch wenn Sabine zeitweilig davon genervt war, verstand sie Nick. Sie wusste, worum es ihrem Mann ging.
Die gemeinsame fünfzehnjährige Tochter Mara jedoch fand Mamas Job cool und aufregend. Das attraktive Mädchen mit der kleinen Lücke zwischen

den beiden Schneidezähnen, war stolz auf ihre Mutter und vergötterte sie regelrecht für ihren Mut.
Mara wollte in ihre Fußstapfen treten. Das war dem Teenager recht früh klar.
Gerne erzählte sie unter Freunden von dem aufregenden Beruf ihrer Mutter und gab damit an. Mara fand es faszinierend, mit welchen Monstern ihre Mutter es zu tun hatte. Sie war in ihren Augen die stärkste Frau der Welt.
Mara war das Ebenbild ihrer Mutter. Beide glaubten immer an das Gute in einem Menschen. Mutter und Tochter waren sich sicher, was das Bauchgefühl anging, und die beiden Frauen liebten das Familienoberhaupt und zogen es wegen seiner Hasenfüßigkeit des Öfteren gerne Mal auf. Der alltägliche Wahnsinn in der kleinen Familie.
Sabine Krimm betrat den Raum und versetzte diesen vier Wänden umgehend dank ihrer Anwesenheit einen gewissen Glanz. Sie setzte sich an den Tisch, öffnete ihre Aktentasche von DIOR und zückte den Kugelschreiber.
Ein Vollzugsbeamter schloss die Tür hinter sich zu und stellte sich mit überkreuzten Armen vor diese. Allerdings bestand Sabine auf Privatsphäre. Einige ihrer Patienten redeten nicht, wenn sich die Beamten mit im Raum befanden.
»Warum legen Sie so eine erschreckende Gefühlskälte an den Tag, Michael?«
»Warum nicht, Frau Doktor? Was spricht dagegen? Waren Sie schon einmal in einer dieser Zellen hier? Warum tragen Sie goldene Ohrringe und diese seidenen Kleider, die bestimmt eine Stange Geld gekostet haben?«

Es war kurz still.
Michael grinste.
»Sie merken es selbst, Frau Doktor, oder? Fragen stellen ist einfach. Wichtig ist es für Sie jedoch, die richtigen Fragen zu stellen!«
»Und welche wären das, Michael?«
»Da müssen Sie allein draufkommen. Aber! Sie tragen so einen tollen Nachnamen, also wie wäre es, wenn wir es wie eine märchenhafte Frage gestalten?«
»Ich bin ganz Ohr, Michael. Vergessen Sie bitte dabei aber nicht, dass sich mein Nachnamen anders schreibt.«
»Nun denn, Frau Krimm. Halten wir es wie bei Rumpelstilzchen. Sie haben drei Versuche, die richtigen Fragen zu stellen, und ich werde dann gegebenenfalls, weil ich ein Netter bin – Ihnen Antwort schenken.«
»Ich verstehe, Sie wollen mit mir spielen, Michael. Nur leider übersehen Sie etwas dabei. Ich sitze hier auf dieser Seite des Tisches und Sie dort auf der anderen Seite.«
»Ja, das ist richtig, doch sitze ich *bestimmt* an einem längeren Hebel. Nun kommen wir erst einmal zum Wesentlichen. Ich möchte nicht ausdiskutieren, wer von uns beiden die dickeren Eier hat. Sie wollen bestimmt von mir wissen, warum ich das alles getan habe?«
»Nur zu, Michael. Fahren Sie fort. Ich bin neugierig. Mich würde sehr wohl interessieren, warum Sie all diese Morde begangen haben?«
»Richtige Frage. Sehr gut. Eigentlich möchte ich nicht schon wieder über mich und meine Störungen,

Neigungen oder über die Stimmen, die in meinem Kopf palavern, für Sie: reden. Ich bin ein krankes Schwein. Da mache ich mir nichts vor. Ich höre auf mehrere Stimmen, die mir komische Dinge befehlen, allerdings erst seit Neusten, also die Stimmen meine ich, und ich morde seit meiner Kindheit. Ob das was mit dem frühen Ableben meiner Eltern zu tun haben könnte, wäre eine gute Frage – dazu sage ich gleich: Keine Ahnung! Und jetzt wollen Sie bestimmt wissen, was mir die Stimmen sagten? Aber eigentlich müssten Sie aus Ihren Akten schon so viel über mich erfahren haben.«
»Ja, genau. Was flüstert die Stimme oder die Stimmen zu Ihnen, und passiert das täglich, dass Sie sie hören?«
»O. k., ich sag es Ihnen. Ich soll vergewaltigen und morden. Aber nur Frauen etwas antun, die sich so unverschämt im Netz geben. So billig und nuttig. Und Frauen, die in der realen Welt sehr ungerecht mit Männern umspringen. Aber auch Frauen, die mir nicht passen.«
»Was meinen Sie damit, Michael?«
»Na … Frauen, die sich halbnackt präsentieren und sich dann über sexistische Kommentare beschweren. Verstehen Sie mich? Na, egal! Selbst wenn nicht, ich verstehe mich ganz gut und habe Verständnis für meine Säuberung. Was ich allerdings nicht kapiere, ist, dass schöne Frauen, die es nicht nötig haben, sich dennoch so präsentieren.«
Sabine saß auf dem Stuhl und hörte Michael gespannt zu. Sie verstand, was er ihr damit sagen wollte, doch nicht, warum er vergewaltigt und getötet hatte.

»Warum musste es immer auf diese brutale und monströse Art und Weise sein? Sie gingen ja schon fast gespenstisch vor. Warum haben Sie sich das Recht herausgenommen, Frauen zu töten, nur weil sie anderes denken oder gewisse Dinge nicht so sehen wie Sie?«
»Etwas hochnäsig, aber eine gute Frage. Nun, was heißt brutal und Dinge? Bis jetzt fand ich keinen meiner ausgeübten Morde brutal. Da bleibt noch Luft nach oben. Und … Ich möchte doch nur verstehen, weshalb sich die Damenwelt so gibt? Auf der einen Seite wollen diese Frauen Liebe erfahren, einen treuen Partner und Familie um sich wissen – und auf der anderen Seite veröffentlichen genau diese Frauen diese ekelhaften Fotos von sich, halb nackt. Auf den Dating-Profilen ist es nicht anders. Glauben Sie mir. Wie schnell einige der Damen, die es nicht nötig hätten, ihre Brosche per Foto versenden … Die Stimmen in meinem Kopf geben mir in solchen Momenten genaue Anweisungen. Aber auch dann, wenn ich spüre, dass meine Gegenüber leicht zu haben sind.«
»Ist das eine männliche oder weibliche Stimme, die Ihnen sagt oder befiehlt, was Sie zu machen haben? Oder sind es mehrere Stimmen?«
»Halleluja, der Kandidat erhält zehn Punkte. Endlich. Da ist diese eine bestimmte Frage. Und ich werde Ihnen mit Freude antworten.«
Sabine setzte sich erneut in eine aufrechte Position, überschlug die Beine und blätterte in ihrem Büchlein auf eine neue Seite um. Die Psychologin war angespannt und zugleich sehr angewidert.
»Ich höre zu, Michael.«

»Das sollten Sie auch, Frau Doktorin. Sie sollten sich genaue Stichpunkte machen. Aber darauf kommen wir später zu sprechen. «
»Wissen Sie, ich sitze zurecht im Gefängnis. Das streite ich nicht ab. Darüber flenne ich auch nicht. Was mich so glücklich stimmt, ist die Tatsache, dass Sie hier sitzen und eigentlich Ihre Zeit mit mir vergeuden.«
»Michael, das lassen Sie mal bitte meine Sorge sein!«
»Ihre Sorge? Nun, Sie sollten sich wirklich langsam Gedanken machen. Ich sitze hier vor Ihnen, in diesem Kabuff und Sie, die Justiz, einfach alle sind der Meinung, dass ich verloren habe. Doch fängt der ganze Spuk jetzt erst an.«
»Warum ich getötet und vergewaltigt habe, wissen Sie nun jetzt. Auch, dass ich Frauen hasse, die nackt sind, die ihre Kinder ins Netz stellen, unüberlegt den Hintergrund, der so viel über den Verbleib einer jeden Person verriet, übersahen – und das nur für ein paar verfickte Likes. Ich hasse diese Überheblichkeit. Ich hasse jeden Menschen auf diesem beschissenen Planeten, der denkt, besser zu sein als ich.«
»Wie kommen Sie da drauf, Michael?«
»Sie sitzen hier vor mir, machen sich ein paar Notizen und glauben, besser zu sein als ich. Als würden sie mich kennen oder durchschaut haben. Ich sehe Ihr innerliches Schmunzeln. In Ihren Augen erkenne ich die Abwesenheit. Sie sind bestimmt längst bei Ihrer Familie.«
»Michael, wir sind hier, damit wir über Sie und Ihre Zwänge reden können. Alles andere steht gar nicht zur Debatte. Sie haben auch nicht das Recht, über

mein Umfeld zu sprechen.«
»Habe ich nicht?«
»Nein, Michael. Wenn Sie damit nicht sofort aufhören, dann werde ich dem Direktor mitteilen, dass Sie in den Vollzug zurück können. Wollen Sie das? Wollen Sie aus der Einzelhaft zurück zu den Monstern, die Sie am liebsten um die Ecke bringen wollen; wo Männer auf Sie warten, die etwas gegen Frauenmörder und Vergewaltiger haben?«
Michael saß, genervt von ihrem positionierten Unterton, vor dem Tisch und schnaufte mehrfach aus. Innerlich griff er die arrogante Schachtel an und warf sie zu Boden. Dabei umklammerten seine Hände ihren zarten Hals. Michaels Vorstellungen gingen wieder mit ihm durch. Die Stimme in seinem Kopf sprach zu ihm.
*Lass dich nicht verarschen! Die Frau will von dir beherrscht werden. Sei ein Mann!*
»Sie drohen mir mit Abbruch der Sitzungen und der Unterbringung im geschlossenen Vollzug. Sind Sie noch ganz da?«
»Ja, bin ich. Und mir reicht es jetzt, Michael. Hiermit beende ich das Gespräch und werde meine Einschätzung noch heute abgeben. Guten Tag.«
Michael platzte fast vor Wut. In ihm sah es düster aus. Das Gespräch war doch eigentlich ganz gut. Am liebsten hätte er der dummen Kuh den Hals umgedreht. Ihre schmierige Art. Das Auftreten.
Es spielte keine Rolle mehr, dass Frederike erneut aus seinen Fängen entkommen konnte. Dass er seine langjährige Freundin aus Versehen umgebracht hatte, war längst vergessen. Allerdings bewegte sich der große Zeiger der Uhr zugunsten von Michael.

Nun hatte er ein neues Opfer.
»Warten Sie kurz, Frau Krimm. Kommen Sie bitte noch einmal zu mir an den Tisch. Bevor Sie gehen, möchte ich Ihnen noch etwas sagen.«
Sabine stellte ihre Aktentasche aus Leder auf dem Boden ab, zwinkerte dem Beamten vor der Glastür zu und kehrte noch einmal zu Michael an den Tisch zurück.
»Was gibt es noch, Michael?«
»Ist das Mikrofon aus?«
»Ja, warum?«
»Gut. Ich möchte Ihnen noch etwas ins Ohr flüstern, bevor Sie aus meinem Leben verschwinden. Das geht nur Sie nämlich etwas an.«
Sabine beugte sich leicht über den Tisch zu Michael. Überheblich warf sie dem Inhaftiertem garstige Blicke zu.
»Reden Sie!«
»Gerne … Deine Tochter heißt doch Mara, nicht wahr? So ne süße Fünfzehnjährige, hat ne scheißgeile Fresse. Sie sollte im Ski Camp sein. Ist sie aber nicht. Halt dich fest: Pssst, sag jetzt nichts. Halt einfach dein Maul!«
Die Gefängnispsychologin saß, ängstlich irritiert von seinen Worten, auf dem Stuhl. Ihre Hände krallten sich an der Tischplatte fest.
»Reden Sie nur weiter, Michael!«
»Deine Tochter ist nicht wie gedacht vor zwei Tagen mit ihren Freunden ins Ski-Camp gefahren. Das hübsche Ding ist nicht einmal angekommen! Also beim Reisebus.«
Michael blickte bärbeißig grinsend auf die funkelnden Handschellen um seine Handgelenke und lehnte

sich gemütlich zurück. Ihn dürstete es nach Rache und Macht.
Das erstarrte Gesicht der Psychologin war für Michael eine tiefe innere Befriedigung. Eine Entschädigung für ihre Arroganz. Das Mikrofon war aus. Ihr Wort stünde gegen seins.
Michael konnte sich sein schmieriges Grinsen nicht aus dem Gesicht wischen. Herausfordernd saß er auf dem Stuhl, als Sabine plötzlich laut schrie und auf Michael eindrosch.
»Du Schwein hast meine Tochter. Du ekelhafter Spinner drohst mir und meiner Familie?«
Der Beamte vor der Tür eilte dem Inhaftierten zu Hilfe, zerrte die hysterische Psychologin von Michael herunter und schaffte sie aus dem Zimmer heraus.
»Ja, genau. Weg mit dieser dummen Verrückten. Die spinnt und will mich zum Sündenbock ihrer familiären Probleme machen. Woher soll ich wissen, ob die Ärztin eine Tochter oder einen Sohn hat, geschweige denn, wo sie sich befinden. Bin ich Moses?«

# 1.

## 23:50 Uhr

Die Unterbringung, wie er dieses Versteck nannte, war extra für Mara geplant, hergerichtet und verbessert worden. Michael hatte sich große Mühe gegeben, viel Zeit und Schweiß in sein wohl größtes Projekt gesteckt.

Wochenlang hatte er sich den Kopf zerbrochen und einen Plan geschmiedet, um alles so schick herzurichten, wie es in seinen Gedanken längst vollendet war, für das niedliche Mädchen mit der Zahnlücke. Nichts durfte schiefgehen.

Der geheime Ort lag abseits der Dölauer-Heide und war für niemanden zugänglich. Das dichte Gehölz und die riesigen Bäume spendeten zum Glück des Perversen jede Menge Schutz. Abgesehen von den tierischen Waldbewohnern war er mit dem Mädchen ganz allein.

Vier Monate lang hatte er die *noch immer* von den Städtern unentdeckte Höhle für seine Absichten ausgebaut. Durch das wildwuchernde Grün führte eine dünne, relativ gerade Schneise, die nur er kannte. Sein bestes Schutzdach.

Der große Käfig in der Mitte des vier mal drei Meter kleinen Baues galt ganz Mara. Baulichtlampen spendeten dem entführten Mädchen des nachts Licht in der Dunkelheit, und der weiche Teppichboden versteckte die hässlichen Gitter unter ihren

nackten Füßen.
An den Käfigwänden hingen Bilderrahmen mit Fotos, die ihre Familie zeigten. Ein Eimer für die Notdurft und eine kleine Matratze, die als Bett fungierte. Mehr brauchte es nicht. Die kantigen Höhlenwände blieben, wie sie waren. Für Michael schaute es ziemlich heimelig aus. In seinen Augen hätte sich Mara ruhig ein bisschen freuen können.
Draußen herrschte ein wütendes Gewitter. Die Nacht hatte längst den Tag verscheucht und ein Unwetter brach mit lautem Knall über den Wald herein. Kein Tier weit und breit war zu sehen, geschweige denn zu hören. Nur das verängstigte Mädchen, die verregneten Waldgeräusche und der tosende Donner. Maras Schreie blieben von der Außenwelt ungehört, doch nicht von …

## Mehr von Martin Jonas bei DeBehr

„Wenn ich für nur einen Tag ein Glücksbärchi sein könnte, dann wäre ich das FUCK-YOU-BÄRCHI"

Wenn mir in jungen Jahren jemand gesagt hätte, was später alles auf mich zukommt, dann wäre ich ein Kind geblieben. Da schaut man in den Kinderwagen und erschrickt, was man den gestraften Eltern natürlich tunlichst verschweigt. Zu dieser Sorte Nachwuchs gehörte ich nicht. Aber irgendwie fühlt man sich als Kind ausgeliefert. Und dann kommt es auch schon nach und nach über einen, das WAHRE Leben. Und das hat so gar nichts mit zuckersüßen Glücksbärchis zu tun, am Arsch mit den verlogenen Bären. Arztbesuche können so schnell ausarten, die Mitmenschen sind selten herzallerliebst, und wer schon mal mit Kindern einkaufen war … Und das ist nur die Spitze des Eisberges.

*108 Seiten Taschenbuch, 9,95€, ISBN: 9783957537164*

Er beobachtet eure Kinder!
Er ist euch näher, als ihr ahnt!

Man hatte die Leiche des gerade einmal sieben Jahre alten Jungen, verschwunden am helllichten Tag, zwischen Müllsäcken gefunden. Weggeworfen wie Abfall. Der Täter hatte ihm die Zunge herausgeschnitten. Als der Familienvater Peter Perke seine Tochter in den Kindergarten bringt, ahnt er noch nicht, dass sein Leben bald eine schreckliche Wendung nehmen wird. Er und seine Familie sind in größter Gefahr, denn in den eigenen vier Wänden geht unentdeckt ein gefährlicher Irrer ein und aus. Die Taten eines wahnsinnigen Kindermörders erschüttern die Stadt Halle an der Saale. Luke Steiner, der leitende Ermittler, gerät bald an seine Grenzen.

*360 Seiten Taschenbuch, 12,95€, ISBN: 9783957538246*

Weißt du eigentlich, bei wem du dich bewirbst? Bist du dir deiner Aufgaben wirklich bewusst? Die junge Laura hat endlich das Abitur in der Tasche. In einem Jahr möchte sie ihr Studium zur Hotelmanagerin beginnen. Bis dahin will sie an der Basis Erfahrungen sammeln und bewirbt sich für ein Praktikum bei einem kleinen Hotel in Geltow, inmitten der malerischen 4000-Seelen-Idylle bei Potsdam. Sofort verliebt sich die junge Hallenserin in das schmucke Gasthaus. Auch die Kollegen scheinen ausgesprochen sympathisch und nehmen sie wohlwollend auf. Doch nach und nach fallen die Masken und die paradiesische Bettenburg entpuppt sich als mörderischer Schauplatz. Laura ahnt noch nicht, in welche Abgründe die flüsternden Wände des Hotels sie führen werden. Junge Frauen verschwinden spurlos. Ein neuer Fall für den urwüchsigen Kommissar Luke Steiner aus Halle an der Saale.

*360 Seiten Taschenbuch, 12,95€,*
*ISBN: 9783957538260*

Der 9-jährige Robin aus Halle an der Saale liebt Gruselgeschichten, die ihm sein Vater vorliest. Ein Buch hat es ihm besonders angetan. Der Junge erzählt seinen Klassenkameraden in der Schule vom Schleicher, einem schwarzen Schattenmann, der unbemerkt durch Wohnungen und Häuser der Stadt huscht. Kurz darauf verschwindet Robin spurlos aus seinem Kinderzimmer. Sein Vater Thomas macht sich gemeinsam mit seinem besten Freund Michael verzweifelt auf die Suche nach dem Sohn. Noch in derselben Nacht werden zwei weitere Personen entführt und sind, wie vom Erdboden verschluckt. Eine von ihnen, Sabine Schwert, ist die Frau eines wohlhabenden Bauunternehmers, die Wochen zuvor von nervenaufreibenden Psychospielchen heimgesucht wurde. Die Familien der Opfer erhalten anonyme Anweisungen, denen sie Folge leisten müssen. Wer gegen sie verstößt, setzt das Leben seiner Liebsten aufs Spiel. Ein Höllentrip führt alle Beteiligten an ihre Grenzen und in die eigenen Abgründe.
*354 Seiten Taschenbuch, 12,95€,*
*ISBN: 9783957539205*

## Über den Autor

Martin Jonas, geboren 1984, ist ein in Deutschland lebender Schriftsteller und Comedian. Nach seinem TV-Auftritt bei „Nuhr ab 18“ entschloss er sich auch für das Schreiben lustiger Lektüre und schauderhaft spannender Thriller.
Thalia Halle sagt: SPANNUNG PUR!
Neben dem Schreiben und der Comedy, steht er als Festredner für Jugendweihen und Abschlüssen hinter dem Podest und bringt die Jugendlichen zum Lachen und Nachdenken. Mehr auf seinem YouTube-Kanal.
Martins Hobby kann sich ebenso sehen lassen. Seine Portraits finden großen Anhang. Till Schweiger und der international bekannte Fußballprofi Arturo Vidal haben ihre von Martin gezeichneten Portraits auf ihren Social-Media-Kanälen veröffentlicht. Mehr zum Autor unter:
www.martinjonas-schriftsteller.de

Instagram/@the_real_martin_jonas
https://www.youtube.com/user/Martin1Jonas